Kohlhammer
Urban
-Taschenbücher

Band 608

Ronald G. Asch

Jakob I.
(1566–1625)

König von England
und Schottland

Herrscher des Friedens im
Zeitalter der Religionskriege

Verlag W. Kohlhammer

Umschlagmotiv:
Jakob I.
Holzschnitt (1605)
(Huntington Library, London)

Umschlag: Data Images GmbH
Gesamtherstellung:
W. Kohlhammer Druckerei GmbH + Co. KG, Stuttgart
Printed in Germany

ISBN 3-17-018680-9

Inhaltsverzeichnis

Vorwort

Diese Biographie Jakobs I. von England respektive Jakobs VI. von Schottland ist auf der einen Seite die Frucht einer Auseinandersetzung mit der britischen Geschichte, die auf die späten 70er Jahre zurückgeht und die ich auch in Zeiten, als ich in Nordwestdeutschland nur eingeschränkten Zugang zu geeigneten wissenschaftlichen Bibliotheken hatte, und überdies die Beschäftigung mit Themen der nichtdeutschen Geschichte in Deutschland weithin als bloße Spielerei galt, versucht habe, im Rahmen des Möglichen aufrecht zu erhalten.

Zugleich ist sie jedoch die Frucht eines Freisemesters, das mir eine intensivere Auseinandersetzung mit den frühen Stuarts gestattete.

Meinen Mitarbeiterinnen und Mitarbeitern, die mich in vielfältiger Weise unterstützt haben, möchte ich an dieser Stelle meinen Dank aussprechen, insbesondere Frau Helga Hilmes, meiner Sekretärin, und Herrn Christian Wieland, meinem Assistenten.

Freiburg i. Br. im Juli 2005 — Ronald G. Asch

Vorbemerkung

Alle Daten in dieser Biographie sind Daten alten Stils, also des Julianischen Kalenders, wenn nicht anders vermerkt, doch gilt der 1. Januar als Jahresanfang, anders als in England im frühen 17. Jahrhundert üblich.

Für den Namen der Königsdynastie wird durchgehend die Form „Stuart“ verwandt, nicht Stewart.

Abbildungen

I. Einleitung: Zwischen Königsmord und Gottesgnadentum: Jakob I. als Herrscher

„He considered that even just wars could not be prosperous,
unless they were begun with unwillingness,
for they are the first felicity of bad men,
and the last necessity of good men.“

J. Hacket, Scrinia Reserata (1693), I, S. 79

Jakob I. von England, der vor 1603 als Jakob VI. nördlich des Tweed über Schottland geherrscht hatte, gehört auf den ersten Blick nicht unbedingt zu den glänzendsten Gestalten unter den Monarchen der frühen Neuzeit. Schon zu Lebzeiten war er Gegenstand satirischer Angriffe, die sich unter anderem über die pedantische Gelehrsamkeit des Königs, seinen Mangel an physischem Mut und seine wenig attraktive äußere Erscheinung lustig machten. Manche Kritiker waren sogar noch wesentlich schärfer und ließen den Monarchen, der auf schwachen Beinen schwankend einherschritt und sich auch aus der Sicht einer Epoche, der jeder Hygiene-Wahn fremd war, nicht durch eine übertriebene Neigung zur Sauberkeit auszeichnete, als eine durchweg unappetitliche Gestalt erscheinen, als einen Mann, der sich kaum je wusch, schlechte Tischmanieren besaß, bis zum Exzess jagde und durch seine feuchte Aussprache – eine Folge seiner überlangen Zunge – seine Umgebung ebenso nachhaltig irritierte wie durch seine Neigung zu allzu gelehrten und oberlehrerhaften Monologen.[1] Die kaum zu übersehenden homoerotischen Neigungen des Königs, für die das 17. Jahrhundert gerade bei Monarchen nur begrenzt Verständnis aufzubringen vermochte, waren ein weiteres Ziel offener oder versteckter Angriffe, von denen die schärfsten zu seinen Lebzeiten von katholischen Polemikern vorgetragen wurden.[2] Dabei fiel erschwerend ins Gewicht, dass die vom König umschwärmten jungen Männer zumindest in einzelnen Fällen erheblichen politischen Einfluss zu erringen vermochten, und damit andere Ratgeber an die Seite drängten. Aber auch die Neigung des Königs in politischen Machtkämpfen klare Festlegungen zu vermeiden, um es mit niemandem ganz zu verderben, ein Verhalten, das von der bewussten Täuschung seiner Umgebung nicht immer leicht zu unterscheiden war, ließ ihn nicht unbedingt als vertrauenswürdig oder gar majestätisch erscheinen.

War Jakob I. schon zu Lebzeiten, vor allem seit den Krisenjahren 1610 bis 1615, die durch das Scheitern zahlreicher politischer Projekte und durch höfische Skandale ungeahnten Ausmaßes bis hin zum Giftmord gekennzeichnet waren, bei seinen Untertanen auf Vorbehalte gestoßen, so verdüsterte sich sein Bild in seinen späteren Jahren und besonders nach 1649 noch mehr. Er erschien jetzt zusammen mit seinem Sohn Karl I. als der Totengräber der englischen Monarchie, der durch seine unkluge und schwankende Politik und seine Neigung zu einem autoritären Regierungsstil jene Krise mitherbeigeführt hatte, die dann im Bürgerkrieg der 1640er Jahre kulminierte.[3] Während jedoch sein Sohn und Nachfolger von seinen royalistischen Anhängern zumindest postum zum Märtyrer, ja fast zum Heiligen stilisiert wurde, der im Kampf für sein Recht als Herrscher und für den Erhalt der etablierten Kirche der ecclesia anglicana den Tod gefunden hatte, blieb eine solche Heroisierung des ersten Stuart auf dem englischen Thron aus und wäre wohl auch kaum möglich gewesen, denn zum Heros eignete sich Jakob I. nicht. Eine solche Rolle hatte er nicht zuletzt selber stets energisch abgelehnt.

Das lange Zeit überwiegend negative Bild dieses Herrschers ist allerdings in den letzten beiden Jahrzehnten von der Forschung doch zunehmend in Frage gestellt worden.[4] Insbesondere der Blick auf die Herrschaft Jakobs VI. in Schottland zeigt, dass es falsch wäre, ihn leichthin als einen Monarchen abzuschreiben, dem Willensstärke und politische Begabung gleichermaßen fehlten.[5] Im Gegenteil, in Schottland fand der König ein Land vor, das bei seinem Regierungsantritt in den 1580er Jahren tief gespalten und durch adlige Fehden und Faktionskämpfe destabilisiert war. Die Autorität der Krone, die durch die langen Jahre, in denen das Land angesichts des Fehlens eines erwachsenen männlichen Königs durch wechselnde Regenten geschwächt worden war, befand sich auf einem Tiefpunkt. Innerhalb von etwa 15 Jahren gelang es Jakob VI. durch geschicktes Taktieren und die schrittweise Marginalisierung seiner Gegner nicht nur ein hohes Maß von politischer Stabilität zu erreichen, sondern auch den königlichen Hof erneut zum maßgeblichen politischen Entscheidungszentrum werden zu lassen, in enger Zusammenarbeit mit einem Parlament, das sich freilich sehr viel leichter als die englische

Ständeversammlung durch den Herrscher lenken ließ. Selbst die presbyterianische Kirche mit ihrer Tendenz zur Theokratie und zur scharfen Kritik an allen wirklich oder scheinbar „gottlosen" Herrschern, musste sich am Ende dem König beugen, wenn auch nicht ohne Widerwillen. Ein Herrscher, der von einer so schwachen Ausgangsposition aus so erfolgreich war, kann kaum als politische quantité negligeable charakterisiert werden. In England freilich – und das Wirken des Herrschers in England wird in dieser Biographie allerdings deutlich im Vordergrund stehen –, sah sich Jakob I. mit Problemen konfrontiert, die sich mit den Methoden, die er sich in Schottland angeeignet hatte, nicht oder nur sehr begrenzt lösen ließen. Das Misstrauen, das ihm seine englischen Untertanen von Anfang an entgegenbrachten, konnte er nur sehr partiell abbauen und es gelang ihm letzten Endes nicht, eine Form der Selbstdarstellung zu finden, die dauerhaft konsensfähig war und zugleich seine Herrschaft und Politik wirksam legitimierte. Während seine Vorgängerin, Elisabeth I., trotz aller Vorbehalte gegen die Ideale des militanten Protestantismus geschickt das Bild der jungfräulichen Königin und der protestantischen Kämpferin gegen das Papsttum und die Mächte der Finsternis genutzt hatte, um sich selber in Szene zu setzen, war der Anspruch Jakobs I. als „rex pacificus", als Friedensfürst, als Einiger der gespaltenen Christenheit aufzutreten, obwohl er nach 1603 zunächst durchaus zeitgemäßer zu sein schien als die alte protestantische Kampfrhetorik, kaum einzulösen, setzte den Monarchen aber dem Verdacht aus, gegenüber den traditionellen Feinden Englands, gegenüber Spanien und dem Papsttum, zu nachgiebig zu sein. Dieser Verdacht gewann nach dem Ausbruch des Dreißigjährigen Krieges 1618 an Gewicht, da der König sich weigerte, in den Krieg einzugreifen und überdies bis fast zu seinem Tode am Ziel einer dynastischen Verbindung mit den spanischen Habsburgern festhielt.

Trotz aller offenen oder versteckten Kritik gelang es Jakob I. aber letztlich bis in seine letzten Jahre, als seine Kraft nachließ, und sein eigener Sohn und designierter Nachfolger versuchte, ihm seine Politik aufzuzwingen, das Heft des Handelns in der Hand zu behalten. Zwar bewilligte ihm das Parlament nur widerwillig Steuern, die überdies meist bei weitem zu niedrig waren, um die Ausgaben der Krone zu decken, und nicht wenige der großen Projekte des Monarchen, angefangen von der Union zwischen England und Schottland bis hin zum dauerhaften Ausgleich mit Spanien, scheiterten, aber dennoch stellte kaum jemand in England – von einigen radikalen Katholiken abgesehen – die Herrschaft Jakobs I. grundsätzlich in Frage, obwohl er als landesfremder Herrscher eigentlich unter einem deutlichen Legitimitätsdefizit litt. Der König hatte schon in seiner Jugend in Schottland gelernt, dass ein Monarch nicht zuletzt die simple Fähigkeit besitzen musste, zu überleben, physisch aber auch politisch, und ein begnadeter politischer Überlebenskünstler war Jakob I. in der Tat. Dies ist ein Erfolg, der in späteren historischen Darstellungen oft allzu wenig gewürdigt worden ist, weil man ihn als selbstverständlich betrachtete. Doch im frühen 17. Jahrhundert war eben dieses bloße Überleben eines Monarchen alles andere als selbstverständlich. Die Mutter des Königs, Maria Stuart, war nach einer kurzen Regierungszeit 1567/68 aus ihrem Heimatland vertrieben worden und wurde später in England nach einem Aufsehen erregenden und kontroversen Prozess als Hochverräterin hingerichtet. Jakobs Zeitgenossen, Heinrich IV., gelang es zwar, die Französischen Religionskriege 1598 zu beenden, doch 1610 fiel er einem Attentat zum Opfer, das letztlich nur deshalb hatte vollzogen werden können, weil die politische Kultur der Zeit und die Mentalität der politisch-sozialen Eliten Frankreichs den Königsmord hatten denkbar werden lassen. Der Vorgänger Heinrichs IV., Heinrich III., war seinerseits 1589, also zwei Jahre nach der Hinrichtung Maria Stuarts, von einem radikalen Katholiken ermordet worden, eine Tat, die nachträglich von den führenden Theologen der Sorbonne ausdrücklich gebilligt wurde und von ihnen auch durch einschlägige Publikationen faktisch vorbereitet worden war. Kaiser Rudolf II., der als älterer Zeitgenosse Jakobs I. seit 1576 das Heilige Römische Reich regierte, sah sich in seinen letzten Lebensjahren im Kernland seines Herrschaftsbereiches, in Böhmen, mit einer oppositionellen Ständebewegung konfrontiert, die faktisch von seinem eigenen Bruder, dem Erzherzog Mathias, geschürt wurde. Als er 1612 starb, war er eigentlich nur noch nominell Kaiser, seine Macht hatte er fast gänzlich eingebüßt. Mathias selber, sein Nachfolger, stieß in Böhmen ebenfalls auf erhebliche Widerstände. Seine Statthalter wurden bekanntlich 1618 aus den Fenstern der königlichen Residenz in Prag, des Hradschin, gestürzt und der designierte neue böhmische König, Erzherzog Ferdinand, wurde nach dem Tode des Kaisers Mathias 1619 von den Ständen für abgesetzt erklärt.

Jakob I. regierte in einer Zeit, in der die monarchische Herrschaft keineswegs als sakrosankt galt; selbst dem mächtigsten Monarchen Europas, dem König von Spanien, war es ja nicht gelungen, die Revolte der Stände in den Niederlanden, die Ende der 1560er Jahre ausgebrochen war, niederzuwerfen und Philip III. musste 1609 in einem Waffenstillstandsvertrag faktisch ihren Erfolg anerkennen. Jakob I. blieb diese akute Gefährdung monarchischer Herrschaft in einer Epoche, in der sowohl kirchliche als auch weltliche Bewegungen die Legitimität königlicher Autorität immer wieder nachhaltig in Frage stellen, stets bewusst und sah sich durch diese Bewegungen nicht nur in seiner Position als Herrscher bedroht, sondern glaubte durchaus auch Anlass zu haben, um sein Leben fürchten zu müssen. In seiner Jugend in Schottland hatten mehr als einmal rivalisierende Adelsgruppen versucht, sich seiner Person mit Gewalt zu bemächtigen, zeitweilig durchaus mit Erfolg. Das Scheitern des letzten Versuches dieser Art, der so genannten Gowrie Conspiracy von 1600, die mit dem Tod der wirklichen oder angeblichen Verschwörer endete, feierte Jakob I. sein Leben lang als Feststag, u.a. durch wöchentliche Predigten, die jeden Dienstag an dieses denkwürdige Ereignis erinnerten (siehe unten S. 34–36 und 152), ebenso wie später der Tag der Vereitelung der Pulververschwörung von 1605, bei der er zusammen mit seinem Parlament hatte in die Luft gesprengt werden sollen, zu einen nationalen Gedenktag wurde.

Die vollmundigen Formulierungen, mit denen Jakob in seinen eigenen Reden und Schriften das Gottesgnadentum und die Unantastbarkeit der königlichen Machtstellung betonte, sind auch und sogar primär als Abwehr jener Kritik zu sehen, in der er nicht nur eine Gefährdung seiner Autorität, sondern letztlich seines Lebens zu erkennen glaubte, und weitaus weniger als Versuch einen Absolutismus zu etablieren, der alle traditionellen ständischen Freiheitsrechte negierte. Nicht umsonst schrieb er in einer seiner Abhandlungen „*Let a cat be throwen from a high roofe to the bottom of a cellour or vault, she lighteth on her feet and runneth away without taking any harm. A King is not like a cat, howsoever a cat may looke upon a King: he cannot fall from a loftie pinacle of Royalty, to light on his feet upon the hard pavement of a private state, without crushing all his bones to pieces*“.[6] So wie seine Mutter letztlich den Verlust ihrer königlichen Stellung nicht dauerhaft überlebt hatte, so glaubte auch er an Leib und Leben von jenen bedroht zu sein, die seine herrscherlichen Rechte in Frage stellten, eine Annahme, die im Rahmen der traditionellen politischen Kultur Schottlands mit ihrem hohen Gewaltpotential sicherlich nicht ganz unrealistisch war, deren Übertragung auf die englischen Verhältnisse allerdings problematisch werden konnte.

Dass Jakob I. in dem Bemühen, seine unangreifbare Position als von Gott legitimierter und gesalbter Monarch zu unterstreichen, oft taktlos war und namentlich in England die Erwartungen und Wertvorstellungen seiner Untertanen in vielen Bereichen ignorierte, ist schwer zu bestreiten. Aber letztlich behielt er doch stets – mit Ausnahme der spanischen Heiratsverhandlungen von 1622–23 – ein

Gefühl dafür, wie weit er gehen konnte, ohne eine offene Revolte zu provozieren. Zwar hinterließ er seinem Sohn, als er 1625 starb, in der Tat eine Fülle von Problemen innen- und außenpolitischer Art, aber es wäre wohl kaum richtig anzunehmen „that somehow only James I ever had problems".[7] Zum anderen war die monarchische Herrschaft als solche 1625 ungefährdet. Die Gefahr eines Bürgerkrieges, wie er 1642 ausbrechen sollte, war 1625 in England oder Schottland, trotz der allerdings erheblichen Unruhe, die die spanischen Heiratspläne ausgelöst hatten, noch nicht zu erkennen. Sicherlich war England in den 23 Jahren seiner Regierung mehr als einmal an den Rand der Unregierbarkeit gelangt; insbesondere das traditionelle Finanz- und Steuersystem hatte sich als unzureichend erwiesen, ließ sich aber auch nicht wirklich wirksam reformieren. Aber auch in anderen Bereichen scheiterten wichtige Gesetzesvorlagen wiederholt durch vorzeitige Parlamentsauflösungen. Freilich, auch hier gilt es, die Dinge im richtigen Maßstab zu betrachten. Auch in modernen nationalstaatlichen Demokratien – die schon strukturell zur Selbstlähmung und Überdehnung neigenden postdemokratischen supranationalen Zusammenschlüsse von Einzelstaaten seien hier gar nicht erst erwähnt – gibt es das Problem des Reformstaus oder der faktischen Lahmlegung der Regierungstätigkeit durch die sich blockierenden Einflüsse konkurrierender Interessengruppen oder durch rechtlich abgesicherte Besitzstandsansprüche. Strukturprobleme lassen sich oft erst dann angehen, wenn sich die Lage so dramatisch zugespitzt hat, dass der vollständige fiskalische oder wirtschaftliche Zusammenbruch droht, und dies kann oft bedeuten, dass notwendige Reformen um ein oder zwei Jahrzehnte oder gar noch länger verschoben werden, bis es eigentlich schon zu spät ist. Auch dann findet sich keineswegs immer der notwendige Konsens, um die eigentlich als richtig erkannten Entscheidungen vollständig durchzusetzen. Die Lage der Stuart-Monarchie unter Jakob I. war in vieler Hinsicht vergleichbar, denn subjektiv herrschte jedenfalls unter den englischen Untertanen des Königs das Gefühl vor, es sei das Beste, die wenig reformfreudige Politik Elisabeths I. fortzusetzen, da man sich mit Hilfe dieser Politik doch sogar gegen die europäische Hegemonialmacht Spanien behauptet hatte. Diese Haltung zu überwinden, gelang Jakob I. ohne Zweifel nicht, ja er versuchte es lange Zeit nicht einmal wirklich.

Andererseits wäre es doch ein Fehler – wie es ein Teil der älteren Forschung getan hat –, von einer kontinuierlichen Eskalation der Probleme, mit denen die Monarchie zu kämpfen hatte, während seiner Regierungszeit auszugehen.[8] Diese Darstellung wird daher versuchen, eine Perspektive zu vermeiden, die den Bürgerkrieg der 1640er Jahre auf die Regierungszeit Jakobs I. zurück projiziert. Im Vordergrund steht dabei kein chronologischer Abriss des Lebens des Herrschers, sondern eine Analyse zentraler Probleme seiner Regierungszeit und der Versuche des Königs, diese Probleme wenn schon nicht zu lösen, so doch zumindest soweit einzudämmen, dass sie seine Herrschaft nicht unmittelbar gefährdeten. Auch mit Rücksicht auf die Interessen des deutschen Lesers wird dabei der Regierungszeit in England ein erheblich größeres Gewicht gegeben werden, als den Jahren vor 1603, als der König nur über Schottland herrschte. Doch wird auch für die Zeit nach 1603 die gesamtbritische Dimension der königlichen Politik zu berücksichtigen sein, stärker als dies in älteren Darstellungen der Fall war. Deutlich wird dabei werden, dass die Politik des Königs durch eine große Konstante gekennzeichnet war: Den Willen, seinen Reichen den Frieden zu erhalten und Großbritannien – so nannte Jakob die neue Verbindung Englands und Schottlands lange vor der offiziellen Union von 1707 – und Irland vor der Katastrophe eines Religionskrieges, wie er dann in etwas anderer Form 1639/42 doch ausbrechen sollte, zu bewahren, sowohl durch eine vorsichtige Außenpolitik, wie auch durch eine Kirchenpolitik, die versuchte, die innerprotestantischen Gegensätze abzubauen und zugleich zu einem modus vivendi mit jenen Katholiken zu kommen, die die bestehende politische Ordnung anerkannten.

II. Jakob VI. als König von Schottland (1567–1603)[9]

Das Erbe Maria Stuarts

Jakob (James) Stuart oder wie die schottische Schreibweise auch lauten konnte, Stewart,[10] wurde am 19. Juni 1566 als Sohn von Maria Königin von Schottland, verwitwete Königin von Frankreich, und ihres Prinzgemahls Henry Stuart Lord Darnley, in der Burg von Edinburgh geboren. Darnley war ein schottischer Adliger, der wie Maria Stuart den englischen Tudor-König Heinrich VII. zu seinen Urgroßvätern rechnen und daher einen eigenen Anspruch auf die englische Krone erheben konnte. Die Umstände seiner Geburt und die Bedingungen, unter denen Jakob VI. aufwuchs, waren in hohem Maße ungewöhnlich und entsprachen jedenfalls nicht dem, was man unter einer behüteten Kindheit versteht. Der erste Mordanschlag auf Jakob war gewissermaßen schon vor seiner Geburt auf ihn verübt worden. Als seine Mutter schwanger war, hatten politische Gegner ihren Privatsekretär, einen Italiener namens David Rizzio, in ihrer Gegenwart am 9. März 1566 im Palast von Holyrood House in Edinburgh umgebracht. Auch wenn der Tod der Königin und ihres Kindes selber nicht eingeplant war, hätte der Schock, den die brutale Tat bei ihr auslösen musste, doch durchaus zu einer Fehlgeburt führen können. Es mag Spekulation sein, darüber nachzudenken, ob sich derartige pränatale Erlebnisse auf die Psyche eines Kindes unmittelbar und mit dauerhaften Folgen auswirken können; doch der seelische Zustand seiner Mutter während ihrer Schwangerschaft und unmittelbar danach, dies erscheint nicht ganz abwegig, mag sich indirekt auch dem Kind mitgeteilt haben. Der Königsmord blieb für Jakob VI./I. jedenfalls Zeit seines Lebens eine sehr reale Bedrohung.

Hinter der Ermordung Rizzios standen oppositionelle Adlige, aber auch Maria Stuarts eigener Ehemann Darnley, der auf Rizzio eifersüchtig war, wenn auch wohl ohne konkreten sexuellen Anlass, wenn es auch später noch Gerüchte gegeben hat, dass Rizzio der Vater Jakobs VI. war, nicht der Prinzgemahl. Darnley strebte mit allen Mitteln danach, seine Frau an die Seite zu drängen, um selber als König zu regieren. Er kalkulierte den Tod der Königin und des gemeinsamen Sohnes wohl kaum ein, denn dann hätte er selbst auch keinen Anspruch auf die Herrschaft mehr gehabt, aber es ist, wie bereits betont, durchaus denkbar, dass die anderen Verschwörer, die im Übrigen mit England in Verbindung standen, es begrüßt hätten, wenn die Bluttat bei Maria eine Fehlgeburt ausgelöst hätte.[11] Da Maria Katholikin war und eng mit Frankreich zusammenarbeitete, hätten ihr eigener Tod und der ihres Kindes jenen Adligen, die Protestanten waren und auf die englische Karte setzten, ihre Politik jedenfalls erleichtert, denn man hätte sich dann nach einem anderen England und dem protestantischen Adel genehmen Kandidaten für den Thron umsehen können. Diese Rechnung sollte freilich nicht aufgehen. Maria erholte sich von ihrem Schock wider Erwarten relativ rasch, floh aus Holyrood House und sammelte ihre Anhänger um sich. So gelang es Maria, in relativer Sicherheit ihren Sohn zur Welt zu bringen. Dass sie nun einen männlichen Erben besaß, stärkte ihre Position nicht zuletzt auch im Kampf um die englische Krone, denn ihre Rivalin Elisabeth I., die seit 1558 in London regierte, aber von Katholiken in England und Schottland nicht als rechtmäßige Königin betrachtet wurde, weil die Ehe ihrer Mutter Anne Boleyn mit Heinrich VIII. nach kanonischem Recht ungültig war, war unverheiratet.

Auch mit ihrem Ehemann Darnley, ein Mann, der sich durch Unbeherrschtheit ebenso wie durch Stolz und einen eher bescheidenen Verstand auszeichnete, söhnte Maria Stuart sich oberflächlich aus. Aber die Ehe, die schon vor dem Mord alles andere als harmonisch gewesen war, war nicht mehr wirklich reparabel. In dieser Situation kam es zu einer weiteren Eskalation. Am 10. Februar wurde Darnley, der sich einer medizinischen Behandlung wegen Syphilis unterzog, vor den Toren Edinburgh's in Kirk o'Field ermordet, unter Umständen, die zusätzliches Aufsehen erregen mussten, denn die Mörder sprengten das Haus, in dem sich ihr Opfer aufhielt, in die Luft, auch wenn Darnley selber wohl schon vorher, als er versucht hatte, sich in Sicherheit zu bringen, erdrosselt worden war. Darnley, dafür spricht einiges, wurde vermutlich von Mitgliedern des Clan Douglas – aus dem auch seine Mutter stammte – umgebracht. Die Douglas fühlten sich durch ihn verraten, da ihm Maria Stuart – nach außen hin – seine Beteiligung an der Ermordung Rizzios vergeben hatte, sie selber aber weiter verfolgt wurden. Die Dinge wurden jedoch dadurch kompliziert, dass sich nun Gerüchte verbreiteten, der wahre Hintermann des Attentates auf Darnley sei James Hepburn Earl of Bothwell. Bothwell war von jeher ein treuer Gefolgsmann der Königin; persönlich, wie viele Standesgenossen, ein brutaler Gewaltmensch, schien er Maria Stuart in der bedrohlichen Situation nach der Ermordung Rizzios doch Schutz und Sicherheit zu bieten. Es ist, folgt man den jüngsten historischen Darstellungen, wohl doch eher unwahrscheinlich, dass er unmittelbar an der Ermordung des Prinzgemahls beteiligt war, allerdings unterhielt er zeitweilig zu Personen, die man zu den Mördern rechnen muss, recht gute Beziehungen, doch entsprachen auch solche Zweckbündnisse eigentlich nur dem Alltag der schottischen Politik.[12]

Es war allerdings politisch kaum sehr klug, dass Maria Stuart, der nach der Mordtat von Kirk o'Field eine Welle der Kritik entgegenschlug, sich immer enger mit Bothwell einließ und ihn schließlich, allerdings erst nachdem der Earl sie – vielleicht mit ihrem stillschweigenden Einverständnis – entführt hatte, am 15. Mai 1567 heiratete, nachdem dieser sich von seiner bisherigen Frau getrennt hatte. Die calvinistischen Prediger Schottlands, die die Herrschaft der katholischen Königin von jeher mit Misstrauen betrachtet hatten, und auch die Regentschaft ihrer Mutter Marie de Guise, die aus einer fanatisch katholischen französischen Adelsfamilie stammte, noch in schlechter Erinnerung hatten, überboten sich nun in wahren Hasspredigten gegen die „königliche Hure" und Gattenmörderin und riefen offen zum gewaltsamen Widerstand, ja zum Teil geradezu – nach alttestamentarischen Vorbildern – zu ihrer Ermordung auf; allen voran der Frauenhasser John Knox, dem wir die bekannte Streitschrift *Blast of the Last Trumpet against the Horrible Regiment of Women* aus den späten 1550er Jahren verdanken. Marias Position wurde unhaltbar; am 24. Juli wurde sie von aufständischen Adligen gezwungen abzudanken, und wenige Tage später, am 29. Juli, wurde Jakob in Stirling zum König von Schottland gekrönt. Das war naturgemäß ein rein symbolischer Akt, aber er erlaubte es den Gegnern seiner Mutter, eine Regentschaft einzusetzen, die im Namen Jakobs VI. regierte. Maria selbst versuchte zwar noch einmal mit militärischen Mitteln, während Bothwell nach Skandinavien floh, die Macht zurückzuerobern, aber diese Versuche scheiterten und am 16. Mai 1568 verließ die Königin das Land, in dem sie 26 Jahre zuvor geboren worden war, und suchte Zuflucht in England bei ihrer Rivalin Elisabeth I. Dort wurde sie rasch in Verschwörungen verwickelt oder ließ sich darin verwickeln, die das Ziel hatten, Elisabeth zu stürzen, um den Weg für Marias eigene Herrschaft frei zu machen. Infolgedessen wurde sie schließlich in Haft genommen und am Ende, als ihre bloße Existenz für das protestantische England eine tödliche Gefahr darzustellen schien, nach einem politischen Prozess hingerichtet.

Adelsparteien und Regentschaften

Diese Ereignisse lagen 1567 noch weit in der Zukunft, aber deutlich war schon zu diesem Zeitpunkt, dass Jakob VI. das Schicksal beschieden sein würde, als Waise aufzuwachsen. Seine Mutter wurde zur Gefangenen und zugleich zur gefährlichsten Feindin jener Monarchin, die er eines Tages beerben sollte, und sein Vater war unter Umständen zu Tode gekommen, die eine Mittäterschaft oder zumindest Mitwisserschaft seiner Mutter als durchaus denkbar erscheinen lassen konnten. Wäre Maria Stuart nicht gestürzt und vertrieben worden, dann hätte sich Jakob als junger Mann in einer ähnlichen Situation befunden, wie Hamlet gegenüber seiner Mutter und seinem Stiefvater. Zieht man diese Umstände in Betracht, dann mag es fast erstaunlich erscheinen, dass Jakob VI., der schon in der Wiege zum regierenden König wurde und sich deshalb auch später gelegentlich als Cradle King (Wiegenkönig) bezeichnete, trotz mancher Verhaltensauffälligkeiten doch zu einer gewissen inneren Balance fand, und namentlich in seinem Heimatland alles andere als ein erfolgloser Herrscher war.

Das Königreich, das seit 1567 nominell unter der Herrschaft Jakobs VI. stand, war seit 1542 nicht mehr von einem erwachsenen männlichen Herrscher regiert worden.[13] In diesem Jahre war Jakob V., der Vater Maria Stuarts, gestorben. Nicht ganz ohne politisches Talent war er doch gegen Ende seines Lebens wegen seiner Habgier und Rachsucht weithin verhasst, eine tiefe Feindschaft verband ihn mit wichtigen schottischen Adelsfamilien, wie namentlich mit den Douglas, den Earls of Angus. Daran mag man freilich auch ein Grundprinzip schottischer Politik sehen, denn die Haltung schottischer Monarchen gegenüber ihrem Adel kann man auf den Nenner bringen: „goodwill toward cooperative leading nobles, intense personal ferocity towards noble dissidence, and genial indifference to most of what the nobles got up to in their own localities."[14] Letztlich stand auch noch die Politik Jakobs VI. in dieser Tradition, auch wenn er gegenüber der lokalen Herrschaft von Adligen nicht mehr ganz so gleichgültig war wie seine Vorgänger. Sein Großvater war in einem Moment gestorben, als sich Heinrich VIII. entschlossen hatte, Schottland anzugreifen, um es zu unterwerfen, und in der Tat sollten sich die englischen Angriffe auf Schottland über Jahre hinweg mit Unterbrechungen fortsetzen, bis zum Tode Eduards VI. 1553. Jakobs V. einzige Tochter (seine Söhne waren als Säuglinge gestorben) Maria war, als er starb, erst wenige Tage alt.

Ihre Jugend sollte sie weitgehend in Frankreich bei den Verwandten ihrer Mutter Marie de Guise verbringen, um erst 1561 nach Schottland zurückzukehren.

Schottland war somit ein Land, das nach 1542 über lange Zeit von wechselnden Regenten und Regentschaftsräten regiert wurde, und das sich in gefährlicher Weise an einer Schnittstelle der Interessenzonen Englands und Frankreichs befand. England hatte von jeher eine gewisse Oberhoheit über Schottland beansprucht, dem schottischen König, als dem vornehmsten Lehensmann des englischen Monarchen, war daher auch ein „Ehrenplatz" im englischen Oberhaus reserviert, während Frankreich der alte, jedoch nicht selten übermächtige Verbündete der Stuarts war. Durch die konfessionellen Konflikte, die seit dem zweiten Drittel des 16. Jahrhunderts zunehmend auch die zwischenstaatlichen Beziehungen prägten, erhielten diese Gegensätze eine zusätzliche Zuspitzung. Beide Seiten, England ebenso wie Frankreich, suchten in Schottland unter dem Adel Anhänger für sich zu rekrutieren. Maria Stuart sollte an diesen Bedingungen, nachdem sie 1561 nach 13 Jahren aus Frankreich in ihre Heimat zurückgekehrt war, scheitern.

Maria Stuart war freilich noch mit zusätzlichen Problemen konfrontiert gewesen, denn das Land hatte sich Ende der 1550er Jahre offen dem Protestantismus zugewandt. Einflussreiche Anhänger des neuen Glaubens hatte es schon vorher gegeben, aber erst der Tod Maria Tudors, der Rom treuen Königin von England, im Jahre 1558 hatte den Weg frei gemacht für den raschen Sieg der Reformation in Schottland. Ganz anders als in England war dies keine Reformation von oben, im Gegenteil, die Krone hatte mit all dem sehr wenig zu tun.[15] Im Übrigen fand sich auch Maria Stuart nach ihrer Rückkehr nach Schottland 1561 faktisch mit dem Vordringen des Protestantismus ab, obwohl sie sich ihm selbst nicht anschloss. Für ihre pragmatische Haltung mag auch der Umstand mit ausschlaggebend gewesen sein, dass sie ihre Chance, die englische Krone zu erlangen, nicht durch eine Verfolgung der schottischen Protestanten verspielen wollte. Nach dem Sturz Marias nahm die Reformation ungehindert ihren Fortgang, obgleich es nicht zu einer flächendeckenden Unterdrückung des Katholizismus kam, denn bestimmte Adelsfamilien, wie die Gordons im Nordosten des Landes, oder auch manche Highland Clans zeigten weiter Sympathien für die vorreformatorische Kirche, auch wenn sie nicht unbedingt immer Katholiken im Sinne des Tridentinums waren.

Jakob selber war nach 1567 das symbolische Oberhaupt einer „King's Party", die mehr oder weniger identisch war mit den Führern des Aufstandes gegen seine Mutter, der aber durchaus immer noch eine „Queen's Party" gegenüberstand, die die Macht für Maria Stuart zurückerobern wollte. Erst als zu Beginn der 1570er Jahre England, nach einem gewissen Zögern, nachdrücklich die „King's Party" unterstützte, konnte deren Position als – für den Moment – leidlich gesichert gelten. Es war eine Selbstverständlichkeit, dass der junge König nach den Grundsätzen des strengen Calvinismus erzogen wurde, und an dem protestantischen Bekenntnis seiner Jugend hielt er auch in der Tat stets fest, so wenig ihm die presbyterianische Kirchenverfassung zusagte. Im Übrigen lag seine Erziehung einerseits in der Hand der Countess of Mar, der Gattin respektive Witwe von John Erskine Earl of Mar, der bis zu seinem Tod 1572 Gouverneur der Burg Stirling, auf der Jakob aufwuchs, und offizieller Hüter (Guardian) des Thronfolgers gewesen war, und andererseits in der Hand einer Reihe von Personen, die die Stände Schottlands zu seinen Lehrern bestimmt hatten.[16] Der prominenteste unter ihnen war George Buchanan, ein bekannter Gelehrter und Philologe. Buchanan, der in Paris studiert und lange Jahre auf dem Kontinent gelebt hatte, wo er unter anderem an der portugiesischen Universität Coimbra lehrte, gehörte zu den großen europäischen Humanisten seiner Epoche. Sein Ruhm als Historiker und Stilist reichte weit über Schottland hinaus, aber er war auch ein entschiedener Gegner jeder monarchischen Herrschaftsgewalt, die sich der Kontrolle durch den Adel respektive ein ständisch gegliedertes Volk entzog. Die Zeitgenossen zählten ihn zu den Monarchomachen, zu jenen radikalen Theoretikern, die ihre Rechtfertigung des Widerstandsrechtes so weit trieben, dass sie auch die Absetzung, ja sogar die Hinrichtung oder Ermordung eines Monarchen legitimierten, und Buchanan machte aus seinem Hass auf Maria Stuart, der auch dadurch bedingt war, dass er seit seiner Jugend ein Klient und Anhänger der Earls of Lennox, also der Familie des ermordeten Darnley war, in der Tat keinen Hehl.[17] Seine Ernennung zum Lehrer Jakobs sollte offenbar sicherstellen, dass der neue König die Macht seines Amtes nicht überschätzte, ein Versuch, der jedoch fehlschlug, da Jakob Zeit seines Lebens die Ideen Buchanans energisch bekämpfte. Buchanan, der damals schon über 60 war, war ein meist übel gelaunter alter Mann, der für die Wünsche eines Kindes nur ein minimales Verständnis mitbrachte und in kräftigen Prügeln ein pädagogisches Allheilmittel sah. Im Übrigen war der Junggeselle Buchanan auch nicht gerade ein Frauenfreund und mag den jungen König durchaus zu einer gewissen Abneigung gegen das andere Geschlecht erzogen haben. Frauen, zumindest Frauen aus dem

Adel, waren auf Stirling freilich ohnehin kaum präsent, von der Countess of Mar einmal abgesehen.

Neben Buchanan stand ein jüngerer Lehrer, Peter Young, ein Theologe, der in Genf bei Beza studiert hatte, und mit seinen menschenfreundlicheren Erziehungsmethoden wohl einen stärkeren Einfluss auf den jungen Monarchen ausübte. Stirling war im Vergleich zu den Zentren des europäischen Geisteslebens ein abgelegener Ort, aber es verfügte über eine gute königliche Bibliothek von 600 bis 700 Bänden, die damals wohl größte in Schottland, die dem jungen König und seinen Erziehern zur Verfügung stand.[18] Die meisten Werke der Bibliothek, vielfach Bücher theologischen und historischen Inhalts, aber natürlich auch die Klassiker der antiken Literatur, waren in Latein geschrieben und Latein wurde auf diese Weise für Jakob fast zu seiner Muttersprache. Buchanan brachte ihm eine klare humanistische Aussprache bei, die sich vorteilhaft von der bis heute südlich des Tweed vorherrschenden anglisierenden Version des Lateinischen unterschied.[19] Jakob lernte jedoch auch Griechisch und Französisch, die Sprache seiner Mutter, und weitere moderne Fremdsprachen. Es gab in Schottland sicherlich damals kaum Adlige, deren Bildung ähnlich umfassend war wie die des jungen Monarchen, aber auch unter den Herrschern Europas zeichnete er sich durch seinen weiten geistigen Horizont aus, auch wenn ihm die trockene Pedanterie der calvinistischen Theologie nicht ganz fremd blieb.

Mochte Stirling dem jungen Jakob auch eine gute Bibliothek bieten, Sicherheit bot es ihm nur begrenzt, denn die unterschiedlichen Adelsparteien kämpften in Schottland erbittert um die Kontrolle über den zukünftigen Herrscher des Landes. Der Großvater des Königs, der Earl of Lennox, der als Regent für das Königreich fungierte, wurde im September 1572, bei einem allerdings erfolglosen Angriff auf die Burg, in einem Handgemenge in der Stadt Stirling von Gegnern aus den Reihen des Clan Hamilton schwer verwundet, und starb kurz darauf vor den Augen seines Mündels auf der Burg. Schon vorher, im Januar 1570, war ein anderer Regent, der Earl of Moray, ebenfalls eines gewaltsamen Todes gestorben. Er war einem Attentat zum Opfer gefallen, hinter dem Archibald Hamilton, der altgläubige Erzbischof von St. Andrew's, stand. Hamilton selber wurde freilich einige Jahre später von seinen Gegnern gefangen genommen und kurzerhand aufgehängt.

Es war dem nächsten Regenten James Douglas Earl of Morton vorbehalten, wieder ein gewisses Maß an Ordnung herzustellen. Morton stützte sich auf die Zusammenarbeit mit Elisabeth von

England, aber es gelang ihm dennoch, auch einen Teil der früheren Anhänger Maria Stuarts politisch zu integrieren. 1578 unternahmen die Earls of Atholl und Argyle, die an der Spitze wichtiger Highland Clans standen, jedoch einen Versuch, sich der Person des Königs zu bemächtigen und Morton auszuschalten. Einstweilen blieb dieses Unternehmen erfolglos, doch begann sich jetzt eine Tendenz des jungen Monarchen abzuzeichnen, Einfluss auf die Auswahl seiner Berater zu nehmen. Im Herbst 1579 tauchte ein junger Adliger in der Umgebung des Königs auf, der bis dahin in Frankreich gelebt hatte, aber zur Lennox-Nebenlinie der Stuarts gehörte, Esmé Stuart Sieur d'Aubigny, dem bald darauf der Titel eines Earl of Lennox verliehen wurde. Jakob brachte Lennox schon bald eine geradezu leidenschaftliche Zuneigung entgegen; von späteren Favoriten des Monarchen unterschied sich Lennox allerdings dadurch, dass er älter war als der König und ihm sicherlich auch überlegen. Jakob wird in ihm also eher eine Art älteren Bruder gesehen haben.[20]

Lennox verbündete sich mit anderen Adligen, denen die Herrschaft des Regenten Morton unerträglich erschien. Morton wurde im Dezember 1580 verhaftet und im folgenden Frühjahr vor Gericht gestellt. Ihm wurde vorgeworfen, in den Mord an Henry Darnley, den Vater Jakobs, verwickelt gewesen zu sein. Morton räumte ein, von der Tat vor ihrer Ausführung gewusst zu haben, stellte aber Maria Stuart als die eigentliche Mörderin hin. Damit konnte er, dies überrascht nicht, sein Leben nicht retten. Er wurde hingerichtet.[21] Er war damit der dritte Regent Schottlands seit 1567, der eines gewaltsamen Todes gestorben war. Allerdings war auch die Machtposition von Lennox, der bald den Titel eines Herzogs erhielt, nicht sicher, denn die Geistlichen der calvinistischen Kirche sahen in dem Franzosen einen unverbesserlichen Katholiken, dessen Einfluss auf den König daher verderblich sei. Sie zögerten nicht, ihn in öffentlichen Predigten auf das Schärfste anzugreifen. Auch unter dem protestantischen Adel wuchs der Widerstand gegen den Favoriten, der, wie es schien, geneigt war, mit Spanien und Frankreich zusammenzuarbeiten. Im August 1582 schlug die Opposition zu. Unter der Führung von William Ruthven, second Earl of Gowrie, nahmen die Verschwörer den König auf der Rückkehr von einem Jagdausflug gefangen. Der Vater Gowries, Patrick Lord Ruthven, war schon 1566 in die Ermordung von Riccio verwickelt gewesen, und der König begegnete der Familie mit starkem Misstrauen und sollte an ihr 18 Jahre später Rache nehmen. Gowrie selbst wurde schon 1584 unter einem Vorwand hingerichtet.

Zunächst musste der König sich nach dem so genannten Ruthven Raid, der noch einmal demonstriert hatte, dass er nur ein Spielball der unterschiedlichen Adelsgruppierungen war, jedoch der Gewalt beugen. Unter Zwang befahl er Lennox, Schottland zu verlassen, eine Maßnahme, die nicht zuletzt von den strengen Calvinisten weithin begrüßt wurde. Sein Vertrauter ging nach Frankreich, wo er bald darauf starb. Jakob nahm dies zum Anlass, um auf seinen Tod ein Gedicht zu schreiben, das er *Ane Metaphoricall Invention of a Tragedie called Phoenix* nannte. Lennox ist hier der sagenhafte Vogel Phoenix, der sich am Ende selber opfert, jedoch in der Hoffnung, aus Feuer und Asche wieder aufzuerstehen.[22]

Eine solche irdische Wiederauferstehung war Lennox nicht beschieden, wohl aber gelang es dem König selber, sich aus der Gefangenschaft der Ruthven Raiders im Juni 1583 zu befreien. Beraten von James Stewart Earl of Arran, erließ er eine Reihe von Gesetzen, die sich vor allem gegen die Autonomie der Kirche richteten, und die so etwas wie ein königliches Kirchenregiment schaffen sollten. Diese so genannten Black Acts von 1584, die durch die Unterstützung der Kirche für die Ruthven Raiders veranlasst wurden, waren alles andere als populär und mussten auf Grund des erheblichen Widerstandes, mit dem der König sich konfrontiert sah, ein Jahr später suspendiert werden.[23] Ebenso sah sich Jakob genötigt, Arran – nicht zuletzt unter englischem Druck – fallen zu lassen. Dennoch stellen die Jahre 1583 bis 1585 den Beginn der selbstständigen Regierung Jakobs VI. in Schottland dar. Er war zwar noch lange genötigt, zwischen den unterschiedlichen Gruppierungen und Machtfaktoren, die die schottische Politik bestimmten, zu lavieren, aber er wurde nie wieder zum ohnmächtigen Gefangenen einer Koalition adliger Magnaten, wie er es in der Vergangenheit gewesen war. Die Jahre 1567 bis 1585 hatten nicht nur gezeigt, wie sehr Schottland unter politischer Instabilität litt, sondern auch dass Gewalt hier wie eh und je ein natürliches Mittel der politischen Auseinandersetzung war. Allerdings bestand darin auch eine gewisse Chance für den König, denn die Sehnsucht nach Frieden und Ordnung war allenthalben groß in Schottland, nachdem das Land über vierzig Jahre lang von unterschiedlichen Regenten oder aber von Frauen regiert worden war, die sich nie wirklich Anerkennung und Achtung hatten verschaffen können. Auch der hohe Adel konnte letztlich nicht daran interessiert sein, dass das Chaos der vergangen Jahrzehnte fortdauerte, denn mochten manche Magnaten daraus auch Kapital geschlagen haben, so endeten doch viele andere als Opfer eines politischen Justizurteils oder eines Mordanschlages.[24]

Selbstständige Herrschaft und Politische Konsolidierung

Das größte Problem, mit dem sich Jakob zunächst konfrontiert sah, war das Verhältnis zu England, damit aber indirekt auch zu seiner Mutter. Auf Grund der eskalierenden Konfrontation mit Spanien hatte Elisabeth von England ein starkes Interesse daran, Schottland in ihr eigenes Lager zu ziehen. Sie bot Jakob daher eine Allianz und die Zahlung einer regelmäßigen Pension von einigen Tausend Pfund (am Ende ging es um £ 4 000) an, nicht sehr viel nach englischen Maßstäben, aber eine sehr substantielle Summe in Schottland. Im Juli 1586 unterschrieb Jakob den Bündnisvertrag, der ihm zwar keine direkte Anerkennung seines Anspruches auf den englischen Thron bot, die Chancen, solche Ansprüche eines Tages durchzusetzen, jedoch erhöhte. Er gab damit die Option auf, in Schottland, und sei es auch nur nominell, gemeinsam mit seiner Mutter zu herrschen, wie Maria es wiederholt vorgeschlagen hatte. Damit wurde die Position Maria Stuarts in England noch prekärer, als sie es ohnehin schon war. Während sie sich immer abenteuerlicheren Plänen hingab, die darauf abzielten, ihre Freiheit wiederzuerlangen und in den Besitz der schottischen Krone zu gelangen, schlugen die Agenten Elisabeths I. zu. Sie waren dazu in der Lage, ihr eine Verschwörung gegen die englische Königin nachzuweisen. Maria Stuart wurde vor ein eigens für diesen Zweck gebildetes Gericht gestellt und zum Tode verurteilt. Viele Beobachter rechneten damit, dass Elisabeth von England davor zurückschrecken würde, dieses Urteil zu vollstrecken, aber sie sollten sich täuschen. Am 8. Februar 1587 wurde die Königin von Schottland im Schloss von Fotheringhay mit dem Richtbeil hingerichtet.

Jakob protestierte gegen diese Tat, und einige Monate lang war von einem Krieg gegen England, gestützt auf ein Bündnis mit Heinrich III. von Frankreich und dem Haus Guise, aus dem Maria Stuart mütterlicherseits stammte, die Rede, aber er hatte letztlich wenig getan, um die Vollstreckung des Urteils zu verhindern und faktisch hatte der Tod seiner Mutter seine eigene Position eher gestärkt, denn bis zu diesem Datum war die Legitimität seiner Herrschaft durchaus zweifelhaft gewesen. Es war ja durchaus denkbar, in seiner Mutter die einzig rechtmäßige Herrscherin zu sehen. Es entbehrt im Übrigen nicht einer gewissen Ironie, dass ein König, der sein halbes Leben damit verbringen sollte, den sakralen Charakter der Königsherrschaft

Abbildung 1: Jakob VI. als König von Schottland. Gemälde von Adrian Vanson (1595). Das Bild bringt gewisse Charakterzüge des Monarchen wie seinen Argwohn und seine Vorsicht gut zum Ausdruck. *(Scottish National Portrait Gallery)*

zu betonen und gegen jedes Widerstandsrecht zu polemisieren, seinen eigenen Aufstieg bis zu einem gewissen Grade einer Tat verdankte, die durchaus als ein Königsmord gesehen werden konnte, mochte auch eine andere Königin selber die Täterin sein.

Die Allianz mit Elisabeth I. wurde dann auch relativ rasch wieder belebt und als 1588 die Armada England angriff, stand Schottland an der Seite Englands, auch wenn es nicht unmittelbar in die Kampfhandlungen verwickelt war. Innenpolitisch verfolgte Jakob VI. eine Politik des Ausgleichs. Er versuchte, die Möglichkeit einer begrenzten Zusammenarbeit mit den konfessionell konservativen, zum Teil auch offen katholischen Magnaten des Nordostens, allen voran mit George Gordon Earl of Huntly, offen zu halten, und sei es auch nur, um ein Gegengewicht gegen andere Adelsfaktionen zu haben, stützte sich aber zugleich nach 1587 zunächst auf seine Zusammenarbeit mit der calvinistischen Kirche und kultivierte seinen Ruf als gottesfürchtiger frommer Herrscher. Schon in Schottland ließ er sich wahlweise als neuer Salomon oder neuer Konstantin darstellen, wie später in England.[25] In der Auseinandersetzung mit Gegnern erwies es sich mehr als einmal, dass schon seine bloße Präsenz an der Spitze eines militärischen Aufgebotes ausreichte, um Widerstand zu schwächen, oder gar zum Zusammenbruch zu bringen.[26] So schwach die Position der Krone in Schottland auch äußerlich erscheinen mochte, so war doch nur der König dazu in der Lage, adlige Ansprüche auf Herrschaft und Status dauerhaft zu legitimieren, und dies ließ viele Adlige zögern, Konflikte mit einem erwachsenen Monarchen über ein gewisses Maß hinaus eskalieren zu lassen. Umgekehrt war der König bereit, sich mit vielen ehemaligen Gegnern auszusöhnen, solange er sich nicht persönlich von ihnen an Leib und Leben bedroht oder gedemütigt fühlte. Kompromisse musste er ohnehin schließen. Schon der französische Gesandte Maria Stuarts, Fontenay, hatte 1584 darauf hingewiesen, dass beim König eine sehr hohe Meinung, die er von seiner Autorität und seinen Fähigkeiten habe, unmittelbar neben einer stark ausgeprägten Furchtsamkeit stehe, die ihn zögern lasse, den großen Adligen des Landes direkt zu widersprechen. *„Nurtured in fear, he has this one deficiency, that he does not very often dare to contradict the great lords"*. Fontenay hob auch andere Charakterzüge des Monarchen hervor, die in späteren Jahren auch anderen Beobachtern auffallen sollten: Seine trotz einer eher schwachen Konstitution sehr stark ausgeprägte Leidenschaft für die Jagd, sein Unverständnis für finanzielle Probleme und seine Abneigung gegen regelmäßige administrative Geschäfte, die sich allerdings mit der Fähigkeit verband, kurzfristig sehr intensiv und wirkungsvoll zu arbeiten, auch die Tatsache, dass der König in seiner Zuneigung zu Favoriten und Günstlingen auf das Urteil seiner Umgebung wenig Rücksicht nahm, fiel Fontenay auf.[27]

Jakob VI. stärkte seine Position in den 1580er Jahren dennoch schrittweise, nicht zuletzt auch durch seine 1589 geschlossene Ehe mit der dänischen Prinzessin Anna. In den Jahren zuvor waren

Gerüchte aufgetaucht, der König habe nicht viel für Frauen übrig und vereinzelt waren auch Vorwürfe laut geworden, er zeige homoerotische Neigungen. In der sehr maskulinen schottischen Adelsgesellschaft konnten solche Vorwürfe, auch wenn es nur Gerüchte waren, gefährlich werden. Die Heirat war daher, aber auch um die Kontinuität der Dynastie zu sichern, eine politische Notwendigkeit, eine Liebesheirat war es kaum, doch das galt für dynastische Verbindungen in dieser Epoche natürlich allgemein.[28] Dänemark bot sich für eine Heiratsverbindung an, wenn die neue Königin von Schottland eine Protestantin sein sollte, denn protestantische Königshäuser gab es in Europa nicht allzu viele, außer Dänemark eigentlich nur die Tudors in England, die jedoch vor dem Aussterben standen, und die Wasas in Schweden, die aber zu diesem Zeitpunkt noch nicht die Macht und das Ansehen des Hauses Oldenburg, das in Dänemark, Norwegen, Schleswig und Holstein herrschte, besaßen. Von der Heirat konnte sich Jakob überdies eine gute Mitgift versprechen, denn der dänische König war dank der Sundzölle reich.

Nachdem eine Überfahrt Annas nach Schottland in den Herbststürmen zunächst gescheitert war, fuhr Jakob im Oktober 1589 selbst nach Dänemark respektive nach Norwegen, – wo seine Braut Zuflucht gesucht hatte, nachdem ihr Schiff zur Rückkehr gezwungen worden war – um Anna nach Schottland zu holen. Mehrere Monate lang hielt er sich zunächst in Oslo und sodann in der dänische Hauptstadt und ihrer Umgebung auf, wo er auch mit dem berühmten Astronomen Tycho Brahe auf dessen Landsitz Uranienborg zusammentraf. Erst im Frühjahr 1590 kehrte er nach Schottland zurück. Anna versuchte zwar gelegentlich Einfluss zugunsten persönlicher Klienten – oder gegen persönliche Feinde – am Hof zu nehmen, insgesamt blieb ihre Machtposition aber schwach.[29] Die Ehe, die anfangs noch leidlich harmonisch war, wurde 1594 auf eine ernste Probe gestellt, als Jakob VI. darauf bestand, seinen ersten Sohn, den Prinzen Heinrich, der in diesem Jahr geboren wurde, fern vom Hof und damit auch fern von seiner Mutter auf der Burg Stirling aufziehen zu lassen. Dies war eine in Schottland durchaus übliche Vorsichtsmaßnahme. Stirling war nur schwer einzunehmen, und der König wollte es vermeiden, dass Verschwörer sich seines Sohnes bemächtigten, um ihn gegen ihn selber auszuspielen, so wie er als Kleinkind zum Gegenkönig seiner Mutter geworden war. Anna hatte für so radikale Maßnahmen, die in Dänemark ganz unüblich waren, jedoch wenig Verständnis, und die emotionale Distanz zwischen den Gatten scheint von da an deutlich gewachsen zu sein.

Umgekehrt war die Geburt eines Thronfolgers Anfang 1594 ein Faktor, der die Position Jakobs VI. weiter legitimierte – solange seine Gegner sich dieses Thronfolgers nicht bemächtigen konnten, und dafür hatte er ja Sorge getragen. Schon vorher, in den Jahren seit 1587, war es ihm freilich gelungen, seine Autorität und die des Staates zu stärken. Dabei kam dem Kanzler des Königs, John Maitland, der seit 1586/87 amtierte, bei den notwendigen Reformen eine Schlüsselrolle zu.[30] In zunächst enger Zusammenarbeit mit den gemäßigten Führern der Kirk, suchte Maitland den hohen Adel stärker unter die Kontrolle der Krone zu bringen. Auch wenn ihn seine Unpopularität auf Dauer zu einer Belastung werden ließ, erreichte er doch vor seinem Tode 1595 in Kooperation mit dem König Beachtliches. In der Forschung wird sogar nicht selten von einem schottischen Absolutismus gesprochen, der sich in diesen Jahren durchgesetzt habe.[31] Sicherlich war Schottland 1603 und erst recht 1625 ein ganz anderes Land als 1566, als Jakob VI. geboren wurde. Die Krone setzte das Parlament, das sich leichter als die englische Ständeversammlung lenken ließ,[32] ein, um eine Fülle von neuen Gesetzen zu verabschieden, erließ aber auch selber eine steigende Zahl von Verordnungen, um ihre Ziele durchzusetzen.[33] Aus bescheidenen Anfängen entwickelte sich in Edinburgh eine bürokratisch organisierte, zentrale Verwaltung. Dominiert wurde sie nicht von den großen Magnaten, sondern von Männern, die jüngere Söhne von Hochadligen waren, aus Nebenlinien der großen Dynastien stammten, oder zum niederen Adel, zur Gruppe der so genannten lairds, gehörten. Seit 1587 waren die lairds auch im Parlament vertreten, wo sie ein gewisses Gegengewicht zu den Magnaten bildeten. Schließlich gelang es Jakob VI. und seinen Beratern seit den späten 1580er Jahren, die Bewilligung neuer Steuern durch das Parlament oder verwandte ständische Versammlungen wie die convention of royal burghs durchzusetzen.

Waren Steuern früher eher in seltenen Ausnahmefällen bewilligt worden, so verging bald kaum noch ein Jahr, in dem sie nicht erhoben wurden. In dieser Hinsicht war die Position der Krone in Schottland sogar stärker als in England, denn hier hatte sich das Prinzip der Erhebung von Steuern in Friedenszeiten – nur um die laufenden Kosten des Hofes und der Verwaltung zu finanzieren – nie wirklich dauerhaft durchgesetzt, jedenfalls nicht vor 1642.[34] Indes, auch diese steigenden Steuereinnahmen – die angesichts der Armut des Landes immer noch bescheiden genug waren – konnten nicht verhindern, dass Jakob VI. sich in den 1590er Jahren beständig in finanziellen Schwierigkeiten befand.[35] Selbst die zeitweilig von England bezahlte königliche Leibgarde, die in den 1580er Jahren geschaffen worden war, und die in ihren besten Zeiten auch nur aus 100 Fußsoldaten und 100 Reitern bestand, konnte nicht dauerhaft unter Waffen gehalten werden, da dafür das Geld fehlte. Nach 1595 wurde sie offenbar weitgehend wieder aufgelöst, da der König sich jetzt sicher genug fühlte und die Mitglieder seines Hofstaates, die meist kriegserfahren waren, zur Not genug Schutz boten. Zwar wurde dann nach 1603 eine neue königliche Gardeeinheit geschaffen, aber sie bestand nur aus 40 Mann und ihre Aufgaben waren die einer Gendarmerietruppe, die landesweit Gewaltverbrecher, aber auch flüchtige Schuldner verfolgte – eine ähnliche große zweite Spezialeinheit versah vergleichbare Aufgaben in den Borders, an der Grenze zu England.[36]

Wie immer man die Diskussion über den monarchischen Absolutismus in der frühen Neuzeit beurteilen mag, ein Herrscher, der sich stets am Rande des Bankrotts befindet, über keine eigenen militärischen Einheiten – nicht einmal in Form einer Palastgarde – verfügt, sich diese aber auch nicht leisten kann, ist sicherlich alles andere als der typische absolute Monarch, mögen schottische Historiker auch eine Neigung dazu haben, den schwer bestreitbaren politischen Zentralisierungsprozess, der nach 1585/87 stattfand, mit dem Schlagwort Absolutismus zu bezeichnen. Dies ist jedoch gerade auch im europäischen Vergleich wenig überzeugend. Die politische Stabilität, die Schottland gegen Ende der 1590er Jahre auszeichnete, war vor allem auch das Ergebnis einer nach vielen Konflikten am Ende doch erreichten engen Zusammenarbeit zwischen dem König und den traditionellen Eliten, mochten sich auch einzelne Magnaten, die aber zunehmend zu Außenseitern wurden, einer solchen Zusammenarbeit immer wieder widersetzen. Dabei gelang es auch, die stark ausgeprägte Neigung des schottischen Adels, Konflikte gewaltsam auszutragen, einzudämmen. Ein Parlamentsgesetz von 1598 erklärte alle Fehden dieser Art zum ersten Mal für illegal, stellte also eine Art ewigen Landfrieden für Schottland her.[37] Dass dieses Gesetz zumindest in den Lowlands wirksam durchgesetzt werden konnte, war allerdings in erheblichem Umfang auch dem Einfluss der Kirche zu verdanken. Die gerade in der reformierten schottischen Kirche sehr ausgeprägte Sündenzucht, die Fehlverhalten jeder Art mit demütigenden Strafen und letztlich mit dem Ausschluss aus der kirchlichen, damit aber auch aus der sozialen Gemeinschaft bedrohte, scheint sich in diesen kritischen Jahrzehnten durchaus als wirksam erwiesen zu haben, zumal die Presbyterien und die lokalen Aufsichtsgremien, die kirk sessions, zu diesem Zeitpunkt auch vor

Strafmaßnahmen gegen Personen hohen Ranges nicht zurückschreckten. Schottische Geistliche mochten es als ihre Aufgabe verstehen, den König von der Kanzel zu tadeln, wenn er nicht nach den Normen der Kirche handelte, aber sie gingen mit mächtigen Adligen oft auch nicht viel sanfter um.[38] Es waren jedoch sicherlich nicht nur äußere Strafmaßnahmen, sondern eine Verinnerlichung der kirchlichen Werte durch zumindest einen Teil des Adels und der Oberschicht, die am Ende doch zu einer gewissen Sozialdisziplinierung führte, die zumindest stark genug war, um Schottland Anfang des 17. Jahrhunderts zu einem Land werden zu lassen, in dem gewaltsame Auseinandersetzungen im Alltag sehr viel seltener geworden waren, mochten bestimmte Regionen wie die Highlands, oder selbst die äußerlich nach 1603 befriedeten Borders, auch weiter anfällig für kleinere, lokale Fehden bleiben.

Erwies sich die Kirche beim Versuch des Königs, sein Land zu befrieden, durchaus als wichtiger Partner, so waren doch auf anderen Gebieten starke Spannungen nicht zu übersehen. Dem König waren die theokratischen Tendenzen in der Kirk von jeher ein Dorn im Auge gewesen, er war jedoch hier ebenso wie in anderen Bereichen geschickt genug, seine Bedenken zurückzustellen, um mit potentiellen Gegnern unter taktischen Gesichtspunkten zunächst zusammenzuarbeiten, ohne jedoch seine eigentlichen Ziele – und das war in diesem Falle die Schaffung eines wirksamen königlichen Kirchenregimentes, wie es erstmals 1584 versucht worden war – jemals wirklich aufzugeben. Er besaß eine beachtliche Zähigkeit und Geduld, aber auch die Fähigkeit, auf den richtigen Augenblick zu warten, um seine Vorstellungen durchzusetzen. Zugute kam ihm in Schottland überdies, dass er oft selbst an den Sitzungen des Privy Council teilnahm. Die nach 1603 in England sichtbar werdende Neigung, sich dem Alltag der Regierungsgeschäfte zu entziehen, war in Schottland noch nicht so stark ausgeprägt wie später.

Den Anlass für die Streitigkeiten des Königs mit den Führern der Kirche stellte einerseits die große Nachsichtigkeit Jakob VI. gegenüber den katholischen oder kryptokatholischen Magnaten des Nordostens dar, die die Kirche scharf verurteilte. Umgekehrt sympathisierten nicht wenige Pastoren mit einem Mann, der zwischen 1591 und 1595 der gefährlichste Gegner des Königs werden sollte, Francis Stewart Earl of Bothwell, nicht zu verwechseln mit dem dritten Gatten Maria Stuarts, dessen Neffe er allerdings war. Bothwell, ein traditioneller kriegerischer Adliger aus dem Südosten Schottlands, dem Gebiet der Borders, ist als charmanter und kultivierter Gangster beschrieben worden. Überdies trat er jedoch auch als militanter Protestant auf, was ihm zeitweilig die Rückendeckung Elisabeths I. und eines großen Teiles der Kirk verschaffte.[39] Sein ursprüngliches Ziel war es, nicht dem König, der sein Cousin war, entgegenzutreten, sondern Maitland, den Kanzler, den er als Parvenu betrachtete, zu stürzen und selber als wichtigster Berater des Monarchen an seine Stelle zu treten; er verhielt sich also wie ein typischer adliger Frondeur. In der Wahl seiner Mittel war er freilich nicht wählerisch. Anfang 1591 wurden Anschuldigungen laut, Bothwell habe eine Reihe von Hexen angeworben, um das Schiff des Königs auf der Brautfahrt zum Untergang zu bringen. Auch von einer verhexten Wachspuppe des Königs war die Rede. Dass auch Hexerei eingesetzt wurde, um politische Gegner zu beseitigen oder zu schwächen, schien in Schottland damals eine durchaus glaubwürdige Annahme zu sein. Jakob selber nahm dies später zum Anlass, um eine Abhandlung über das Hexenwesen, die so genannte Dämonologie, zu schreiben, die wohl auch vom kontinentaleuropäischen Hexenwahn, mit dem er in Dänemark vertraut geworden war, beeinflusst war. Er reihte sich damit in die nicht kleine Schar europäischer Humanisten ein, für die dämonische Kräfte und der Teufel auch in dieser Welt ganz real präsent waren.[40]

Der angebliche Auftraggeber der Hexen, Bothwell, wurde inhaftiert, entkam aber wohl mit Unterstützung von Freunden am Hof aus der Haft. Angeblich, so hieß es, war ihm auch die Königin gewogen, die seinen Charme zu schätzen wusste. In den folgenden Jahren versuchte er wiederholt, seine Gegner in der Umgebung des Monarchen auszuschalten, indem er sich beim König mit Gewalt Gehör verschaffte. Mit schöner Regelmäßigkeit überfiel er dabei Jakob – den angeblich „absoluten" Monarchen – in seinen Residenzen, so im Dezember 1591 und erneut im Juli 1593, im Palast von Holyrood House in Edinburgh. Zwischenzeitlich griff er 1592 auch den Palast von Falkland mit mehreren hundert Mann an und öffnete die Tore gewaltsam mit einem Rammbock. 1593 sah sich Jakob in Holyrood House für einen Moment allein dem aufständischen Adligen gegenüber, der sein gezogenes Schwert vor sich auf den Boden gelegt hatte, um zu zeigen, dass er sich dem König unterwerfe, aber dennoch bedrohlich genug gewirkt haben muss.[41] Im folgenden Jahr konnte Bothwell den königlichen Truppen sogar in der Nähe Edinburghs in offener Feldschlacht eine Niederlage beibringen. Dem König wurde in erschreckender Weise deutlich, dass er nicht über die Machtmittel verfügte, um sich gegen einen Mann wie Bothwell zur Wehr zu setzen, und sich auch auf sein Gefolge nur begrenzt verlassen konnte. Schrittweise gelang es ihm allerdings doch, seine eigenen

Anhänger um sich zu sammeln und 1595 sah sich Bothwell, dem Jakob, bei all seiner Milde gegenüber anderen Frondeuren und Rebellen, seine Eskapaden nie vergab, zur Flucht aus Schottland genötigt. Durch den Ausbruch der Rebellion in Ulster war die englische Königin nicht mehr in der Lage, ihn zu unterstützen, und überdies hatte er sich durch ein Bündnis mit den katholischen Magnaten des Nordens auch selber isoliert und die Sympathie der Kirche und der englischen Amtsträger verloren. Er starb 1612 nach einer Konversion zum Katholizismus in Neapel, wo ihm erneut Verbindungen zu Kreisen nachgesagt wurden, in denen man die schwarze Magie praktizierte.[42]

Während der Jahre 1591 bis 1595 war jedoch deutlich geworden, dass für die schottische Kirche der Kampf gegen die katholischen Earls des Nordens sehr viel wichtiger war, als der Kampf gegen einen – immerhin protestantischen – Unruhestifter wie Bothwell, den kultivierten Banditen. In Predigten wurden Bothwells Aktionen sogar als eine gerechte Strafe Gottes dargestellt, eine „sanctified plague", wie es in einer Predigt hieß.[43] Die Haltung der Kirche änderte sich erst, als Bothwell den Fehler machte, sich mit dem katholischen Earl of Huntly zu verbünden. Die Spannungen zwischen dem König und der Geistlichkeit waren unübersehbar. Wenn er sich darüber beschwerte, dass seine Mutter als Mörderin dargestellt wurde, wurde ihm entgegengehalten, dies sei das gute Recht der Geistlichkeit, die im Übrigen ihr Strafamt gegenüber den Sünden der Obrigkeit auch sonst recht extensiv auslegte und nicht zögerte, ihm in seiner Gegenwart vorzuhalten, dass er alles andere als ein gottesfürchtiger Herrscher sei, und sich deshalb nicht wundern dürfe, wenn er bestraft würde.[44] Der Königin Anna, der nicht ohne Grund Neigungen zum Katholizismus nachgesagt wurden, warf man hingegen vor, die Nächte durchzutanzen und sich auch sonst mancherlei fragwürdigen weltlichen Vergnügungen hinzugeben – aus der Sicht der calvinistischen Geistlichkeit war freilich fast jede Form von Vergnügen fragwürdig.

Jakob VI. hatte zunächst wenig Zwangsmittel, um solche Predigten zu unterbinden, zumal seine eigenen Hofprediger sich zum Teil durchaus ähnlich äußerten, allerdings wich er der Konfrontation mit der Geistlichkeit auch nicht aus und verstand es durchaus, sich in theologischen Kontroversen zu behaupten, auch wenn er nicht immer dazu in der Lage war, sich Gehör zu verschaffen.[45] Nachdem die Bedrohung durch Bothwell 1595 verschwunden war, ging er zur Offensive über. Eine Predigt des Pastoren von St. Andrews, David Black, im Oktober 1596, in der er Elisabeth I. von England scharf als „Atheistin" angriff und auch mit Kritik am schottischen Hof und der Königin nicht sparte, lieferte den Anlass für eine schärfere Gangart, zumal es kurz darauf nach einer weiteren polemischen Predigt eines anderen Geistlichen in Edinburgh zu Unruhen kam. Die Gemeinde hatte die Kirche nach einer Ansprache, die an das Schicksal Hamans, des bösen Ratgebers des Perserkönigs im biblischen Buch Esther erinnerte, mit dem Ruf verlassen „Bring forth the wicked Haman!" und schickte sich an, den Hof anzugreifen, bevor sie durch den Schultheißen der Stadt zur Ruhe gebracht wurde.[46]

Jakob VI. erreichte jetzt eine Zusammenarbeit mit den gemäßigten Kräften in der Kirk. Andrew Melville, der Rektor der Universität von St. Andrews, und die Pastoren von Edinburgh, die in Angriffen auf den Hof ihre Hauptaufgabe sahen, wurden isoliert und verloren zum Teil ihre Ämter, zumal die Neigung der presbyterianischen Hardliner, auch Mitglieder der Oberschicht bei jeder Gelegenheit wegen ihrer Sittenlosigkeit und ihrer religiösen Lauheit zu tadeln, sie auf Dauer auch ihrer Unterstützung durch den Adel beraubte.[47] Der König setzte zusammen mit der Nationalsynode, der General Assembly, eine Kommission ein, die die Geschäfte der Synode führen sollte, wenn diese nicht tagte. Zwar waren diese Commissioners nicht in allen Fragen gefügig, aber die calvinistischen Radikalen, wie Melville, konnten mit ihrer Hilfe doch in ihre Schranken verwiesen werden. Ein weiterer Erfolg für den König war es, dass Vertreter der Kirche erstmals seit der Reformation wieder zu den Sitzungen des Parlaments zugelassen wurden, und der König sich einen erheblichen Einfluss auf die Nominierung dieser Delegierten sichern konnte. Im Jahre 1600 erreichte er es, dass drei Geistliche in besonderer Weise und auf Dauer mit der Vertretung der Kirche in der Ständeversammlung beauftragt wurden, und dass diese drei den Bischofstitel erhielten. Der König übertrug diesen drei Pastoren vorreformatorische Bistümer, die seit langem nicht mehr von Prälaten verwaltet worden waren. Zwar besaßen diese neuen parlamentarischen Bischöfe einstweilen nur eine politische, keine geistliche Amtsgewalt, aber das Fundament für eine Wiedereinführung der Episkopalverfassung war gelegt und da der König sich das Recht gesichert hatte, die Bischöfe zu ernennen, hatte er damit ein Mittel gefunden, die Kirche unter seine Kontrolle zu bringen.[48]

Die Gowrie Conspiracy und die englische Thronfolge

Noch einmal wurde das Verhältnis der Kirche zum König auf eine Probe gestellt. Im August 1600 besuchte der König, von einem Jagdausflug kommend, das Hause des jungen Earl of Gowrie in Perth – der Vater Gowries, der Anführer der Ruthven Raider, war 1584 hingerichtet worden, und der Großvater, Patrick Lord Ruthven, war 1566 an der Ermordung David Riccios vor den Augen Maria Stuarts führend beteiligt gewesen. Die Beziehungen des Königs zum Geschlecht der Ruthvens können also nicht wirklich durchweg harmonisch gewesen sein, obwohl er den jüngeren Bruder des Earls, Alexander Ruthven, der zu seinen Höflingen gehörte, offenbar durchaus schätzte.[49] Die Schwester der beiden Ruthvens war im Übrigen eine der Hofdamen der Königin. Jedenfalls folgte der König der Einladung der Ruthvens, von denen er einen Hinweis darauf erhalten hatte, dass sich in Perth ein Mann aufhalte, der im Besitz eines Goldschatzes sei, den man ihm zeigen wolle, so zumindest stellt er es anschließend dar, auch wenn dies wenig plausibel klingt und auch damals nicht sehr viel plausibler geklungen haben wird. Zusammen mit Alexander Ruthven, dem jüngeren der beiden Brüder, ging er in ein Hinterzimmer, wo sich der Schatz oder dessen Besitzer befinden sollte, dort, so der König, sei er von Ruthven und einem anderen Mann – der allerdings zögerte, den König niederzuschlagen – angegriffen worden, habe jedoch noch Gelegenheit gehabt, um Hilfe zu rufen. Sein allerdings kleines Gefolge traf rechtzeitig genug ein, um den König zu retten, obwohl man ihnen erzählt hatte, Jakob VI. habe das Haus schon verlassen. Alexander Ruthven und anschließend auch der Earl of Gowrie, der zunächst erbittert Gegenwehr leistete, wurden von den Männern des Königs getötet. Die Leichname der beiden Brüder wurden als Strafe für das Verbrechen des Hochverrates anschließend gevierteilt und öffentlich zur Schau gestellt, der Name Ruthven verfiel der damnatio memoriae, der Besitz der Familie wurde – gegen den Protest der Königin – eingezogen, die überlebenden Verwandten und überhaupt alle Träger des – nun verbotenen – Namens Ruthven auf immer vom Hof und aus seinem räumlichen Umkreis verbannt.

Von der Geistlichkeit des Landes verlangte der König öffentlich Dankpredigten und -gebete für seine wundersame Rettung. Nicht alle Pastoren waren überzeugt, dass die nicht in jeder Hinsicht plausible Darstellung der Ereignisse durch den König der Wahrheit entsprach, aber die meisten fügten sich ihm nach einem gewissen Zögern. Einer der prominentesten, Robert Bruce, Pastor in Edinburgh, weigerte sich hingegen, er wurde verbannt und musste das Land verlassen. Damit hatte der König demonstriert, dass er im Zweifelsfall der Kirche befehlen konnte, wie sie in Predigten zu politischen Fragen Stellung nahm.

Was freilich wirklich in Gowrie House geschah, ist schwer zu rekonstruieren. Dass Jakob VI. namentlich dem älteren Ruthven, der als Anhänger der schwarzen Magie und Freund des geflohenen Earl of Bothwell galt, mit dem er sich angeblich im Ausland getroffen hatte, mit großem Misstrauen begegnete, ist nicht zweifelhaft. Aber wenn Jakob die Absicht hatte, Gowrie umzubringen, so war es doch kaum notwendig, dabei das eigene Leben aufs Spiel zu setzen, wie er es bei dem Zwischenfall in Gowrie House tat. Wahrscheinlicher ist es, dass es aus einem vielleicht nichtigen Anlass oder wegen der königsfeindlichen Tradition des Geschlechtes zu einem Wortwechsel zwischen dem König und dem jüngeren Bruder kam, und Jakob VI., der eine Tendenz dazu hatte, in Panik zu geraten, wenn er sich bedroht fühlte, seinem Gefolge, soweit es erreichbar war, den Befehl gab, ihn gegen den vermeintlichen Angriff zu verteidigen und den Earl und seinen Bruder niederzustechen. Denkbar wäre immerhin auch, dass die Ruthvens den König wirklich vorübergehend gefangen nehmen wollten, um die Rückzahlung einer Schuld oder andere Forderungen durchzusetzen und dass dieses Unternehmen außer Kontrolle geriet.

Der König ließ den Tag seiner Errettung von der tödlichen Bedrohung durch die Ruthvens, an die er vermutlich selber glaubte, bis zu seinem Tode jede Woche in Gedenkpredigten feiern, und das Andenken an die Gowrie Conspiracy wurde zu einem Teil des monarchischen Kultes, der die Legitimität des Königtums stärken sollte.

Das Jahr 1600 war somit trotz oder wegen der Gowrie Conspiracy ein Jahre des Erfolges für Jakob VI. Unklar blieb dennoch, wie der reibungslose Übergang der englischen Krone auf ihn gesichert werden sollte, da Elisabeth sich weigerte, ihn in rechtsverbindlicher Form als ihren Nachfolger anzuerkennen. Zwar hatte Jakob den bei weitem besten Erbanspruch auf die Krone, aber mit etwas Mühe konnte man durchaus andere Thronanwärter finden, darunter Jakobs Cousine, Arabella Stuart, die wie er von Margaret Tudor, der Tochter Heinrichs VII., abstammte. Arabella war in England aufgewachsen, wo sie auch lebte, konnte daher nicht als Landesfremde von der Erbfolge ausgeschlossen werden, wie das bei Jakob VI. theoretisch denkbar war. In den Jahren vor 1603 war der schottische König daher bemüht, Kontakte zu einflussreichen Höflingen und Adligen aufzunehmen, um somit die Thronfolge vorzubereiten. Allerdings ließ er sich dabei auch auf eine Zusammenarbeit mit dem eigenwilligen zweiten Earl of Essex ein, der zwar eine der glanzvollsten Erscheinungen am Hof Elisabeths war, aber als unberechenbar galt und schon lange darunter litt, dass er seine Rivalen am Hof nicht auszuschalten vermochte. Essex war, obwohl auch Katholiken zu seinen Anhängern gehörten, Anwalt einer aggressiven antispanischen Außenpolitik. Obwohl Jakob VI. eine solche Politik für sein eigenes Land sonst eher ablehnte, fürchtete er Ende der 1590er Jahre doch, es könne zu einem vorzeitigen Frieden zwischen England und Spanien kommen; ein solcher Friedensschluss konnte unter Umständen die Chance einer katholischen Prädentin, wie etwa der Infanta Isabella von Spanien, der Regentin der südlichen Niederlande, erhöhen, die englische Krone zu erlangen, so zumindest sah es Jakob VI.[50]

Essex, der sich Jakob VI. als Partner angeboten hatte, scheiterte am Ende politisch. Er ließ sich 1601 auf einen Putschversuch ein, mit dem er seine Gegner marginalisieren, vielleicht aber auch die alte Königin faktisch zu seiner Gefangenen machen wollte, und endete auf dem Schafott. Nach Essex' Tod war Robert Cecil, der Staatssekretär Elisabeths, der wichtigste Ansprechpartner Jakobs in England, doch unterhielt er auch Kontakte zu anderen Amtsträgern und Adligen, wie nicht zuletzt auch zu den Führern der englischen Katholiken und Kryptokatholiken, da er immer noch befürchtete, Spanien könne im Bunde mit einer katholischen Adelspartei den Übergang der Krone auf ihn verhindern. Cecil und Henry Howard, der spätere Earl of Northampton, ein alter Anhänger Maria Stuarts, waren ihrerseits bemüht, den König auf ihre Linie zu bringen, nicht zuletzt indem sie ihn über die Probleme, die ihn in England erwarteten, nur höchst oberflächlich oder gar nicht informierten, eine Taktik, die nach 1603 bedenkliche Folgen haben sollte, da Jakob VI. auf die neuen Aufgaben, die sich ihm in England stellten, in der Tat schlecht vorbereitet war.[51]

Andererseits erwies sich am Ende die Besorgnis des Königs, er müsse sich den englischen Thron mit militärischer Gewalt erkämpfen, auch dank der sorgfältigen Regie Cecils als unbegründet. Als Elisabeth I. am 24. März 1603 starb, gab es keinen ernst zu nehmenden Versuch, Jakob VI. die englische Krone streitig zu machen. Innerhalb kürzester Zeit wurde er zum König ausgerufen und konnte von seinem neuen Reich Besitz ergreifen.

Damit wurden seine Geduld und sein taktisches Geschick, mochte es ihn phasenweise auch nicht vor Fehlern bewahrt haben, belohnt. Jakob VI. brach im Frühjahr 1603 nach England auf, als ein Herrscher, dem es wie wenigen Monarchen vor ihm gelungen war, Schottland zu befrieden und der Autorität der Krone Respekt zu verschaffen, auch wenn dies – seit Beginn seiner selbstständigen Regierung nach 1585 – mehr als ein Jahrzehnt gedauert hatte. Schottland hatte sich seit den unruhigen 1560er und –70er Jahren tief greifend verändert, es blieb freilich ein Land, das durch zwei nebeneinander stehende, ganz unterschiedliche Herrschaftsstrukturen gekennzeichnet war, wie der schottische Historiker Michael Lynch vor einigen Jahren noch einmal hervorgehoben hat:

„Jacobean Scotland was a dual-purpose kingdom: an old feudal realm of regalities [adlige Hoheitsrechte] and heritable jurisdictions [erbliche Jurisdiktionsrechte], with its focus in a parliament which was, as James himself said, the chief court of tenants-in-chief of the king ran side by side with a new more centralised state structure imposing direct taxation".[52]

Michael Lynch hat überdies die Ansicht vertreten, Jakob VI. sei, nicht zuletzt durch seine geschickte Adelspolitik, einer der erfolgreichsten „feudalen" Könige Schottlands gewesen, aber zugleich sei er der erste unter den „absolutistischen" Herrschern des Landes gewesen, der an seinen übersteigerten Ambitionen am Ende doch gescheitert sei.[53] Damit verweist Lynch auf den wachsenden Widerstand, der sich in Schottland nach 1603 gegen das autokratische Kirchenregiment des Königs, aber auch gegen die Interventionen der königlichen Verwaltung in lokale Angelegenheiten und die wachsende Belastung durch Steuern graduell aufgebaut habe. Dass in Schottland die traditionellen Eliten am Ende mit einer gewissen Skepsis auf einen Herrscher blickten, der sein Heimatland nur noch einmal nach 1603 wieder besuchte, und damit den Kontakt zu seinen Untertanen doch trotz seines schottischen Hofstaates schrittweise verlor, aber dennoch versuchte, seinen Willen vor allem in kirchlichen Fragen auch gegen starken Widerstand durchzusetzen, ist sicherlich richtig. Umgekehrt bleibt es doch gerade im schottischen Fall, wo die Machtmittel der Krone im Konfliktfall recht begrenzt blieben, fraglich, überhaupt von Absolutismus zu sprechen, und die Reibungsverluste, die sich aus der zum Teil komplizierten Kommunikation zwischen dem Hof Jakobs I. und seiner schottischen Heimat nach 1603, vor allem in den späteren Jahren ergaben, (siehe unten S. 81–85), waren nicht notwendigerweise größer als zwischen Zentrum und Peripherie anderer dynastischen Großreiche des frühen 17. Jahrhunderts allgemein.

III. Das schwierige Erbe der Virgin Queen: König und Parlament in England (1603–1610)

Strukturelle Probleme

Als Jakob VI. von Schottland 1603 die Nachfolge der letzten Tudor-Königin antrat, hatte er ein Ziel erreicht, auf das er fast 20 Jahre lang hingearbeitet hatte, ein Ziel, dem er vieles geopfert hatte, zeitweilig wie es scheinen mochte, auch die Loyalität, die er seiner Mutter schuldete. Obwohl noch in den letzten Regierungsjahren Elisabeths die Nachfolge Jakobs als gefährdet gelten musste, da Elisabeth sich weigerte, ihn offen als ihren Erben anzuerkennen und überdies damit zu rechnen war, dass Spanien versuchen würde, einen Gegenkandidaten oder eine Gegenkandidatin ins Spiel zu bringen, war der Übergang der Krone auf den Vertreter jener Dynastie, die noch Heinrich VIII. durch sein Testament von der Thronfolge weitgehend hatte ausschließen wollen, problemlos erfolgt. Während sich unter Elisabeth in England vor allem in den Jahren, als es galt, die Thronansprüche Maria Stuarts abzuwehren, zeitweilig die Auffassung verbreitet hatte, der Erbe eines Monarchen bedürfe der Bestätigung durch das Volk, insbesondere durch das Parlament, um seine Herrschaft antreten zu können, es gebe also doch so etwas wie ein indirektes Wahlrecht der Untertanen bei der Festlegung der Thronfolge, beanspruchte Jakob VI. die englische Krone ausschließlich auf Grund seines Erbrechts. Dieses absolute, jeder Diskussion entzogene Erbrecht wurde in England in der Tat ohne Vorbehalte anerkannt.[54] Die Räte Elisabeths ließen den Schotten sofort nach dem Tode der Herrscherin – nur acht Stunden später – zum König ausrufen, und auch bei der Krönung Jakobs in Westminster Abbey am 25. Juli 1603 fehlte jeder Bezug auf eine Bestätigung des monarchischen Herrschaftsrechtes durch die Ständeversammlung oder durch andere

Gremien wie ein „magnum consilium", einen Rat der Großen des Reiches.

Das Parlament trat im Übrigen auch erst im März 1604, im zweiten Regierungsjahr Jakobs, in England zusammen. Es blieb ihm nur noch die Aufgabe anzuerkennen, dass Jakob I. die Nachfolge Elisabeths angetreten habe *„by inherent birthright and lawfull and undoubted succession, ... as being lineallie justly and lawfullie next and sole heire of the Blood Royall of this Realme."*[55] Mit dieser Durchsetzung des zumindest in den 1580er Jahren durchaus kontroversen Prinzips eines absoluten monarchischen Erbrechts, war das Parlament in einem zentralen Verfassungsbereich von den Positionen, die es in den Krisenjahren der elisabethanischen Epoche beansprucht hatte, abgerückt. Gerade dies erklärt allerdings vielleicht auch, warum besonders das Unterhaus in den Jahren nach 1603 so energisch auf seinen Privilegien und seinem Mitspracherecht in Finanzfragen und anderen Bereichen bestand und dieses Mitspracherecht nun in einer Sprache begründete, die zeitweilig deutlich aggressiver war als die der Parlamentarier der elisabethanischen Zeit.

Die Tatsache, dass der Übergang der Krone von Elisabeth I. auf ihren schottischen Nachfolger sich so reibungslos vollzogen hatte, sprach für die politische Stabilität Englands, aber auch für das Geschick der Räte und Amtsträger Elisabeths I., die hinter dem Rücken der Königin die notwendigen Vorkehrungen für einen reibungslosen Wechsel der Dynastie getroffen hatten. Weil es 1603 zu keinen Aufständen in England kam – die Pulververschwörung von 1605 war freilich in gewisser Weise der nachgeholte Versuch einer katholischen Rebellion – und auch von unterschiedlicher Seite unternommene Versuche, mit den Mitteln der politischen Konspiration die Herrschaft des neuen Königs in Frage zu stellen, sich rasch als wirkungslos erwiesen, könnte man versucht sein, die Bedeutsamkeit des Übergangs der Krone von den Tudors auf die Stuarts zu unterschätzen. Dies wäre jedoch ein Fehler. England war eigentlich seit der Eroberung durch die Normannen nicht mehr von einem Herrscher regiert worden, der aus einer fremden Dynastie stammte und außerhalb des Landes nicht nur geboren, sondern auch dort aufgewachsen war und dort bereits als Monarch geherrscht hatte. Dazu trat der Umstand, dass Schottland seit jeher mit England verfeindet gewesen war, und von vielen Engländern mit unverhohlener Abneigung, wenn nicht gar mit Hass und Verachtung betrachtet wurde. Sir Anthony Weldon, immerhin ein höfischer Amtsträger Jakobs I., der später allerdings eine beißend scharfe Kritik der Herrschaft seines Herrn verfassen sollte, nahm die Reise Jakobs nach

Schottland im Jahre 1617 zum Anlass, um ein Porträt dieses Landes zu zeichnen, das durchweg vernichtend war. So schrieb er etwa „*The aire might be wholesome but for the stinking people that inhabit it. Their Beasts be generally small, Women only excepted, of which sort there are none greater*".[56] Dieses Urteil war deutlich genug, und wie Weldon, der von seiner Verachtung für die Schotten damals den König freilich noch ausnahm, dachten viele Engländer, auch wenn nicht alle es so deutlich aussprachen. Jakob VI. von Schottland sah sich daher fast von Anfang an in seinem neuen Königreich mit einem erheblichen Misstrauen und einer Haltung konfrontiert, die er selber als einen Mangel an Respekt, der jedoch durchaus mit persönlicher Furcht vor dem zu Wutausbrüchen neigenden Herrscher aus dem Lande der „Barbaren" einhergehen konnte, interpretieren musste.

Andererseits war naturgemäß auch für den König selbst England ein fremdes Land. In Schottland hatte er ein Reich regiert, das zwar in der Tat ein altes Königreich war, dessen kulturelles und politisches Kerngebiet, die Lowlands, jene Regionen, die sich noch am ehesten tatsächlich von Edinburgh oder Stirling aus beherrschen ließen, aber kaum sehr viel größer waren oder mehr Einwohner hatten als ein größeres deutsches Territorium des frühen 17. Jahrhunderts, wie etwa die Kurpfalz, deren Fürsten Jakobs Tochter später heiraten sollte. Der Regierungsstil Jakobs VI. war daher in Schottland ein sehr persönlicher gewesen. Er kannte nicht nur fast alle wichtigen Adligen seines Landes persönlich, das gleiche galt mehr oder weniger auch für zahlreiche Geistliche der Kirk und die Mitglieder der engeren Führungsschicht der meisten größeren schottischen Städte, von denen es allzu viele ohnehin nicht gab. Der König war daran gewöhnt, sich mit diesen Personen direkt auseinanderzusetzen, an seinem Hof, in der Ständeversammlung, an der selber aktiv teilnahm, ganz anders als in England – der Monarch hatte Sitz und Stimme unter den so genannten Lords of the Articles, dem mächtigen Lenkungsgremium des Parlamentes – oder in kirchlichen Ratsgremien.[57] Sein politisches Geschick, seine Fähigkeit zu klugen, taktischen Schachzügen, aber auch seine umfassende Bildung und seine Fähigkeit, sich in einem Streitgespräch mit Sarkasmus und Witz zu behaupten, hatten es ihm erlaubt, sich in Schottland nach 1587 in vielen Fragen erfolgreich durchzusetzen, trotz gelegentlicher Rückschläge und auch wenn sich etwa in der Finanzpolitik manche Probleme, die nach 1603 nur allzu sichtbar werden sollten, schon in Schottland zeigten.

In England wurde von einem Monarchen hingegen vor allem erwartet, würdevoll und distanziert die Aura der Majestät und die

Autorität des Königtums zu verkörpern. Gerade Elisabeth I., die freilich auf eine Familie verzichtet hatte und damit gewissermaßen kein „Privatleben" besaß, hatte es verstanden, ihre Selbststilisierung so weit zu vollenden, dass sie wie eine Ikone der Macht, nicht wie ein gewöhnlicher Mensch erschien, namentlich in späteren Regierungsjahren.[58] Ihre gelegentlichen Äußerungen der Fürsorge für ihre Untertanen und Zeichen menschlicher Regungen, die stets sorgfältig dosiert waren, wirkten auf ihre Umgebung umso stärker. Jakob I., der so stark die gottgleiche Stellung der Könige auf Erden betonte, wirkte dagegen mit seiner Neigung zu nicht ganz salonfähigen Witzen, auch bei offiziellen Anlässen, mit seiner Tendenz zu langen, emotional gefärbten Ansprachen und durch den relativen Mangel an konsequenter Selbstinszenierung in seinem öffentlichen Auftreten nur allzu menschlich, und gefährdete dadurch sicherlich frühzeitig sein Ansehen bei seinen englischen Untertanen, auch wenn wenige, wie spätere Kritiker des 17. Jahrhunderts oder manche Historiker des 19. und 20. Jahrhunderts, ihn als eine lächerliche Figur gesehen haben werden. Dazu war das Risiko, das ein direkter Konflikt mit dem Herrscher darstellte, bei weitem zu groß, wie sich in mehr als einem Fall zeigte. Sir Walter Raleigh z. B., der elisabethanische Höfling und Seeheld, ließ sein Missvergnügen über die Herrschaft des schottischen Königs rasch allzu deutlich erkennen. Nachdem er aus Unzufriedenheit über seinen mangelnden Einfluss bei Hofe unter dem neuen Herrscher sich dazu hatte hinreißen lassen, über eine mögliche Zusammenarbeit mit Spanien – mit dem sich England damals noch im Krieg befand – und eine Thronerhebung von Arabella Stuart, einer entfernten Verwandten Jakobs, laut nachzudenken, landete er 1603 für lange Jahre im Tower, um am Ende nach einer missglückten Expedition nach Mittelamerika als Verräter hingerichtet zu werden.[59]

Raleighs Schicksal war zwar eher ein Einzelfall, aber solche Strafmaßnahmen verfehlten ihre Wirkung nicht. Unübersehbar ist freilich, dass Jakob I. schon bald nach seinem Regierungsantritt in England bei seinen neuen Untertanen auf ein deutliches Misstrauen stieß, für das die Spannungen zwischen Krone und Parlament, die schon 1604 hervortraten, nur ein Symptom waren.[60] Die unterschwellige Abneigung gegen einen landesfremden Herrscher, der nicht bereit oder dazu in der Lage war, sich einfach der, wie man meinte, „höher entwickelten" Kultur, der englischen, anzupassen und zu einem Engländer wie jeder andere auch zu werden, spielte hier sicherlich ein Rolle, aber der einzige Grund war sie nicht.

Von großer Bedeutung für die bald schon sichtbar werdenden Spannungen zwischen Jakob und seinen englischen Untertanen, insbesondere dem Parlament, waren vielmehr auch die strukturellen Probleme, die Elisabeth I. ihrem Nachfolger hinterlassen hatte. Elisabeth ist in die Geschichte eingegangen als eine der bedeutendsten Herrscherinnen und Herrscher Englands in der Neuzeit. Erfolgreich hatte sie den Angriff Spaniens auf ihr Land abgewehrt, dem sie überdies den inneren Frieden sicherte. Das protestantische Bekenntnis verfestigte sich unter ihrer Herrschaft und kulturell war ihre Epoche eine Blütezeit. Mehr noch, ihr war es – so das übliche Urteil – gelungen, erfolgreich mit dem Parlament zusammenzuarbeiten und die – von den Katholiken abgesehen – fast ungeteilte Zuneigung ihrer Untertanen zu gewinnen. Indes, eine nähere Betrachtung zeigt, dass dieses ungetrübt positive Bild der Tochter Heinrichs VIII. doch recht einseitig ist. Elisabeth I. war wie viele Politiker vor allem eine Meisterin darin, nur diejenigen Probleme zu lösen, die unbedingt gelöst werden mussten, um zu überleben, viele andere Fragen ließ sie auf sich beruhen und behandelte sie hinhaltend.[61] Das galt ganz besonders für die strukturelle Finanzkrise, mit der sie sich konfrontiert sah. Trotz steigender Belastungen stagnierte das Einkommen der englischen Krone, ja im Vergleich zu den 1540er Jahren, als man auf Grund der Enteignung der kirchlichen Besitzungen in den Vorjahren aus dem Vollen schöpfen konnte, aber auch noch im Vergleich zur Zeit um 1560 sank es, jedenfalls in seinem realen (inflationsbereinigten) Wert. In realen Zahlen, die der Entwicklung des Geldwertes Rechnung tragen, hatte Heinrich VIII. Anfang der 1540er Jahre ein jährliches Einkommen von rund £ 300 000 zur Verfügung gehabt. Immerhin war Elisabeths eigenes Einkommen in den ersten Jahren ihrer Regierung zwischen 1558 und 1561 auch dank parlamentarischer Steuerbewilligungen immer noch ähnlich hoch. Danach jedoch sank es in den Friedensjahren, die folgten, drastisch, zeitweilig – inflationsbereinigt – um fast zwei Drittel auf ca. £ 100 000. Elisabeth war offenbar bereit zu akzeptieren, dass die Krone in Friedenszeiten im Wesentlichen mit den Einkünften aus den erblichen Regalien und den Erträgen der Domänen auskommen musste. Der Verzicht auf einen übermäßig großen Hofstaat, auf aufwendige Palastbauten und auf Investitionen jeder Art, ermöglichte eine solche Politik. Erst nach Ausbruch der offenen Auseinandersetzungen mit Spanien 1585 stiegen die Einkünfte wieder, erreichten aber real nicht mehr als ca. £ 190 000 (im Geldwert des frühen 16. Jahrhunderts) trotz der nominal viel höheren Einnahmen von knapp £ 600 000.[62] Die während des 16. Jahrhunderts recht ausgeprägte Inflation – die

Vermehrung der Geldmenge durch Silberimporte und die demographisch bedingte Verteuerung des Getreides und anderer Lebensmittel führen zu erheblichen Preissteigerungen, im Vergleich zu den letzten Jahrzehnten des 15. Jahrhunderts betrugen sie für Brotgetreide bis zu 500 %[63] – ging zu guten Teilen auf Kosten der Krone. Letztlich gelang es Elisabeth selbst in Kriegszeiten nicht, das Parlament in ausreichendem Umfang zu Steuerbewilligungen zu bewegen. Direkte vom Parlament bewilligte Steuern machten während ihrer gesamten Regierungszeit nur rund 16 % aller Einkünfte der Krone aus, obwohl sie seit 1585 18 Jahre lang permanent Krieg führte, meist an mehreren Fronten zugleich. Fasst man den Begriff Steuern weiter und rechnet dazu auch andere Zahlungen wie Strafgelder, lehensrechtliche Gebühren, von der Königin einseitig erhobene Abgaben für besondere Aufgaben (etwa das Schiffsgeld der Hafenstädte, das keine Erfindung des 17. Jahrhunderts war), oder die sehr beträchtlichen Einkünfte, die der Krone aus dem Vorkaufsrecht der Amtsträger des Hofstaates für Lebensmittel zukamen (purveyance), dann war der Anteil der direkten Steuern an den Einnahmen größer und wuchs nach 1585 auf ca. 45 % an, aber davon machten die parlamentarisch bewilligten Steuern eben nur den geringeren Teil aus. Zwar waren auch die Zolleinnahmen zum Teil vom Parlament bewilligt worden, aber dies war ein einmaliger pauschaler Akt zu Beginn einer jeden Regierungszeit.[64]

Insgesamt blieben die Einkünfte der Krone deutlich zu gering. Dennoch gelang es Elisabeth, ihrem Nachfolger Schulden zu hinterlassen, die sich noch im Rahmen des Erträglichen bewegten, zumal diese durch die noch ausstehenden parlamentarischen Steuern, die schon 1601 bewilligt worden waren, zu einem gewissen Teil abgetragen werden konnten, oder besser hätten abgetragen werden können, wenn nicht neue Belastungen dies verhindert hätten.[65] Scheinbar war dies ein großer Erfolg kraft eiserner Sparsamkeit. Indes, diese Politik hatte ihren Preis gehabt, auch wenn Elisabeth ihn nicht mehr zahlen musste – diese Aufgabe kam auf ihren Nachfolger zu. Die Königin hatte viele öffentliche Aufgaben, wie höfische Feste, diplomatische Missionen, aber auch teure Militärexpeditionen gegen Spanien faktisch von reichen adligen Magnaten aus eigener Tasche bezahlen lassen. Der Earl of Essex, der in den 1590er Jahren eine Art Favorit der Königin gewesen war, war ein Beispiel für einen Adligen, der zu solchen Investitionen bereit war.[66] Indes, Essex und andere Aristokraten erwarteten dafür Gegenleistungen, und auch wenn sie sie nicht immer in dem erhofften Maße erhielten, so konnten sie doch nicht ganz verweigert werden. Höflinge und Heerführer erhielten Kronland als Geschenk oder zu Vorzugspreisen, sie erhielten einträgliche Ämter und profitable Zollpachten, oder man übertrug ihnen nutzbare Hoheitsrechte der Krone, die es ihnen gestatteten, Strafgelder, Gebühren und andere Abgaben einzuziehen, ein System, das nach 1610 von Jakob I. zur Perfektion ausgebaut wurde, das aber bei der Bevölkerung verständlicherweise außerordentlich unbeliebt war (siehe unten S. 160–165).[67] Überdies versuchten die Amtsträger und Minister Elisabeths die traditionellen feudalen Hoheitsrechte der Krone stärker zu nutzen. Dazu gehörte etwa das Recht des Monarchen, für die minderjährigen Söhne oder unverheirateten, aber erbberechtigten Töchter von verstorbenen Lehensträgern – und in England war jeder wohlhabende Landbesitzer faktisch ein Lehensträger der Krone, ein tenant-in-chief – Vormünder zu bestellen (wardship). Wer eine solche Vormundschaft erhielt, konnte über das Vermögen seines Mündels verfügen und eventuell auch für die eigene Familie vorteilhafte Heiraten arrangieren. Dafür war man bereit zu zahlen, und neben den nicht unbeträchtlichen Bareinkünften konnten auf diese Weise noch Gläubiger der Krone indirekt abgefunden und treue Höflinge belohnt werden. Auch dies waren Maßnahmen, die bei den Betroffenen, also bei Landbesitzern, die fürchten mussten, zu sterben, ohne einen erwachsenen Sohn zu hinterlassen, alles andere als beliebt waren.[68] Freilich, zu Lebzeiten Elisabeths hatte es zwar Proteste gegen einige Monopole – die Nutzung von staatlichen Hoheitsrechten durch Privatleute – gegeben, aber insgesamt begnügte man sich mit der Hoffnung, dass nach dem Ende des Krieges gegen Spanien unter einem neuen Herrscher alles besser werden würde.

Mit dieser Erwartung sah sich Jakob I. dementsprechend frühzeitig konfrontiert. Er war anfangs auch bereit, ihr in gewissem Umfang entgegenzukommen,[69] aber dies löste seine Finanzprobleme natürlich nicht. Er hatte sicherlich eine Neigung zur Sorglosigkeit in Geldfragen und zur Verschwendung und schadete damit nicht zuletzt der Glaubwürdigkeit seiner Geldforderungen an das Parlament nachhaltig. Der amerikanische Historiker Frederick C. Dietz hat vor 70 Jahren über ihn geschrieben: „Neither now, nor at any subsequent time, is there the slightest indication that James had any sense of the value of money or the meaning of the balance of debit and credit. He seems to have been incapable of understanding that a considerable income and even the presence of large amounts of coined money in the hands of the tellers of the exchequer were entirely compatible with a condition verging on bankruptcy."[70] Andererseits ist auch nicht zu übersehen, dass sich der König mit finanziellen Bedürfnissen konfrontiert sah, die er kaum ignorieren konnte. Anders als Elisabeth war er verheiratet und hatte Kinder und überdies musste er als neuer, landesfremder Herrscher eine gewisse Großzügigkeit zeigen und konnte daher kaum so sparsam sein wie Elisabeth es gewesen war, die damit im Übrigen auch zu der wachsenden Unzufriedenheit beigetragen hatte, die das Umfeld ihres Hofes in ihrem letzten Regierungsjahrzehnt kennzeichnete. Schätzungen gehen davon aus, dass Jakob I. für seinen Hofstaat in England im langjährigen Durchschnitt einschließlich der Geschenke an seine Höflinge und unterschiedlicher Gratifikationen (jedoch ohne die zahlreichen Pensionen, die Mitglieder seiner Umgebung erhielten), etwa £ 200 000 jährlich ausgab.[71] Diese Zahlen mögen etwa zu niedrig sein, namentlich für die ersten Regierungsjahre, als der König noch glaubte, aus dem Vollen schöpfen zu können und als die eigenen Hofhaltungen der Königin und später auch des Kronprinzen hohe Zusatzkosten verursachten,[72] aber immerhin hatte auch Elisabeth nach dieser Schätzung für ähnliche Bedürfnisse rund £ 120 000 ausgegeben. Wenn man die Inflation berücksichtigt, die Tatsache, dass der Hof Jakobs I. kein englischer, sondern ein britischer, also anglo-schottischer Hof war, und die zumindest bis zum Tode der Königin Anna großen Aufwendungen für die unterschiedlichen Familienangehörigen des Herrschers, dann war dies zwar eine merkliche, aber an sich noch keine exorbitante Steigerung der Ausgaben, wobei freilich zu berücksichtigen ist, dass Jakob I. seine Höflinge auch mit Zuwendungen in Form von Land und Pensionen überschüttete, die eine dauerhafte Belastung darstellten. Und gerade auf diesem Gebiet war der Anstieg der Ausgaben allerdings dann doch sehr ausgeprägt.[73] Während es Elisabeth zeitweilig gelungen war, die Pensionszahlungen unter £ 25 000 jährlich zu drücken, war die Krone 1626 nach dem Tode Jakobs I. mit jährlichen Zahlungsverpflichtungen von an die £ 140 000 konfrontiert. Eine Steigerung um mehr als das Fünffache.[74]

Die Versorgung seiner schottischen Höflinge stellte für Jakob sicherlich ein strukturelles Problem dar, denn so anstößig sie den Engländern erschien, so war sie doch in gewissem Umfang eine politische Notwendigkeit, wenn man Schottland von London aus regieren wollte. Sehr früh schon stellte sich aber auch die Frage, ob man in der Zusammenarbeit mit dem Parlament überhaupt eine Reform der veralteten fiskalischen Strukturen und dauerhaft höhere Einkünfte erreichen könne. Faktisch hatte sich die englische Oberschicht in der Zeit Elisabeths zunehmend angewöhnt, durch eine zu geringere Selbsteinschätzung bei der Steuerveranlagung für die so genannten „Subsidies", die wichtigste parlamentarische Steuer, die Steuerlast auf andere, weniger wohlhabende Schichten abzuwälzen und generell eine Erhöhung der realen Abgabenlast zu verhindern.[75] Das heißt, die Steuerfreiheit, die der englische Adel, anders als etwa der französische oder kastilische, offiziell nicht besaß, nahm er indirekt und partiell für sich dann doch in Anspruch. Dabei fehlte gerade in den Kreisen, die im Parlament den Ausschlag gaben, und die auf diese Weise sich geschickt einer höheren steuerlichen Belastung entzogen – auch wenn sie dann andererseits oft vom „fiscal feudalism" der Krone besonders in Gestalt von wardship hart getroffen wurden –, weithin das Verständnis für die dramatischen Finanzprobleme, mit denen die Monarchie konfrontiert war. Die säkulare Inflation des 16. Jahrhunderts blieb für die meisten Zeitgenossen ein Rätsel und ebenso wenig sah man ein, dass angesichts der durch ständige Landverkäufe verkleinerten Krondomäne und der steigenden Kosten, die mittlerweile Verteidigungsanstrengungen auch schon in Friedenszeiten verursachten – für eine Seemacht, die eine schlagkräftige Flotte benötigte, die man nicht erst bauen konnte, wenn der Feind sich schon anschickte, an der Küste zu landen, galt das ganz besonders – kein englischer König mehr mit den Beträgen an Steuern auskommen konnte, mit denen sich Elisabeth namentlich vor 1585 zufrieden gegeben hatte. Umgekehrt musste sich für den König und seine Berater über kurz oder lang die Frage stellen, ob es sich lohnte, intensiver mit einer Ständeversammlung zusammenzuarbeiten, die sich zwar ständig über Missstände, über grievances, beschwerte, die aber eher geringe Summen als Steuern bewilligte, die zu den gesamten Einkünften, jedenfalls im Frieden, nicht mehr als bestenfalls 15 % beitrugen.[76] Faktisch waren es dann unter Jakob I. zwischen 1603 und 1625 sogar nur knapp 10 %.[77] Diese 10 % ließen sich vielleicht dann zur Not auch auf andere Weise eintreiben oder tatsächlich durch Einsparungen kompensieren, wenn sie wegfielen. Namentlich nach 1610, als die Beziehungen zum Parlament einen Tiefpunkt erreicht hatten, musste Jakob I. daher schon aus rein rationalen Gründen geneigt sein, für längere Zeit ohne Parlament zu regieren.

Krone und Parlament (1604–1607)

Die Zusammenarbeit zwischen dem neuen Herrscher und den beiden Kammern des Parlamentes oder zumindest dem Unterhaus, das in erster Linie für Steuerbewilligungen aber auch für Beschwerden der Untertanen zuständig war, war daher von Anfang an belastet durch strukturelle Finanzprobleme, die Elisabeth vor 1603 nicht explizit thematisiert hatte, sehr zum Schaden für die englischen Kronfinanzen, die sich nun aber nicht mehr mit Schweigen übergehen ließen. Dazu kam jedoch ein anderer Punkt: Die politische Kultur Englands hatte sich während der 45-jährigen Regierungszeit der Virgin Queen ohne Zweifel verändert. Als Elisabeth 1558 ihre Regierung antrat, litt ihre Herrschaft zunächst unter einem potentiellen Legitimitätsdefizit. Ihr Geschlecht als Frau musste gerade nach den Erfahrungen, die man mit ihrer Schwester Maria der Katholischen gemacht hatte, ihre Position schwächen. Elisabeth hatte versucht, dieses Defizit zu kompensieren durch eine starke Einbeziehung nicht nur des Privy Council, also ihrer männlichen Ratgeber, sondern auch des Parlaments in wichtige politische Entscheidungen, so sehr sie sich auch bestimmte Bereiche der hohen Politik, wie etwa alle Fragen, die eine mögliche Heirat betrafen, selber vorbehielt. Im Übrigen hatte sie schon bei Ihrer Thronbesteigung darauf hingewiesen, dass sie zwar eine Frau sei, aber die Rechtspersönlichkeit des Monarchen, der body politic, von ihrer Person zu unterscheiden sei und sie schon kraft dieser Tatsache dieselbe Autorität ausüben könne wie ein männlicher Herrscher.[78] Dies war ein durchaus wirksames, aber keineswegs ganz ungefährliches Argument, denn die Trennung zwischen der natürlichen und der Rechtsperson des Monarchen konnte auch von jenen für ihre Zwecke genutzt werden, die im Namen des „body politic" Kritik am König oder der Königin als individueller Person übten. In der Debatte über die Union zwischen England und Schottland trat dieses Problem wieder auf, und die Juristen Jakobs I. waren sehr nachdrücklich bemüht, die Identität der natürlichen Person des Herrschers und seines politischen Körpers zu beweisen. (siehe unten S. 69)

Vor 1603 hatte die relative Verselbständigung des body politic gegenüber dem body natural der Königin eine Herrschaftsauffassung gefördert, die das Königreich, vertreten durch den Geheimen Rat, das Parlament, aber auch durch andere genossenschaftliche, korporative Institutionen und Verbindungen, als selbstständigen politischen Faktor neben die Königin treten ließ, vor allem für den Fall, dass der natural body der Herrscherin durch Tod oder Krankheit nicht mehr handlungsfähig war. Angesichts der Möglichkeit eines plötzlichen, vielleicht auch gewaltsamen Todes der Königin und der bis 1587 akuten Bedrohung durch eine katholische Thronprätendentin mussten Vorkehrungen getroffen werden für ein relativ wahrscheinliches königsloses Interregnum. In diesem Fall wäre die Herrschaftsgewalt auf einen Regentschaftsrat mit dem bisherigen Privy Council als Kern übergegangen. Die Verteidigung des Königreiches gegen einen katholischen Putsch hätte nach den Planungen, die in den 1580er Jahren eine konkretere Form annahmen, ein Bund zuverlässiger Protestanten, in der Tat eine Art von „Eidgenossenschaft" der loyalen Amtsträger und Untertanen, übernommen. In diesen Planungen, aber auch in der stark ausgeprägten Autonomie der counties und Städte hat man, wie schon eingangs betont, ein gewissermaßen republikanisches Element in der politischen Kultur Englands unter Elisabeths sehen wollen. In der Tat deutete sich in England in den 1580er Jahren zeitweilig eine Umdefinition des Landes zur Wahlmonarchie an, wie sie dann 1688 respektive 1701/14 mit der Hannoverschen Thronfolge tatsächlich partiell vollzogen werden sollte, sich aber 1603 nicht durchsetzte sondern zurückgedrängt wurde. Indes scheint es doch zutreffender zu sein, nicht von genuin republikanischen Elementen in der politischen Kultur Englands zu sprechen, mit allen damit bewusst intendierten Anklängen an den oft beschworenen so genannten „civic humanism", den Bürgerhumanismus der italienischen Renaissance, sondern eher von genossenschaftlichen und partizipatorischen Traditionen, wie es sie übrigens in vielen kontinentaleuropäischen Monarchien in unterschiedlicher Form auch gab.[79] Immerhin hatten in diesem Kontext zeitweilig auch widerstandsrechtliche Theorien in England Widerhall gefunden, nicht umsonst war man unter Elisabeth mit den aufständischen Niederlanden verbündet und unterstützte vor 1589 die französischen Hugenotten gegen den rechtmäßigen König. Solche Theorien waren nach 1590 wieder marginalisiert und als potentielles Legitimationsinstrument katholischer Umsturzversuche regelrecht geächtet worden, untergründig mögen sie allerdings dennoch fortgewirkt haben, zumal sich um 1600 mit der Rezeption antiker monarchiekritischer Schriften, wie insbesondere der Werke des Historikers Tacitus, ein Vokabular ausbreitete, dass es erlaubte, die Legitimität monarchischer Herrschaft schärfer als in der Vergangenheit zu kritisieren.[80]

Jedenfalls nahm zumindest eine lautstarke Minderheit unter den Abgeordneten des Parlamentes, die in kritischen Situationen auch eine Mehrheit hinter sich zu bringen wusste, 1604 und in den folgenden Jahren gegenüber allen Versuchen des Monarchen, seine Einkünfte zu erhöhen und zugleich seine Prärogativgewalt auszubauen, eine sehr kritische Haltung ein. Ein wichtiger Wortführer dieser Gruppierung war Sir Edwin Sandys, dem ein amerikanischer Historiker, Theodore Rabb, vor kurzem eine Biographie gewidmet hat. Für Rabb ist Sandys die Verkörperung des unabhängigen Landedelmannes, weder aristokratischer Magnat noch Höfling, der für das Unterhaus das Recht beanspruchte, dem landfremden König – Sandys war ein ausgesprochener Gegner einer engeren Verbindung mit Schottland – zu zeigen, wie er England im Einklang mit der Tradition regieren müsse.[81] Für Sandys selber mag diese Kennzeichnung sogar zutreffen, er stand familiär und durch persönliche Freundschaft in enger Verbindung zu Adligen, die zum Kreis um den 1601 nach einem Putschversuch hingerichteten Earl of Essex gehört hatten, und die schon vor 1603 ein Reservoir an stets unzufriedenen Kritikern der königlichen Politik gebildet hatten.[82] Die Mehrheit der Abgeordneten, soweit sie denn überhaupt aktiv an politischen Auseinandersetzungen teilnahmen – für die zahlreichen Hinterbänkler galt das nicht –, strebten jedoch immer auch nach königlichen Ämtern und damit nach der Gunst des Königs und wenn sie die Rechte des Parlamentes verteidigten, so weniger deshalb, weil sie mehr Macht für das Unterhaus wollten, sondern weil sie die Institution – soweit es denn eine Institution war und nicht nur ein Ereignis – des Parlamentes, auf deren aktive Nutzung ein Herrscher in Friedenszeiten freilich zur Not auch verzichten konnte, gefährdet sahen. Allzu viele Abgaben wurden ohne Mitwirkung des Parlamentes erhoben und die unübersehbare Stärkung der Monarchie in anderen europäischen Ländern schien Zeichen einer politischen Konjunktur zu sein, die Ständeversammlungen nicht günstig war. Jakob I. trug freilich wenig dazu bei, solche Besorgnisse zu entkräften. Immer wieder betonte er, dass er zwar die Rechte des Parlamentes achten wolle, dass aber letztlich die Souveränität des Herrschers Quell aller Privilegien sei, die er daher zur Not auch einschränken könne. Freilich war die Lage Jakobs I. kompliziert. Auch in Schottland hatte er sich mit Widerstand gegen seine Politik auseinandersetzen müssen, der namentlich von calvinistischen Geistlichen in zum Teil recht radikaler Form formuliert wurde. Was neu war für ihn, war der von vielen Rednern im Parlament und von einflussreichen Juristen, wie seinem eigenen Lord Chief Justice Sir Edward Coke, vertretene Gedanke, die Gesetze Englands, das Common Law – die ungeschriebene Rechtstradition – und die

Privilegien seiner Ständeversammlung seien Teile einer Ancient Constitution, einer auf eine quasi vorgeschichtliche Vergangenheit zurückgehenden seit ewigen Zeiten gültigen Verfassungsstruktur in der Monarch und Parlament immerhin schon neben einander standen. Eine solche Idee war den schottischen Ständen weitgehend fremd gewesen und er war hier auch kaum mit endlosen Reihen von Präzedenzfällen konfrontiert worden, die beweisen sollten, dass die königliche Herrschaftsgewalt seit jeher vielfältig beschränkt gewesen sei. Auch in England hatte sich ein solches juristisches Denken im Übrigen erst gegen Ende der elisabethanischen Zeit entwickelt, zusammen mit der Vorstellung, jedes gerichtliche Urteil müsse auf ähnlichen Entscheidungen in vergleichbaren Fällen beruhen.[83]

Diesem Denken in Präzedenzfällen setzten der König und seine Berater ihre eigene Interpretation der englischen Verfassungsgeschichte entgegen, oder wie der König es formulierte: *„Since William the Conqueror there are more precedents for a king than against him.“*[84] Aus der Sicht Jakobs I. war der König letztlich Herr über das Geschehen, er hatte das Parlament geschaffen, Privilegien gewährt und Gesetze erlassen, er konnte das einmal Gegebene in Ausnahmesituationen – und über den Notfall oder Notstand entschied er allein – auch wieder zurücknehmen, behielt jedenfalls einen Ermessensspielraum jenseits der etablierten Rechtsordnung, jenseits des Common Law und der Gesetze. Dass Jakob I. sich als Staatstheoretiker, als der er sich ja auch verstand, genötigt sah, auf diese Weise die Position der Monarchie gegen allzu ausufernde ständische Herrschaftsauffassungen öffentlich zu verteidigen, war nachvollziehbar, taktisch klug war es freilich nicht immer, denn damit schuf er ein erhebliches Konfliktpotential. Hätte er es anderen überlassen, vergleichbare Argumente vorzubringen, wie seinem kämpferischen Lordkanzler Ellesmere oder Francis Bacon, dem gewandten Juristen und Philosophen, und sich selber im Hintergrund gehalten, so hätte er zur Not allzu kontroverse Thesen immer noch dementieren können. So war das kaum möglich.

Schon im ersten Parlament, das er einberief, und das im März 1604 in Westminster zusammentrat, traten Spannungen zwischen dem König und dem Unterhaus auf. Die königliche Kanzlei intervenierte in eine umstrittene Wahl zum Unterhaus und machte damit den Commons die rechtliche Entscheidung über kontroverse Wahlen streitig. Hier wurde dann ein für die Commons weitgehend akzeptabler Kompromiss erreicht, aber irritiert waren die Abgeordneten dennoch. Irritationen schuf auch der Versuch des Königs, den ehrwürdigen Namen England möglichst bald durch den gemeinsamen Namen „Great Britain“ für Schottland und England in allen offiziellen Dokumenten zu ersetzen. Es dauerte eine Weile bis die Abgeordneten darauf reagierten, dann jedoch hielt Sandys eine flammende Rede gegen die Union und mobilisierte die Mehrheit der Commons. Die Verhandlungen über eine engere Verbindung zwischen Schottland und England waren damit zwar noch nicht gescheitert, aber es war klar geworden, dass sie nicht leicht sein würden (s. u. S. 68–69).[85]

Da der König, außer dem Bemühen um die Union und um neue Steuern, jedoch kein rechtes Gesetzgebungsprogramm hatte, überließ er damit das Feld denjenigen, die die Debatten des Parlamentes nutzen wollten, um Beschwerden gegen administrative Missstände vorzubringen und um die Privilegien des Parlamentes zu sichern. Diese Abgeordneten verfassten im Juni 1604 eine Petition an den König, die so genannte „Form of Apology and Satisfaction“, die dem König nicht nur unmissverständlich klar machen sollte, dass er weder die Freiheit der Wahlen zum Unterhaus noch die Redefreiheit im Hause antasten dürfe (letzteres war unter Elisabeth keineswegs selbstverständlich gewesen), sondern auch, dass die Rechte des Parlamentes eben dies seien, unangreifbare Rechtsansprüche und nicht einfach nur gnadenhalber erteilte Privilegien, die widerrufbar seien. Manche Berater, so argumentierten die Abgeordneten, hätten dem König eingeredet *„that we held not privileges of right, but of grace only“*, dies sei aber ein Irrtum.[86]

Schließlich wurden noch mancherlei grievances thematisiert, wie namentlich die Belastung der Landbesitzer durch den königlichen Vormundschaftshof, den Court of Wards, und seine Rechte. Freilich ist durchaus unklar, ob diese Petition jemals in einer formalen Abstimmung vom Unterhaus gebilligt wurde, oder im Antragsstadium stecken blieb. Es muss jedoch zumindest ein Entwurf den König und seine Berater erreicht haben, und Jakob reagierte auf diesen Versuche einer Belehrung eher gereizt, auch wenn es an sich für Ständeversammlungen – nicht nur in England – nicht gar so ungewöhnlich war, so genannte Gravamina der unterschiedlichsten Art zu thematisieren und um ihre Abstellung zu bitten. Das Parlament wurde vertagt.[87] Als es im November 1605 wieder zusammentrat hatte sich die politische Lage auf dramatische Weise verändert, denn an eben diesem Tage, dem 5. November, wollten katholische Verschwörer das gesamte Parlament mit samt dem König und seinen Amtsträgern und dem Prinzen von Wales in die Luft jagen. Andere Mitglieder der königlichen Familie, die sich außerhalb von London befanden, d. h. vor allem die Prinzessin Elisabeth, sollten gefangen gesetzt oder umgebracht werden. In letzter Minute wurde die Verschwörung aufgedeckt, nicht ganz ohne die Mitwirkung des Königs selber. Das Komplott war nicht zuletzt deshalb bemerkenswert, weil Jakob I. seinen katholischen Untertanen gegenüber eine relative tolerante Haltung einnahm. Anders als Elisabeth zögerte er, Geistliche nur deshalb, weil sie katholische Priester waren, hinrichten zu lassen und war geneigt, nicht allzu sehr nach der inneren Überzeugung seiner Untertanen zu fragen, wenn sie äußerlich loyal waren, zumal auch seine eigene Frau zum Katholizismus konvertiert war. Mehr noch, im Sommer 1604 hatte er mit der Vormacht des katholischen Europa, mit Spanien, Frieden geschlossen. Zwar hatte er sich nicht darauf festlegen lassen, die Kooperation mit den aufständischen Niederlanden, die weiter gegen Spanien kämpften, aufzugeben, soweit es sich nicht um den offenen Einsatz von Truppen unter englischem Befehl handelte, und auch sonst Spanien wenig Zugeständnisse gemacht, aber es war damit doch immerhin eine Grundlage für eine dauerhaftere Aussöhnung mit dem katholischen Europa geschaffen, jedenfalls aus der Sicht des Königs selber.

Allerdings die englischen Katholiken oder zumindest die radikaleren unter ihnen sahen die Dinge anders. Sie waren vom König enttäuscht, der doch immerhin der Sohn einer katholischen Märtyrerin war. Hatte Jakob I. ihnen noch 1604 versprochen, die so genannten recusancy fines, die Strafgelder für Personen – in aller Regel Katholiken – die nicht an den Gottesdiensten der etablierten Kirche teilnahmen, nicht zu erheben,[88] so hatte die Praxis gezeigt, dass er nicht geneigt war, sich an dieses Versprechen zu halten, wohl auch aus finanziellen Erwägungen, denn der König brauchte jeden Schilling, um seinen Hof zu finanzieren. Weitergehende Hoffnungen etwa auf eine Bekehrung des Königs zum Katholizismus erwiesen sich als vollends illusorisch. Überdies scheinen die Verschwörer die intensive Abneigung ihrer Landsleute gegen die Schotten im Allgemeinen und die schottischen Höflingen des landesfremden Herrschers im Besonderen geteilt zu haben, das Gunpowder Plot war insoweit auch eine antischottische Verschwörung.[89]

Indes, sie wurde vereitelt und der 5. November zum englischen Nationalfeiertag bis weit über die Frühe Neuzeit hinaus, ja bis heute. Verschwörungen haben, wenn sie denn vereitelt werden, auch ihre Vorteile, denn sie können die Popularität eines Herrschers durchaus stärken, wie man auch an amerikanischen Präsidenten des frühen 21. Jahrhunderts sehen kann. Auch Jakob I. profitierte durchaus davon, dass er nun seinen protestantischen Untertanen als Bollwerk gegen eine katholische Tyrannis erschien. Das Parlament bewilligte ihm 1606 eine für Friedenszeiten ungewöhnlich hohe Summe von Steuern, drei subsidies und sechs so genannte fifteenths (eine mittelalterliche Steuer, die nach einem Quotensystem auf die Grafschaften umgelegt wurde). Die Gesamtsumme belief sich nach optimistischen Schätzungen auf knapp £ 450 000 – real waren es wohl eher ca. £ 390 000 – die allerdings nur ratenweise in den Jahren 1606 bis 1610 eingezogen werden konnten. Damit waren zwar die strukturellen Finanzprobleme nicht gelöst, aber doch, wie es schien, ein wesentlicher Beitrag geleistet, das Wachstum der Schulden zu bremsen, jedenfalls für den Moment.[90] Allerdings hatte Jakob I. eine verhängnisvolle Neigung, Geld über das er verfügte, auch möglichst rasch wieder auszugeben. Gerade in den Jahren nach 1606 machte sich diese Neigung mehr denn je bemerkbar. Ermutigt wurde der König in seiner Haltung durch die Tatsache, dass seine Berater, wie es schien, auf eine ganz neue Quellen von Einkünften, eine wahre Goldader, gestoßen waren: sie hatten die Zölle in den englischen Häfen für einige Waren deutlich erhöht. Die Zolltarife waren seit 1558, seit der Thronbesteigung Elisabeths I., nur sehr mäßig und eher unauffällig angehoben worden, obwohl das neue Book of Rates von 1604 bereits einige Veränderungen vorgenommen hatte, die jedoch ebenfalls eher zurückhaltend waren, und nicht dem inflationsbedingten Preisanstieg entsprachen.[91] Der Schatzmeister Jakobs I., Dorset, entschloss sich jedoch Korinthen, ein damals wichtiges Importgut aus dem Mittelmeerraum und zugleich ein Konsumgut, das eher in der Oberschicht Absatz fand, mit einem Zusatzzoll, einer so genannten Imposition, zu belegen.

Auch Elisabeth hatte gelegentlich, vor allem in ihren letzten Regierungsjahren, solche impositions erhoben, jedoch waren in der Vergangenheit Im- und Exportzölle meist mit den jeweiligen Kaufleuten, ihren Gilden oder den großen Handelsgesellschaften abgesprochen worden. Dies war hier nicht durchgehend der Fall – auch weil die Interessenlage der beteiligten Kaufleute zu heterogen war – es kam zu Protesten. In einem Musterprozess entschied jedoch der Court of Exchequer, dass der König sehr wohl die fraglichen Zölle nach seinem Ermessen erhöhen könne. So sehr er gegenüber seinen Untertanen an das Recht gebunden sei, so frei sei er in seinen Entscheidungen in Fragen der Handelspolitik und in allen Dingen, die die Beziehungen zu anderen Staaten beträfen, denn hier gelte das Common Law nicht, hier verfüge der König über eine „absolute power“ die nur durch Erwägungen der Staatsräson gelenkte werde. Selbst wenn die Vorgänger Jakobs I. im Mittelalter Parlamentsgesetzen zugestimmt hätten, die ihr Zollerhebungsrecht eingeschränkt hätten, so bänden doch solche Gesetze ihre Nachfolger nicht. Denn das Recht, die Handelsbeziehungen Englands zu anderen Staaten zu regeln, sei der Krone inhärent *„a principal part of the Crown of England which the King cannot diminish“*.[92]

Das Urteil der Richter konnte sich im Kern auf eine starke Rechtstradition stützen, denn das Parlament hatte auch in der jüngeren Vergangenheit keine Kompetenz für die Festlegung einzelner Zöller beansprucht, die der König vielmehr allein, wenn auch oft, wie betont, in Absprache mit der Kaufmannschaft geregelt hatte. Die Begründungen für das Urteil spitzten bestimmte prinzipielle Argumente allerdings so stark zu, dass sich damit doch eine erhebliche Stärkung der Prärogativgewalt des Königs abzuzeichnen schien, auch wenn es den Richtern keineswegs darum ging, ein absolutistisches Regime gegen die Herrschaft des Common Law durchzusetzen.[93] Aber einerseits schien es nun für weitere mehr oder weniger beliebige Zollerhöhungen keine Grenze mehr zu geben, und in der Tat, während Jakob I. zunächst um 1610 nur etwa £ 70 000 an Mehreinnahmen aus den Impositions bezog – auch dies natürlich schon eine durchaus erhebliche Summe – so stiegen die Einnahmen danach doch kontinuierlich an und 1640 unter Karl I. waren es schon £ 250 000.[94] Der Wert des parlamentarischen Steuerbewilligungsrechtes wurde damit natürlich stark relativiert. Andererseits hatten die vollmundigen Begründungen der Richter für ihr Urteil, die politischen Zweckmäßigkeitserwägungen, wie sie auch schon unter Elisabeth I. angestellt worden waren, einen prinzipiellen juristischen Ausdruck gaben, Implikationen, die beunruhigend wirken konnten. Wenn der König auf keines seiner ererbten Souveränitätsrechte wirksam und mit dauerhafter Wirkung verzichten konnte – so die Urteilsbegründung von Baron Clarke in Bate's Case – wie viel waren dann künftige Zugeständnisse Jakobs I. an das Parlament wert, selbst wenn sie durch ein Gesetz abgesichert wurden? Und wenn es Bereiche der Politik gab, für die das Common Law schlechterdings irrelevant war, drohte dann nicht doch eine Ausdehnung der „absolute power“ des Königs auf Fragen, in denen auch die Rechte englischer Untertanen betroffen waren? Letztlich waren ja auch die Kaufleute, die Waren importierten, englische Untertanen, auch wenn ihre Waren bis zum Moment der Verzollung als Eigentum der ausländischen Lieferanten betrachtet werden konnten, wenn man dies so sehen wollte, und die Richter hatten es so sehen wollen.

Das Scheitern des Great Contract

In den Parlamentssitzungen von 1606–1607 hatte das Problem der Impositions im Hintergrund bereits eine gewisse Rolle gespielt, im Zentrum der Diskussionen hatte jedoch die Union mit Schottland gestanden, die am Ende gescheitert war (siehe unten S. 65 ff). Dieses Scheitern hatte das Vertrauen des Königs in die Weisheit des Parlaments, besonders des Unterhauses, nicht gerade gestärkt. Als daher das Parlament 1610 erneut zusammentrat, vor allem auch um zu einer Lösung der Finanzprobleme der Krone zu gelangen, waren die Vorzeichen für eine Einigung in zentralen Fragen eher ungünstig. Das Schatzmeisteramt war mittlerweile – 1608 – auf Robert Cecil übergegangen, der schon unter Elisabeth nach 1598 als Staatssekretär und Master of the Court of Wards der wichtigste Minister der Krone gewesen war, und auch den Frieden mit Spanien 1604 herbeigeführt hatte. Die Finanzprobleme, mit denen sich Cecil konfrontiert sah, waren freilich dramatisch, denn die Schulden waren nach 1603 unaufhörlich gewachsen, sie beliefen sich zeitweilig um 1608 auf £ 855 000 und diese Schulden mussten meist zu 10 %, also relativ hoch, verzinst werden, da England im Gegensatz zu Spanien oder den Niederlanden nur ein relativ primitives Kredit- und Finanzsystem besaß.[95] Auch wenn es Cecil gelang, diese Schulden bis 1610 durch Verkäufe von Domänenbesitz der Krone und von Regalien erheblich zu reduzieren, drohten neue Defizitprobleme durch die Einrichtung eines kostspieligen selbständigen Hofstaates für den Prinzen von Wales im Jahr 1610. Cecil verfolgte daraufhin eine Doppelstrategie; einerseits bemühte er sich, den König zu einer Einschränkung seiner Ausgaben zu bewegen, andererseits versuchte er jedoch auch, zu einer Einigung mit dem Parlament über die Erhebung einer permanenten Steuer – bisher waren direkte Steuern ja immer nur im Bedarfsfall erhoben worden – zu gelangen. Cecil – zum Teil unterstützt von den anderen Mitgliedern des Privy Council, die jedoch offenbar eher eine passive Rolle dabei spielten – legte dem König in den Jahren 1608 bis 1610 eine Reihe von Memoranden vor, die ihm verdeutlichen sollten, dass er zumindest bis zum Abschluss der nächsten Parlamentssitzung keine weiteren Privilegien und Monopole mehr vergeben dürfe, die eine Belastung der Untertanen darstellten. Vielsagend war der Satz, „*For it is not enough for some few of your Majesty's counsellors to frame arguments for taxes and impositions, grounded only upon your necessities, or borrowing their reasons upon two or three judges' interpretations… because many of those things*

Abbildung 2: Robert Cecil, Earl of Salisbury, der wichtigste Minister Jakobs I. in den Jahren 1603–1612.
Gemälde von John de Critz dem Älteren.
(National Portrait Gallery, London)

have been done either upon some violent occasion, or have been revoked upon complaints as grievances." [96] Mit anderen Worten, im Archiv des Tower unaufhörlich nach mittelalterlichen Hoheitsrechten und Abgaben zu suchen, um dann die Untertanen immer stärker zu belasten, könne nicht der richtige Weg sein, er führe ins Verderben. Sollte Cecil damit freilich auch die Impositions im engeren Sinne des Wortes, also die neuen Zölle gemeint haben, dann verhielt er sich kaum konsequent, denn diese ließ er 1608 sogar noch einmal erhöhen.[97]

Möglicherweise unterschätzte er auch den überaus kontroversen Charakter dieser Abgaben.[98] Es ging Cecil allerdings, dies wird deutlich, doch darum, durch eine Einschränkung der Ausgaben für Hof und Höflinge und durch Konzessionen an die Kritiker der königlichen Finanzpolitik eine Stimmung zu schaffen, die es erlaubte, mit dem Parlament zu einer Einigung in zentralen Fragen zu gelangen, denn es war klar, dass insbesondere das Unterhaus nicht bereit sein würde, neue Steuern zu bewilligen, wenn es den Eindruck hatte, damit würde nur der Luxuskonsum einiger weniger schottischer Hofschranzen und englischer Minister bezahlt. Allerdings fruchteten Cecil's Ermahnungen gegenüber dem König wenig. Die Ausgangsposition war damit 1610 ungünstig. Was Cecil beabsichtigte, war eine Grundsatzvereinbarung mit dem Unterhaus, auch wenn er offenbar vor Beginn der Parlamentssitzung noch kein detailliertes Konzept für einen solchen Ausgleich hatte. Die Commons sollten im Rahmen einer Vereinbarung, die während der Verhandlungen den Namen Great Contract erhielt, dem König eine bestimmte Summe, am Ende war von £ 200 000 jährlich die Rede, bewilligen, im Gegenzug würde der König die Nutzung alter Hoheitsrechte, die in die Kategorie des fiskalischen Feudalismus fielen, also insbesondere auf wardship und purveyance (die Möglichkeit, Lebensmittel unter dem Markpreis für den Hof aufzukaufen) verzichten. Ursprünglich hatte Cecil wohl daran gedacht, dass das Unterhaus dem König über die jährliche Steuer von ca. £ 200 000 hinaus eine zusätzliche Entschädigung für die verlorenen Hoheitsrechte bewilligen sollte. Dies ließ sich aber nicht erreichen, wie sich bald zeigen sollte. Damit stellte sich freilich für den König schon die Frage, ob ein solcher Tauschhandel sich lohnte, denn er verlor reale und potentielle Einnahmen – Vormundschaftsrechte wurden ja auch als Belohnung an Amtsträger vergeben statt Bargeld – von etwa £ 100 000 bis 120 000 oder sogar £ 150 000, d. h., die jährlichen Mehreinnahmen durch die neue Steuer lagen netto maximal bei £ 100 000, vielleicht aber auch nur bei 50 000.[99] Da diese Summe mittelfristig durch die Inflation entwertet wurde und der Haushalt 1610 ohnehin schon ein jährliches Defizit von mindestens £ 150 000 aufwies, war das offenbar nicht genug.[100] Die Dinge wurden aber noch komplizierter dadurch, dass das Parlament nun auch noch die Einschränkung oder Aufhebung der kontroversen Impositions verlangte und zu diesem Zweck ein Gesetz verabschieden wollte. Hätte der König alle bereits bestehenden Impositions widerrufen, wäre er eindeutig der Verlierer bei diesem Handel gewesen, aber selbst wenn er nur auf weitere Zollerhöhungen zusätzlich zu den bereits vorgenommenen verzichtete – eine entsprechende Absichtserklärung gab er während der Verhandlungen gegenüber dem Parlament immerhin ab[101] – war dies angesichts des enormen fiskalischen Potentials der Zölle ein gewaltiges Zugeständnis, das sich möglicherweise finanziell gar nicht lohnte. Auf der einen Seite stand die Chance, das Prinzip einer dauerhaften direkten Besteuerung in Friedenszeiten durchzusetzen – diese Steuern dann später zu erhöhen, mochte immer noch möglich sein, und offensichtlich setzte Cecil trotz allem auf diese Chance. Auf der anderen Seite stand aber die Gefahr, dass der König sich dauerhaft vollständig vom Wohlwollen eines Parlamentes abhängig machte, das eigentlich trotz der am Hof sicherlich herrschenden Verschwendung letztlich illusorischen Vorstellung huldigte, es gäbe zumindest in Friedenszeiten kaum ein Finanzproblem, das man nicht einfach durch mehr Sparsamkeit lösen könne.

Aber auch für das Parlament war unklar, ob sich der Great Contract wirklich lohnte, denn welche Garantie gab es dafür, dass der König dauerhaft auf seine feudalen Hoheitsrechte wie wardship und purveyance und auf das Recht, weiter Impositions zu erheben, verzichten würde? Selbst wenn er einem entsprechenden Gesetz zustimmte, so konnten doch anschließend die Kronjuristen erklären, – in Anlehnung an Bate's Case – dass kein König, selbst wenn er wollte, zentrale Hoheitsrechte der Krone jemals aufgeben könne. Dazu hatte er – wenn man an unveräußerliche Souveränitätsrechte glaubte – kein Recht, denn er war nur Amtsinhaber der Krone, sie war nicht sein Privateigentum. In den Debatten um den Great Contract war in der Tat das Argument aufgetaucht, die Position des Königs als Oberlehensherr der tenants-in-chief sei ein so zentraler Bestandteil des Common Law, dass man sie nicht beseitigen könne, und aus dieser Stellung resultierte natürlich sein Recht als Vormund der weiblichen oder minderjährigen Erben von Lehensträgern. Diesen Bedenken gab Jakob I. selber neue Nahrung, als er im Mai 1610 mit einer Rede an eine Delegation der beiden Kammern des Parlaments in die Verhandlungen eingriff. Eigentlich ging es ihm vor allem darum, den Lords und Abgeordneten klar zu machen, dass er ihnen schon genug Zugeständnisse gemacht habe und ein Angriff auf die Impositions die Basis für den Great Contract beseitige, ein verständliches Argument. „*Would you take from me that which hath been so many hundred years in use? This strikes at that which none of yourselves would suffer in your private*“ Er fuhr dann aber fort, „*What a king will do upon bargain is one thing and what his prerogative is is another thing*“, er sei durchaus bereit, gnadenhalber und mit Rücksicht auf die Beschwerden seiner Untertanen, auf die Ausübung mancher Rechte zu verzichten, aber dies hebe diese Rechte selbst nicht auf: „*because he [the king] may be good or may be ill, should we have power to set him limits? Pray beware of such arguments. […] if you have a good king thank God, if an ill king, he is a curse to the people but preces and lacrimae [Bitten und Tränen] were ever their arms. But may you therefore bridle him? … You can not so clip the wing of greatness. If a king be resolute to be a tyrant, all you can do will not hinder him. You may pray to God that he may be good and thank God if he be. Never put me in question of the prerogative, put not me to precedents unless you will let me reckon precedents too for my prerogative. Kings must be trusted and if you have no trust in my person why would you propound that to me which was never asked of any king?*“[102]

Der König appellierte an das Vertrauen seiner Untertanen und warnte sie ihn so zu behandeln, als sei er ein potentieller Tyrann, der ständig überwacht werden müsse. Diese Haltung war sicherlich verständlich und in ihr äußerte sich der alte Gegner der monarchomachischen Theorien, in denen Jakob nichts anderes sah, als eine versteckte Aufforderung zum Königsmord. In der juristisch sehr komplexen Debatte über den Great Contract und die Zuverlässigkeit der königlichen Zugeständnisse musste sie allerdings wie eine Erklärung wirken, der König behalte sich ohnehin vor, diesen Vertrag wieder einseitig aufzuheben, wenn er es aus Gründen der Staatsräson oder der Finanzpolitik jemals für notwendig halten sollte. Die Äußerung am Schluss seiner Rede „*God grant it never do me nor my posterity good to resume that which I once bargain for,*“[103] bestätigten diesen Eindruck noch. Damit wuchsen im Parlament ebenfalls die Zweifel an der vorgeschlagenen Vereinbarung. Hinzu trat der Umstand, dass die relativ breite soziale Mittelschicht, die in irgendeiner Form aktiv an den Parlamentwahlen beteiligt war, – wohl ca. 15 bis 20 % der erwachsenen männlichen Bevölkerung – nicht dazu geneigt war, der Oberschicht die Abschaffung alter feudaler Hoheitsrechte, die nur eben diese Schicht trafen, durch allgemeine Steuern zu finanzieren, wie im Sommer 1610 während der Parlamentferien deutlich wurde. Die Verhandlungen zogen sich zwar dennoch bis November hin, als der König dann aber noch £ 500 000 in Form einer einmaligen Zahlung verlangte, um seine Schulden abzubezahlen, war der Great Contract faktisch gestorben, obgleich eine solche Forderung von Anfang an, zumindest implizit, im Raum gestanden hatte. Der König hatte sich freilich ohnehin nur auf Drängen Cecils auf die Verhandlungen eingelassen, mit großen inneren Vorbehalten und nach dem Scheitern des Contract warf er ihm vor, er habe versucht, „aus Galle Honig“ zu gewinnen,[104] auf das Parlament sei, so wie die Dinge lägen, keine Hoffnung mehr zu setzen, es sei zu obstinat und destruktiv in seiner Haltung.

Das Scheitern des Great Contract, daran kann kein Zweifel bestehen, hatte für die Geschichte der englischen Monarchie in den nächsten 30 Jahren eine erhebliche Bedeutung, denn da sich die strukturellen Finanzprobleme nicht hatten lösen lassen, setzte sich auch das Ringen zwischen Parlament und Krone um die Finanzierung der Staatsausgaben weiter fort und die Versuchung für die Krone wuchs, diese Ausgaben ganz überwiegend oder ausschließlich durch neue Abgaben zu finanzieren, die ohne Mitwirkung der Ständeversammlung erhoben wurden. Eigentlich ging erst mit diesem Ereignis die elisabethanische Epoche zu Ende. Ihr politischer Exponent Cecil war politisch geschwächt und starb zwei Jahre später, nachdem seine politischen Rezepte sich als das unbrauchbare Vermächtnis einer vergangenen Zeit erwiesen hatten. Die keineswegs spannungsfreie Zusammenarbeit zwischen Königin und Parlament unter Elisabeth hatte auf einer Vielzahl von Faktoren beruht. Einerseits brauchte die Königin die Ständeversammlung, da ihre Position als unverheiratete Frau schwächer war als die eines männlichen Königs. Sie war daher auch bereit, auf Versuche, in Friedenzeiten höhere Steuern zu erheben, und das veraltete Finanzsystem der Krone zu reformieren, zu verzichten. Umgekehrt war die Königin aus der Sicht ihrer protestantischen Untertanen lange Zeit das einzige Bollwerk gegen eine katholische Thronfolge und die Verkörperung des Widerstandes gegen das spanische Hegemonialstreben in Europa, anders als Jakob I., der ja, von Krisenmomenten wie 1605 abgesehen, bewusst den Ausgleich mit dem katholischen Europa suchte.

Das Scheitern des Great Contract war nicht der einzige politische Rückschlag für Jakob I. während der ersten Jahre seiner Regierung in England. Dazu zählte vielmehr auch das vergebliche Bemühen um die schottisch-englische Union, die weit mehr als der Contract eine Herzensangelegenheit des Königs gewesen war. Diesem Problem werden wir uns im nächsten Kapitel zuwenden.

IV. „Und ich mache sie zu einem einzigen Volk in meinem Lande“[105] Schottland, Irland und das britische Problem (1603–1625)

Die englisch-schottische Union

England war 1603, als Jakob I. den Thron seines neuen Königreiches bestieg, ein Staat, der sich im Vergleich zu anderen europäischen Reichen durch ein relativ hohes Maß an rechtlicher Homogenität und innerer Geschlossenheit auszeichnete. In England und Wales galt in Form des Common Law ein einheitliches Recht, dessen Anwendung von den zentralen Gerichtshöfen in Westminster kontrolliert wurde. Anders als etwa in Frankreich gab es keine regionalen Ständeversammlungen, die die Autonomie ihrer Provinzen gegen die Zentralregierung erbittert verteidigten. Überdies verfügte das Land über eine einheitliche Steuerverfassung und einheitliche Verwaltungsinstitutionen, denn überall lag die lokale Gerichtsbarkeit in der Hand von Friedensrichtern, die vom Lordkanzler ernannt wurden. Sicherlich waren die Friedensrichter Vertreter der örtlichen Herrschaftseliten, vor allem der adligen Grundbesitzer, aber dennoch war das Recht, das sie anwandten, das Recht des Königs und ihre Gerichtsbarkeit war bei weitem bedeutender als die noch verbliebenen Jurisdiktionsrechte des hohen Adels oder der großen Grundbesitzer.

So homogen England unter Einschluss von Wales als Staat – und um einen Staat im Sinne der Neuzeit handelte es sich durchaus, nicht um ein bloßes Reich wie z. B. im Falle der Herrschaft der römisch-deutschen Kaiser über Mitteleuropa – war, so heterogen war die

Stuart-Monarchie als Ganzes, denn zu dieser Monarchie gehörte ja nicht nur England, sondern auch Irland und Schottland. Der Kontrast zwischen dem englischen Einheitsstaat mit seiner allerdings starken lokalen Selbstverwaltung und dem dynastischen Großreich der Stuarts insgesamt war daher umso größer. Irland war über das Amt des Statthalters, der ein jederzeit abrufbarer Beauftragter des Königs war und durch die Kontrolle, die der englische Geheime Rat über die Verwaltung des Landes und die Beschlüsse des irischen Parlamentes ausübte, trotz aller Unterschiede in den kulturellen und ethnischen Traditionen und den religiösen Verhältnissen eng mit England verbunden. Auch das Rechtssystem – soweit es auf die Gerichtshöfe in Dublin ausgerichtet war – orientierte sich am englischen Vorbild. Dies galt für Schottland keineswegs. Schottland wurde zwar seit 1603 von demselben Monarchen wie England regiert, war aber in jeder anderen Hinsicht ein vollständig unabhängiges Königreich, mit einem eigenen Parlament, einem eigenen Rechtssystem und einer eigenen nationalen Kirche, die, obwohl protestantisch, ein zumindest in der Tendenz anderes Glaubensbekenntnis als die Church of England und eine stark differierende Organisationsstruktur besaß.

Diese Konstruktion einer relativ lockeren Personalunion war in Europa um 1600 nicht unbedingt ungewöhnlich. Die verschiedenen Königreiche und Fürstentümer der deutschen Habsburger etwa waren zu dieser Zeit kaum stärker verbunden als Schottland und England, soweit sie nicht sogar von unterschiedlichen Zweigen derselben Dynastie regiert wurden, und auch die Verbindungen zwischen Kastilien, dem eigentlichen Kernland des spanischen Weltreiches, und Portugal – das seit 1580 ebenfalls vom Chef der spanischen Linie des Hauses Habsburg beherrscht wurde – waren kaum sehr viel enger als die zwischen Schottland und England. Kaum zu übersehen war freilich, dass derartige dynastische Großreiche, die in letzter Instanz nur durch die Person des Monarchen zusammengehalten wurden, eine Tendenz zur Instabilität aufwiesen, namentlich dann, wenn es in den einzelnen Teilreichen eigene Ständeversammlungen gab, die zu Zentren des Widerstandes gegen die Dynastie und den Hof in der Metropole des Gesamtreiches werden konnten. Zwar besaß das Reich Jakobs I. nicht die Dimension des spanischen Weltreiches, aber anfällig für Störungen waren die Beziehungen zwischen den drei Königreichen dennoch.

Dieser Tatsache war sich Jakob I. nur allzu bewusst. Er hatte seit den 1580er Jahren danach gestrebt, sich die Thronfolge in England, die ihm kraft Erbrechtes zustand, zu sichern, und ihm war klar, dass ihn dies nötigen würde, seine Residenz nach England zu verlegen.

Er sah in der dynastischen Union der beiden Königreiche eine willkommene Chance, die jahrhundertelange Feindschaft zwischen Schottland und England zu überwinden und zugleich die Grenzregion – die Borders – zwischen den beiden Königreichen, in der Gewalt und bewaffneter Raub an der Tagesordnung waren, zu befrieden.[106] In seiner Mentalität und seinen Überzeugungen blieb Jakob I. in vielen Dingen trotz einer Empfänglichkeit für manche englischen Einflüsse, namentlich im kirchlichen Bereich, Zeit seines Lebens ein Schotte, er blieb, wenn man so will, Jakob VI. Die Spannungen zwischen ihm und seinem englischen Parlament waren dadurch ebenso mitbedingt wie das Feingefühl des Königs in kirchenpolitischen Fragen, das er zumindest bis Anfang der 1620er Jahre in England zeigte, oder der naive Glaube, die – aus schottischer Sicht – schier grenzenlosen Reichtümer Englands würden am Ende stets ausreichen, auch die drängendsten finanziellen Probleme zu lösen. Die Prägung durch seine fast zwanzigjährige durchaus erfolgreiche Regierungszeit in Schottland änderte freilich nichts daran, dass Jakob I. mit Enthusiasmus die Aufgabe übernahm, das englische Königreich zu regieren. Zwar war ihm ein gewisses Misstrauen gegenüber seinen englischen Untertanen nicht fremd – die Tatsache, dass seine engste Umgebung bei Hof nach 1603 mehr als 10 Jahre lang fast nur aus Schotten bestand, spricht für sich – aber er betrachtete sie sicherlich nicht mit Feindseligkeit oder Verachtung. Freilich sah er sein eigenes Land, dessen Bevölkerung mit etwa 750 000 Menschen nur etwa ein Sechstel der Einwohnerzahl von England und Wales besaß, auch nicht als gewissermaßen zweitklassig an. Er war vielmehr überzeugt von der Macht und Größe seiner Heimat, des *„ancient and famous Kingdome of Scotland“*,[107] und sah als Humanist mit einer intellektuellen Perspektive, die deutlich europäischer geprägt war als die vieler Engländer, keinen Grund, sich seiner Vorgängerin oder gar dem englischen Adel kulturell unterlegen zu fühlen. Man muss dieses Selbstbewusstsein des Schotten James Stuart berücksichtigen, wenn man seine Haltung gegenüber der Union zwischen England und Schottland, aber auch seine Entrüstung über die feindselige Haltung gegenüber den Schotten in England verstehen will.

In England galten die Schotten zu Beginn des 17. Jahrhunderts immer noch weitgehend als ein unzivilisiertes Volk, das überdies seit jeher mit den Feinden Englands, besonders den Franzosen, verbündet gewesen war. Die unbestreitbare Armut Schottlands schien den Bewohnern dieser unwegsamen, städtearmen Landschaft mit ihrem ungünstigen Klima nur allzu viele Anreize für eine Massenauswanderung nach England zu bieten und man sah in England das eigene Land schon von einer Armee schottischer Einwanderer überschwemmt, die mit Unterstützung des Königs die besten Ämter am Hof, die Pfründen in der Kirche und zahlreiche wirtschaftliche Vorteile für sich beanspruchen würden. Die Stimmung gegenüber einer engeren, auch staatsrechtlichen Verbindung zwischen Schottland und England, wie Jakob I. sie anstrebte, war daher ausgesprochen feindselig. Der unverhohlene Enthusiasmus, den der König für eine Union der beiden Königreiche nach seiner Thronbesteigung zeigte, stärkte diese Vorbehalte nur.

Der König hatte dem Parlament gegenüber 1604 erklärt, er sei gewissermaßen der Ehemann des Reiches, das er regiere: *„I am the husband, and all the whole Isle is my lawfull Wife"* und betont *„I hope therefore no man will be so unreasonable as to thinke that I that am a Christian King under the Gospel, should be a Polygamist and husband to two wives, that I being the Head, should have a divided and monstrous Body"*.[108] Es galt also aus der bloßen Personalunion eine Verbindung zu machen, die eine breitere staatsrechtliche Basis besaß.

Letztlich ließ der König aber zunächst offen, wie die engere Verbindung zwischen seinen beiden Reichen zu bewerkstelligen sei. In England lösten seine Bemerkungen jedoch auch so eine Besorgnis aus, er wolle aus den beiden bestehenden Königreichen Schottland und England ein neues Reich – Great Britain – schaffen, dessen Verfassung er dann selber nach eigenem Ermessen bestimmen könne, da hier die „fundamental laws", die Grundgesetze und Privilegien Englands, nichts mehr galten.[109] Da der König sich schon im Oktober 1604 ohne Mitwirkung des Parlaments zum *„King of Great Britain, France and Ireland"* (statt England, Scotland, France and Ireland) ausrufen ließ, konnte man in seiner Politik, wenn man wollte, einen Versuch sehen, England als Königreich gewissermaßen abzuschaffen, obwohl die königliche Proklamation faktisch auf eine ganze Reihe staatsrechtlicher Bedenken der englischen Richter und der juristischen Berater des Königs Rücksicht nahm und daher auch keinen wirklichen Eingriff in das englische Rechtssystem darstellte.[110] Allerdings sprach Jakob I. anfangs zuweilen von einer „kaiserlichen" *(„imperial")* britischen Krone und der Titel eines Kaisers von Großbritannien, eines „imperator", war zeitweilig im Gespräch und wurde in lateinischer Form auf Münzen auch verwandt. Jakob I. war sichtlich bemüht einen Herrschaftstitel zu benutzen, der einen übergeordneten Charakter hatte, und ein Reich zu begründen, das mehr war als die Addition der beiden Staaten Schottland und England (von dem Irland abhängig war).[111]

Trotz des dezidierten Bekenntnisses zu einer möglichst engen Verbindung zwischen seinen beiden wichtigsten Königreichen war sich der König aber durchaus bewusst, dass eine *„perfect union"* zwischen Schottland und England mit einem einheitlichen Recht, und sei es auch nur im Bereich des Straf- und des Staatsrechtes, nur recht langsam zu erreichen sein würde. Die binationale Kommission, die er 1604 einsetzte, um dennoch eine engere Verbindung der Königreiche vorzubereiten, hatte daher auch eine bescheidenere Aufgabe. Es galt die antischottischen Gesetze in England, die vor allem in den Grenzregionen Anwendung fanden, und die entsprechenden Regelungen in Schottland zu revidieren. Auch an eine Wirtschaftsunion war gedacht, also vor allem an eine Aufhebung der jeweiligen Im- und Exportzölle, die den Handel zwischen England und Schottland behinderten. Allerdings zeigten sich hier bereits deutliche englische Vorbehalte, da man in England besorgt war, schottische Kaufleute könnten mit ihren billigen Waren, und sei es auch nur als Zwischenhändler für Franzosen oder Niederländer, ihre englischen Konkurrenten unterbieten.

Noch kontroverser war jedoch ein anderer Punkt, die Frage der kollektiven Einbürgerung der Schotten in England. In England litten Ausländer, aliens, unter erheblichen rechtlichen Nachteilen. Sie konnten keine öffentlichen Ämter bekleiden, aber auch keinen Grund und Boden erwerben, ja waren letztlich nicht voll rechtsfähig, zum Beispiel auch nicht erbberechtigt. Ziel Jakobs I. war es, diese rechtlichen Einschränkungen sowohl für die vor 1603 geborenen Schotten (die sog. *„ante-nati"*) wie für die nach 1603 geborenen (die *„post-nati"*) vollständig aufzuheben. Alle Schotten sollten in England sämtliche Rechte eines „natural born subjects", eines geborenen Untertanen des Königs, genießen, wobei Gleiches natürlich für die Engländer in Schottland gegolten hätte. Dieser Punkt war jedoch besonders kontrovers, denn entsprechende Regelungen hätten die Einwanderung nach England tendenziell begünstigt und es den Schotten auch gestattet, Ämter in der Verwaltung und der Kirche zu übernehmen. Jakob I. war im Übrigen klug genug, sein Fernziel einer „perfect union", die etwa zur Schaffung eines gemeinsamen englisch-schottischen Parlamentes – wie es 1707 entstand – geführt hätte, oder zu einer weitgehenden Angleichung der nationalen Rechtssysteme eher zurückzustellen, auch wenn mögliche Konflikte zwischen den rechtlichen Normen Englands und Schottlands immer wieder in den Verhandlungen über eine institutionalisierte Union der beiden Länder thematisiert wurden.

Die Vorschläge für eine engere Verbindung zwischen England und Schottland, die die von ihm eingesetzte Kommission ausgearbeitet hatte, legte der König im Herbst 1606 den beiden Parlamenten in London und in Schottland vor. Es zeigte sich jedoch rasch, dass der Widerstand im englischen House of Commons gegen die von ihm angestrebten Regelungen erheblich war. Ein Abgeordneter namens Sir Christopher Piggott ging in der Debatte über die geplante „Einbürgerung" aller Schotten in England so weit, eine allgemeine Invektive gegen alle Angehörigen dieser Nation vorzubringen. Es sei bekannt, dass die Schotten regelmäßig ihre Könige ermordeten, *„they have not suffered above two kings to die in their beds, these two hundred years. Our king hath hardly escaped them"*. Andere wiesen darauf hin, dass die Schotten mit ihrem hitzigen Temperament unter den bekanntermaßen ruhigen und introvertierten Engländern im Unterhaus nur Unruhe stiften würden, wenn sie denn einmal in England wählbar würden.[112] Solche Äußerungen wurden natürlich auch in Schottland beachtet und steigerten die Begeisterung für eine engere Verbindung mit England nicht gerade. Der König selbst reagierte mit verständlicher Wut auf die Äußerungen von Piggott und sorgte dafür, dass die Commons ihn aus ihren Reihen ausschlossen und in den Tower schickten. Indes, auch dies verbesserte die Lage nicht wirklich, denn die Gegner einer engeren Union zwischen England und Schottland und einer Einbürgerung der Schotten argumentierten jetzt, diese sei erst dann möglich, wenn in Schottland das gleiche Recht herrsche wie in England, faktisch wohl aus der Sicht der Abgeordneten, das englische Common Law, denn Untertanen schuldeten ihren Gehorsam nicht dem König als natürlicher Person, sondern dem König als Rechtsperson, und dieser *„body politic"* des Königs sei untrennbar verbunden mit der Rechtsordnung insgesamt; daher seien die Schotten eben nicht Untertanen desselben Königs wie die Engländer und könnten daher auch nicht kollektiv eingebürgert werden.[113]

Dieses Argument macht deutlich, in welch großem Maße die Auseinandersetzungen über die Union fundamentale staatsrechtliche Fragen aufwarfen, sie waren letztlich nicht zu trennen von der Frage nach der grundsätzlichen Natur monarchischer Herrschaft in England und Schottland. Von daher war es nicht überraschend, wenn im März im englischen Unterhaus die Stimmen jener lauter wurden, die meinten, eine echte Union zwischen England und Schottland und damit auch eine Einbürgerung aller Schotten könne es nur geben, wenn es in der Tat zu einer Angliederung Schottlands und Englands käme. Dies war ein gefährliches Argument, da es die Vorbehalte in Schottland gegen die Union verstärken musste. An dieser Stelle griff Ende März 1607 der König selber noch einmal in die Debatte ein. In einer großen Rede legte er seine eigenen Intentionen dar und verteidigte sein Heimatland nicht ohne Geschick gegen die englischen Angriffe. Er wies mit Nachdruck darauf hin, dass er gar kein Interesse haben könne, die Schotten den Engländern vorzuziehen, denn er residiere ja in England und England sei das reichere und größere Königreich. *„To lose a whole state here to please a few there, were madnesse"*.[114] Allerdings, und dies war für Jakob I. typisch, betonte er auch, dass in vielen Bereichen seine Prärogativgewalt ausreiche, um den Schotten am Hof oder in der Verwaltung und der Kirche Vorteile zu gewähren oder auch um einer beliebigen Anzahl von Individuen in England die Rechte von Inländern zu verschaffen. Da er zuvor noch dem Parlament versichert hatte, er werde auf absehbare Zeit trotz der kollektiven Einbürgerung aller *„anti-nati"* davon Abstand nehmen, seinen Landsleuten Ämter und Pfründen in England zu übertragen,[115] wurde damit die Gültigkeit solcher Zusicherungen letztlich wieder in Frage gestellt. Auch hob der König 1607 hervor, er könne über den für manche noch zweifelhaften Rechtsstatus der *„post-nati"* am Ende auch allein ohne Parlament entscheiden, denn *„rex est iudex, for he is Lex loquens* [der König ist der Richter, denn er ist die Stimme und Verkörperung des Gesetzes]".[116]

Solche vollmundigen Äußerungen, wie sie für Jakob I. allerdings nicht untypisch waren, mussten die englischen Unterhausabgeordneten freilich eher irritieren, auch wenn sich der König faktisch in diesen Dingen weitgehend an das etablierte Recht und die Ratschläge seiner Richter hielt. Die Debatte lief jedoch nun ganz aus dem Ruder, indem die ursprünglichen Gegner einer englisch-schottischen Union oder zumindest einige unter ihnen, wie der Abgeordnete Sir Edwin Sandys,[117] sich darauf verlegten, eine vollständige Verschmelzung der beiden Königreiche zu fordern, tatsächlich freilich eher einen Anschluss Schottlands an England nach dem Muster des Anschlusses von Wales an England in den 1530er Jahren. An dieser Stelle brach der König die Debatten mit einer wütenden Rede ab; einerseits riskierte er Unruhen in Schottland, wenn er sich auf eine Union mit England einließ, die ganz offen auf einer Unterwerfung seiner Heimat unter das südliche Königreich beruhte, wie sie die englischen Abgeordneten verlangten, andererseits hatte er wohl auch den Eindruck, dass die Befürworter einer vollständigen Vereinigung der beiden Länder eigentlich nur Zeit gewinnen wollten, um die begrenzten Maßnahmen, die der König vorgeschlagen hatte, umso nachhaltiger abzulehnen. Damit hatten die Bemühungen

Jakobs I., mit Hilfe des Parlamentes eine engere Verbindung zwischen den beiden Königreichen herbeizuführen, im Frühjahr 1607 ein vorzeitiges Ende gefunden. Es war die erste große Niederlage des Monarchen bei dem Versuch, das englische Parlament für seine politischen Ziele zu gewinnen, doch bei weitem nicht die letzte.

Dennoch bemühte er sich weiter, eine Annäherung zwischen den beiden Ländern herbeizuführen; so wurden in Schottland und England despektierliche Äußerungen über das jeweils andere Land und seine Bewohner unter Strafe gestellt und geahndet.[118] Überdies suchte der König die Kirchen seiner beiden Königreiche einander näher zu bringen (siehe unten S. 146ff), vor allem aber setzte er jetzt auf dem Rechtswege durch, dass zumindest die nach 1603 geborenen Schotten in England die gleichen Rechte erhielten wie im Lande selbst geborene Untertanen. In dieser Frage kam es 1608 in England zu einem Musterprozess, Calvin's Case. Es ist nicht übertrieben zu behaupten, dass es sich dabei um einen der wichtigsten Fälle der englischen Rechtsgeschichte handelt, der das englische Staatsbürgerrecht über Jahrhunderte prägte. John Colville war ein Kleinkind, drei Jahre alt, also nach 1603 geboren, auf dessen Namen in England Land gekauft worden war. Ob dieser Landkauf legal sei und Colville, oder wie die Engländer ihn nannten, Calvin, als Inländer als *„natural born subject"* gelten könne, das sollten die Richter entscheiden. Die Gegenseite stützte sich wie schon zuvor im Unterhaus darauf, dass die Schotten zwar derselben natürlichen Person zu Gehorsam verpflichtet seien wie die Engländer, aber nicht derselben juristischen Person, denn juristisch seien Jakob VI. von Schottland und Jakob I. von England eben zwei Personen. Justice Foster (Common Pleas) formulierte dies mit den Worten *„The Law is lex coronae, not lex regis* [das Recht ist das Recht der Krone, nicht das Recht des Königs]. *There is ligeance* [Treuebindung] *of the subject to the King, to the Kingdome and to the lawes"*, ein Prinzip, das natürlich auch potentiell gefährliche innenpolitische Implikationen hatte, und zur Rechtfertigung eines Widerstandes der Untertanen im Namen des body politic des Königs gegen dessen body natural dienen konnte, wie dies nach 1641 auch geschehen sollte.[119]

Überdies berief man sich auf die römisch-rechtliche Maxime, *„Cum duo jura concurrunt in una persona aequum est, ac si essent in diversis"* [Wenn eine Person Inhaber zweier unterschiedlicher Rechtstitel ist, ist das das Gleiche, als wenn zwei verschiedene Personen diese Rechtstitel besäßen].[120] Zwar waren die französischen Untertanen des englischen Königs im späten Mittelalter offenbar nicht wirklich als Ausländer behandelt worden, aber die Gascogne oder die Normandie waren eben auch nur Herzogtümer, keine Königreiche gewesen, anders als Schottland. Schließlich, wenn man die Schotten kollektiv einbürgerte, dann würde das, so argumentierte man, zu einer Einwanderung *„sans nombre"* führen, wie einer der Richter es in seinem Law French formulierte.[121] Dies erschien angesichts der vielen schottischen Höflinge, von denen Jakob I. umgeben war, als wenig verlockende Aussicht.

Diese Argumente setzten sich, und das kann nicht überraschen, nicht durch. Die große Mehrheit der Richter erklärte Colville oder Calvin zum Inländer. Zum Teil lehnten sie wie der Lordkanzler Ellesmere jede Unterscheidung zwischen dem *„natural body"* und dem *„body politic"* des Königs als impliziten Hochverrat ab,[122] meist argumentieren sie aber eher mit dem Chief Justice Coke, Gehorsam gegenüber einem Herrscher beruhe nicht auf den positiven nationalen Gesetzen, sondern auf naturrechtlichen Normen, so dass schottische und englische Untertanen des Königs ihm auf derselben Basis Gehorsam schuldeten, obwohl die in Schottland und England herrschenden Gesetze ganz andere seien.[123] Coke nahm hier ein Argument seines Konkurrenten Bacon auf, der in dem Prozess die Krone als Anwalt vertreten hatte, und die Autorität des Königs mit der eines Vaters verglichen hatte, der seine Stellung ja auch nicht den menschlichen Gesetzen verdanke, sondern Gott und der natürlichen Ordnung.[124]

Der Umstand, dass die Union zwischen Schottland und England nach 1603 nur auf der Prärogativgewalt des Königs beruhte, da es eine durch Parlamentsgesetze geschaffene rechtliche Basis für diese Staatsverbindung nicht gab, führte indirekt dazu, dass die staatsrechtliche Stellung der Krone innerhalb des britischen Gesamtreiches der drei Königreiche eher gestärkt wurde, mit Rückwirkungen letztlich auch auf England. Was man im englischen Parlament befürchtet hatte, trat jetzt auf Grund der Verweigerungshaltung, die man eingenommen hatte, umso eher ein. Das Parlament hatte durch seine ablehnende Haltung gegenüber einer engeren Verbindung mit Schottland jedenfalls auch eine Chance verschenkt, die Politik des Monarchen in seinem Heimatland in irgendeiner Form beeinflussen zu können. Das Scheitern des Versuches, England und Schottland enger aneinander zu binden, sollte vor allem unter Karl I. gravierende Folgen haben, denn während unter Jakob I. die Engländer mit Misstrauen auf ihren schottischen König und dessen Höflinge geblickt hatten, sahen sich nun die Schotten durch den Monarchen vernachlässigt, eine Unzufriedenheit, die ihren Ausdruck schließlich 1638-39 in einer offenen Revolte fand.

Freilich verschenkte auch Jakob I. als König mancherlei Chancen, seine schottischen und englischen Untertanen einander näher zu bringen. Der beste Weg dazu wäre vielleicht gewesen, an die gemeinsame Abneigung der schottischen und englischen Protestanten gegen den Katholizismus zu appellieren, also gemeinsame Feindbilder zur Grundlage eines binationalen Patriotismus werden zu lassen, wie das im 18. Jahrhundert auch geschehen sollte.[125] In diesem Sinne schrieb ein zeitgenössischer Pamphletist, der dem König wenig gewogen war, Anfang der 1620er Jahre, die Vereinigung Schottlands sei nicht zu erreichen *„by chusing your minions alternatively out of each nation or by making Scottish men lords of England, and English men lords of Scotland, nor yet by mixture of marriage which though it make two persons one, cannot make two people so, nor by the more subtile way that is now practised of making England as poore as Scotland"*. Nein, der richtige Weg sei ein gemeinsamer Krieg Englands und Schottlands gegen Spanien und andere katholischen Mächte wie etwa Frankreich.[126]

Die gälische Peripherie der Stuart-Monarchie: die Highlands und Irland

Diesen Weg freilich wollte der König bewusst nicht beschreiten, denn er widersprach zutiefst den Grundprinzipien seiner Außenpolitik. Dennoch spielten auch für seine Vision der anglo-schottischen Union gemeinsame Feindbilder eine klar erkennbare Rolle. Das Feindbild, bei dem sich der König hier leiten ließ, war jedoch nicht primär das des Papsttums und der spanischen Weltherrschaft, sondern vielmehr das der Barbarei, die Zivilisation und Frieden bedrohte. Diese Kräfte der Barbarei glaubte der König vor allem in den gälischen Landesteilen Schottlands und – nach 1603 – Irlands erkennen zu können. Bevor er König von England wurde, hatte Jakob VI. bereits recht deutlich gemacht, dass er entschlossen war, mit äußerster Härte gegen jene Highland Clans vorzugehen, die nicht bereit waren, sich ihm und dem Rechtssystem, das in den „zivilisierten" Lowlands herrschte, zu unterwerfen. In Basilikon Doron, seinem politischen Testament von 1598, hatte er geschrieben, es gebe in den Highlands und in den Grenzregionen Schottlands zu England zwei Sorten von Menschen, diejenigen, die zwar Barbaren, aber doch äußerlich ein wenig zivilisiert seien, und jene die *„alluterly* *[all utterly] barbares"* seien, *„without any sort or shew of civilitie"*, die man vor allem auf den westlichen Inseln Schottlands, den Hebriden, im Bereich der alten Lordship of the Isles, die seit 1540 Teil der schottischen Krondomäne war, antreffe. In der Tat war die Gesellschaft der Western Highlands und der Hebriden durch Krieg und Gewalt in besonderer Weise geprägt. Die Zahl von Männern, die faktisch vom Kriege lebten – etwa indem sie als Söldner in Irland im Dienste der dortigen gälischen Magnaten kämpften – war auf den Hebriden besonders groß, und in Friedenszeiten leben diese Söldner auf Kosten der übrigen Bevölkerung und stellten einen permanenten Unruheherd dar.[127] Der König war der Ansicht, dass man die Inseln nur durch die Ansiedlung von Kolonisten aus den Lowlands schrittweise zivilisieren könne; diejenigen freilich, die sich solchen Kolonisierungsmaßnahmen widersetzten, müsse man deportieren oder geradezu ausrotten *(„rooting out or transporting the barbarous and stubborne sort, and planting civilitie in their roomes")*, während man in anderen Regionen der Highlands die Bevölkerung auch allein durch die strikte Anwendung der geltenden Gesetze von ihrer „Barbarei" abbringen könne.[128]

Das waren harte Worte und es war nicht bei diesen Worten geblieben. So waren seit den späten 1590er Jahren Versuche unternommen worden, etwa auf der Insel Lewis, Siedler, die aus den urbanisierten und „zivilisierten" Teilen Schottlands kamen, anzusiedeln, auch wenn dieses Unternehmen zwischen 1608 und 1610 aufgegeben wurde, ohne größere Resultate gezeitigt zu haben. Aber es zeigte, dass Jakob VI. und seine Berater zumindest Teile der Highlands in einer ähnlichen Perspektive sahen wie europäische Kolonisatoren in der neuen Welt die Länder, die sie unterwerfen und ausbeuten wollten. Aus der Perspektive der Lowlands waren die gälischen Clans der Highlands, die keine staatliche Autorität anerkannten, eine starke Neigung zu Gewalt und Blutrache zeigten und von jeder urbanen Kultur unberührt waren, auch nicht zivilisierter als die Indianer Amerikas, und so glaubte man sie auch, zumindest im Extremfall, behandeln zu können. Daran war wenig neu, schon im frühen 16. Jahrhundert hatte man in den Lowlands davon gesprochen, *„destroying the wicked blood of the Isles"*, also die Zerstörung der bösen „Rasse" der Inselbewohner, sei ein wichtiges Ziel, neu war nur, dass daraus nun praktische politische Konsequenzen gezogen wurden. Ganze Highland Clans, wie die McGregors, wurden für vogelfrei und ihre Vertreibung und faktische Ausrottung zum politischen Programm erklärt. Ähnliche, wenn auch etwas stärker durch juristische Rücksichten bestimmte Methoden wurden in den unruhigen Grenzbezirken (Borders) an der schottisch-englischen Grenze angewandt, von wo z. B. die Grahams, ein Verwandtschaftsverband („sept"), der als besonders gewalttätig galt, nach Roscommon in Irland verpflanzt wurden, nachdem Versuche, die wehrfähigen Männer zwangsweise für die britischen Truppen in den Niederlanden zu rekrutieren, sich als wenig erfolgreich erwiesen hatten.[129] Auch dort, wo man nicht ganz so radikal vorging, sorgten die Juristen Jakobs VI. dafür, dass die Herrschafts- und Besitztitel der Chefs der Highland Clans in Frage gestellt wurden. Zwar konnte man sich diesen juristischen Angriffen entziehen, indem man von der Krone eine Bestätigung der bestehenden Besitzrechte erbat, aber dafür war naturgemäß ein hoher politischer und oft auch ein finanzieller Preis zu zahlen.[130] Allerdings ging Jakob I. nach 1608 unter dem Einfluss seiner schottischen Berater und angesichts der begrenzten finanziellen Mittel, die ihm zur Verfügung standen, und vielleicht auch, weil sich seine Aufmerksamkeit nun stärker Irland zugewandt hatte, zu einer anderen, weniger ambitionierten Politik über. Er setzte nun in eher traditioneller Weise auf ein Bündnis mit zuverlässigen Clan chieftains, wie etwa mit dem Earl of Argyll, dem Oberhaupt der Campbells, die gegen die Macdonalds im Westen Schottlands mobilisiert wurden. Zum Teil erhielten diese Highland Magnaten königliche Kommissionen (sog. „commissions of fire and sword"), die es ihnen erlaubten, Unruhestifter durch Strafexpeditionen summarisch zur Rechenschaft zu ziehen und mit militärischen Mitteln auszuschalten, eine Möglichkeit, von der die Betroffenen sowohl in den westlichen Highlands als auch in den Borders großzügig Gebrauch machten. Dass auf diese Weise neue Machtzentren entstanden, die von der Krone nur schwer kontrollierbar waren, war freilich ein kaum übersehbarer Nachteil.[131]

Blickt man auf die politischen Ziele und Wertvorstellungen, von denen sich Jakob VI. in seiner Politik gegenüber den Highlands leiten ließ, aber auch auf die praktischen Maßnahmen, die er ergriff, dann ergeben sich auffällige Parallelen zur englischen Politik in Irland vor 1603. Auch hier dominierte eine Perspektive, die in der gälischen Bevölkerung Barbaren sah, die im günstigeren Fall durch politischen Druck und durch Gewalt zur Anerkennung des englischen Rechtes zu zwingen, im ungünstigeren Fall aber in unzugängliche Landesteile abzudrängen, zu deportieren oder – als ultima ratio – durch eine Kriegsführung der verbrannten Erde faktisch auszurotten seien. So hatte schon der Dichter Edmund Spenser um 1595 ähnlich wie viele andere englischen Siedler in Irland die Dinge gesehen.[132] Nach 1603 entwickelte Jakob I. eine neue britische Vision von der Zivilisierung und Kolonisierung Irlands, in der der Kampf für dieses Ziel dezidiert zur gemeinsamen Aufgabe von Engländern und von Schotten aus den Lowlands erklärt wurde. Allerdings war die praktische Umsetzung dieser Vorstellungen nicht einfach, denn in Irland hatte Elisabeth I. ihrem Nachfolger noch mehr als in England ein mit schweren Hypotheken belastetes Erbe hinterlassen. Die Politik der Königin gegenüber Irland war durch ein Paradox gekennzeichnet: einerseits hatte sie die Herrschaft über die ganze Insel beansprucht und versuchte zugleich den Protestantismus als Staatsreligion flächendeckend durchzusetzen, andererseits war sie jedoch zu keinem Zeitpunkt wirklich dazu in der Lage oder gewillt, diese Politik hinreichend zu finanzieren. Weder besaß die Kirche ausreichende finanzielle Mittel, um eine wirksame Missionskampagne für den Protestantismus durchzuführen – der freilich auch noch andere strukturelle und mentale Hindernisse entgegenstanden – noch hatten die Statthalter, die Elisabeth nach England entsandte, genug Ressourcen, um ein Heer zu unterhalten und einzusetzen, das wirklich überall in Irland präsent war, um den Anordnungen der Krone Geltung zu verschaffen. Selbst in Krisenzeiten, wenn die Statthalter sich etwa mit einem Aufstand konfrontiert sahen, wurden die Ausgaben meist zunächst auf ein Minimum beschränkt. Die Folge war, dass die in Irland dienenden Soldaten und Amtsträger sich die notwendigen finanziellen Mittel selbst verschafften, indem sie eigenmächtige Kontributionen erhoben oder regelrechte Plünderungen durchführten nach dem Prinzip, dass der Krieg den Krieg ernähren müsse. Ihr eigenes Einkommen besserten die englischen „servitors" in Irland, die Offiziere der Armee und die Amtsträger der Verwaltung überdies dadurch auf, dass sie sich auch in Friedenszeiten mit mancherlei juristischen Tricks das Land von Einheimischen anzueignen wussten, unabhängig davon, ob diese nun gälischer oder ursprünglich englischer Herkunft waren.[133]

Solche Praktiken stärkten nicht unbedingt die Rechtssicherheit in Irland, ja sie provozierten neue Aufstände, überdies trugen sie dazu bei, die alte englisch-stämmige Oberschicht der Städte und der Landesteile, die schon im späten Mittelalter unter englischer Kontrolle waren, die so genannten Old English, der Krone weiter zu entfremden. Die Old English – die so im Kontrast zu den seit Mitte des 16. Jahrhunderts neu eingewanderten Siedlern, Soldaten und Amtsträgern (den New English) genannt wurden – hatten schon zuvor begonnen, sich der katholischen Reform und Gegenreformation statt dem Protestantismus zuzuwenden, eine Tendenz, die sich nach 1603 eher noch verstärken sollte. Immerhin war es Elisabeth in ihren letzten Regierungsjahren gelungen, mit einem diesmal angesichts der Bedrohung durch eine spanische Intervention in Irland dann doch erheblichen finanziellen Kraftakt die gefährliche Rebellion des Earl of Tyrone in Ulster – die auf das gesamte gälische Irland übergegriffen hatte – niederzuwerfen. Allerdings hatte Tyrone trotz dieser großen militärischen Anstrengungen auf englischer Seite 1603 doch noch einen relativ günstigen Friedensvertrag mit dem Statthalter Mountjoy abschließen können, und seine kaum geschwächte Machtstellung in Ulster stellte für die englische Herrschaft in den ersten Jahren der Regierung Jakobs I. weiterhin eine erhebliche Bedrohung dar. Dieses Problem wurde freilich dadurch gelöst, dass Tyrone zusammen mit dem Earl of Tyrconnell 1607 nach Flandern respektive Spanien floh; die Earls sahen sich durch die Versuche des irischen Kronanwaltes, Sir John Davies, ihre Besitztitel in Frage zu stellen, bedroht, sie hofften überdies möglicherweise, von Spanien aus einen neuen Angriff auf die englische Herrschaft organisieren zu können. Doch ging diese Rechnung nicht auf, da Spanien am Frieden mit England festhielt. Die „Flight of the Earls“ und ein kleinerer, eigentlich weniger gefährlicher Aufstand in Ulster im folgenden Jahr, wurden für Jakob I. jedoch zum Anlass, eine vollständige Umgestaltung der sozialen, ethnischen und demographischen Struktur Ulsters in Angriff zu nehmen. Im Zuge der Ulster Plantation der Jahre 1608–12 sollten Tausende von Engländern und Schotten in Ulster angesiedelt werden, die einheimischen Landbesitzer und Bauern sollten in relativ begrenzte Siedlungsbezirke – vorzugsweise Hochland mit schlechten Böden – abgedrängt werden. Die Ulster Plantation stand in der Tradition früherer englischer Siedlungsprojekte in Irland, wie sie etwa im Südwesten unter Elisabeth verwirklicht worden waren, war jedoch konzeptionell radikaler, da die Enteignung und Verdrängung der einheimischen Bevölkerung in dieser alten gälischen Hochburg, die auch im Mittelalter nie wirklich unterworfen worden war, sehr viel gründlicher erfolgen sollte als andernorts. Diese Zuspitzung traditioneller Methoden der kolonialen Erschließung Irlands geht zumindest zum Teil auf Jakob I. selber zurück, der sich hier von seinen schottischen Erfahrungen mit den Highland Clans leiten ließ.[134]

Der Statthalter Jakobs I. in Irland (1605–1615), Lord Chichester, ein alt gedienter Soldat, der zur Gruppe der neuenglischen „servitors“ gehörte, stand den Plänen des Königs und seiner englischen Berater eigentlich mit Skepsis gegenüber. Er war der Ansicht, dass eine Plantation dieses Ausmaßes nur mit privatem Kapital nicht zu finanzieren sei und mit öffentlichen Geldern war angesichts der allgemeinen Finanzmisere kaum zu rechnen. Überdies wollte er sowohl den einheimischen Landbesitzern, soweit sie loyal waren, und das galt aus Chichesters Sicht dann doch für die Mehrzahl, als auch den Soldaten, Offizieren und Amtsträgern, die schon seit vielen Jahren in Irland ansässig waren, sehr viel mehr Land geben als den neuen Siedlern aus England und Schottland. Chichester setzte sich jedoch nicht durch. Jakob I. hielt an seinen Plänen fest, die ihm immerhin die Möglichkeit gaben, eine ganze Reihe von Klienten in England und Schottland mit Landzuweisungen in Irland zu belohnen. Es sollte sich freilich zeigen, dass die neuen englischen Eigentümer des Landes – für schottische Siedler galt das nicht immer ganz so ausgeprägt – nicht genug Pächter für die Ansiedlung in Irland gewinnen konnten. Sie verpachteten das Land daher weiterhin an einheimische irische Bauern und Farmer, auch wenn dies eigentlich den Bedingungen, der Landvergabe an die Siedler diametral widersprach. So konnten zwar die Iren – mit einem schlechteren Rechtsstatus als zuvor und einem geringeren Einkommen – teilweise auf dem Land verbleiben, aber der eigentliche Zweck der Plantation, die vollständige Durchdringung Ulsters durch anglo-schottische Siedler, ihre Kultur und ihre sozialen Normen, war vereitelt. Etwas besser sah es in den Gebieten aus, in denen sich vorwiegend Schotten angesiedelt hatten, da die Ulster Plantation in Schottland mehr Anklang fand als in England und als eine Art nationales Anliegen verstanden wurde. Freilich war Ulster auch geographisch von der Westküste Schottlands nicht weit entfernt, und schließlich bot die Armut Schottlands allemal einen Anreiz zur Auswanderung, zumal Schottland auch keinen Kolonialbesitz in der neuen Welt hatte, während englische Siedler, zumindest seit den 1630er Jahren, Amerika oft vorzogen.[135] Überdies waren die beiden östlichsten Grafschaften Ulsters, Down und Antrim, schon zuvor mit ausgewanderten Schotten besiedelt worden, ohne dass dies Teil einer staatlichen Ansiedlungspolitik gewesen wäre, ein Prozess, der sich nach 1608 fortsetzte.

Im Übrigen drang Jakob I. in den folgenden Jahren immer wieder auf die Einhaltung der ursprünglichen Bedingungen für die Niederlassung der neuen Siedler. An Chichester, den irischen Statthalter, schrieb er, fast alle Siedler hätten davon abgesehen, die gälische Bevölkerung zu vertreiben, *„retaining the Irish still upon their lands, the avoiding of which was with us the fundamental reason of that plantation."* Er habe sich die Namen der Schuldigen gemerkt und werde sie seine Ungnade spüren lassen. Wenn seine Großzügigkeit gegenüber den Siedlern von diesen nicht gewürdigt werde, werde man ihnen ihr Land wieder abnehmen.[136] Mit solchen Drohungen schuf der König jedoch nur eine zusätzliche Rechtsunsicherheit, da diejenigen, die Land in Ulster erworben hatten, nun damit rechnen mussten, es wieder zu verlieren, wenn sie sich nicht genau an die rechtlichen Vorgaben gehalten hatten. Ihre Bereitschaft, Geld in Ulster zu finanzieren, stärkte das nicht unbedingt.[137]

Die Ulster Plantation spiegelte trotz ihrer Verankerung in älteren Traditionen der englischen Politik in Irland in vielen Aspekten die persönlichen Vorstellungen des Königs von der wünschenswerten Kolonisierung und Zivilisierung der gälischen Randprovinzen seines Reiches durch Siedler aus England und den schottischen Lowlands wieder. Wie immer man die Legitimität einer solcher Politik – die naturgemäß bis heute je nach nationalem Standpunkt unterschiedlich beurteilt wird – oder auch ihre Vor- und Nachteile unter rein pragmatischen Gesichtspunkten einschätzen mag, so gelang es dem König doch, die unruhigen Grenzbezirke seines Reiches, in denen in der Vergangenheit ein fast permanenter Kriegszustand geherrscht hatte, leidlich zu befrieden. Das galt für die Borders, die Marken an der englisch-schottischen Grenze, ebenso wie – mit gewissen Einschränkungen – für die Hebriden und die westlichen Highlands in Schottland, und eben trotz aller Rückschläge und Probleme, die mit der Ansiedlungspolitik in Ulster und anderswo verbunden waren, auch für Irland. Eine jüngere Darstellung dieser Epoche der englischen Kolonialgeschichte – und zu dieser wird man in einer bestimmten Perspektive sowohl die Ulster Plantation als auch die Politik in den Highlands rechnen müssen – kommt zu dem Schluss, Jakob I. habe es verstanden, „fortuitious opportunities to demilitarize and to bring law and order to Ulster and the Borders“ geschickt zu nutzen, und habe überdies mit sicherer Hand geeignete lokale Statthalter, „regional ‘imperialists’“, ernannt, die seine Politik vor Ort durchsetzten, dabei freilich auch ihre eigene Machtstellung ausbauten.[138]

Während Jakob I. sich zumindest zwischen 1608 und 1616 relativ intensiv mit der Ulster Plantation auseinandersetzte, war er in anderen Fragen durchaus bereit, Irland sich selber oder vielmehr dem Regiment jener neu-englischen Offiziere, Amtsträger und Landspekulanten zu überlassen, die sich in Irland seit dem ausgehenden 16. Jahrhundert niedergelassen hatten. Der Statthalter der Jahre 1605-1615, Chichester, war ein Exponent dieser Gruppe und zögerte nicht, seinen eigenen Landbesitz und den der anderen New English, wo immer es ging, zu vermehren, indem die Besitztitel der Einheimischen gälischer oder altenglischer Herkunft in Frage gestellt wurden.[139] Hatte eine Kommission der Krone dann festgestellt, dass das Land in Wirklichkeit der Krone gehörte, fand sich meist auch ein Amtsträger, der dieses Land zu Schleuderpreisen unter der Hand aufkaufte. Nicht wenige Siedler wurden auf diese Weise in kurzer Zeit zu reichen Leuten, wie etwa Richard Boyle, der 1566 geborene erste Earl of Cork, der, als er 1643 starb, wohl der reichste Mann der britischen Inseln war. Männer wie Cork und Chichester waren freilich überzeugt, dass der Aufstieg der sozialen Gruppe, der sie selber angehörten, der sicherste Weg war, Irland eine Sozialstruktur und eine Kultur zu geben, die der englischen entsprachen.[140]

Nicht jeder freilich teilte diese Überzeugung, namentlich in England. Als 1621 in England das Parlament nach langer Unterbrechung wieder zusammentrat, waren die Missstände in der irischen Verwaltung ein Thema, das die Aufmerksamkeit der Ständeversammlung erregte. Der König setzte darauf 1622 eine Untersuchungskommission ein, die dies untersuchen sollte. Zwar besaß die Kommission die Unterstützung des um Reformen bemühten englischen Lordschatzmeisters Cranfield, aber seinen Bemühungen stand der Einfluss des allmächtigen Favoriten Buckingham entgegen, der sich Irland seit 1616 als seine persönlichen Pfründe gesichert hatte. Der Statthalter der Jahre 1616–1622, Oliver St. John, war sein persönlicher Klient und das galt auch für den nächsten Lord Deputy, Lord Falkland. Seit 1616 beanspruchte Buckingham in Irland zunehmend für sich selber, seine Familie und seine Klienten Privilegien, Besitztitel und lukrative Beteiligungen an den öffentlichen Einnahmen, wie der Zollpacht. Es gab kaum ein Patent, mit dem Titel, Ämter oder Land in Irland vergeben wurden, das nicht durch die Hände des Favoriten oder seiner Vertrauten ging, und für das sie sich nicht bezahlen ließen. Die Vermarktung von Adelstiteln in Irland erreichte in diesen Jahren nie da gewesene Ausmaße und glich einem vollständigen Ausverkauf; viele neue irische peers aus den Reihen der englischen gentry kannten Irland nicht einmal oberflächlich. Versuche einer Reform der Verwaltung wurden durch diese Art der Patronagepolitik weitgehend unmöglich. Immerhin deckte die Kommission von 1622 dennoch etliche Missstände auf, zu denen auch die finanzielle Notlage der Church of Ireland gehörte, deren Besitzungen und Zehntrechte sich oft die protestantischen Siedler angeeignet und faktisch säkularisiert hatten, aber Jakob I. zog aus dem Kommissionsbericht keine Konsequenzen mehr.[141]

Die irischen Katholiken waren unter Jakob I. zwar immer wieder Verfolgungsmaßnahmen ausgesetzt gewesen, – 1612 war sogar ein über 80-jähriger katholischer Bischof in Dublin öffentlich hingerichtet worden[142] – aber dennoch festigte sich faktisch die Position der katholischen Kirche im Land. Phasenweise versuchten die Statthalter des Königs Katholiken aus den städtischen Ratsgremien, in denen sie bis dahin meist dominiert hatten, zu verdrängen. Auch wurden Katholiken teilweise wie in England mit Geldstrafen belegt, wenn sie nicht an protestantischen Gottesdiensten teilnahmen. Da aber in weiten Teilen des Landes viele lokale Amtsträger selbst weiterhin mit dem Katholizismus sympathisierten oder Katholiken waren, konnten solche Maßnahmen immer nur unvollständig durchgesetzt werden. Jakob I. unterstützte sie auch nur halbherzig. Auf keinen Fall wollte er einen Aufstand in Irland provozieren und im Prinzip war er ja durchaus bereit, abweichende konfessionelle Überzeugungen zu dulden, wenn sie politisch ungefährlich blieben. Dies galt für den Katholizismus in Irland, anders als in Schottland, oder selbst in England freilich auch aus seiner Sicht nicht unbedingt. Als die katholischen Old English im April 1614 eine Delegation zum König sandten, um ihn zu bitten, auch offiziell Toleranz für Katholiken zu gewähren und ihre politischen Rechte zu respektieren, erwiderte ihnen der Monarch:

„*Surely I have good reason for saying that you are only half-subjects of mine. For you give your soul to the pope, and to me only the body and even it, your bodily strength, you divide between me and the king of Spain.*"[143]

Das Auftreten der irischen Delegation in England stand im Zusammenhang mit der Sitzung des irischen Parlamentes, das 1613 einberufen worden war. Chichester hatte alle Vorkehrungen getroffen, um eine protestantische Mehrheit im Unterhaus zu sichern, indem etwa neue städtische Wahlkreise geschaffen wurden, die von Protestanten dominiert wurden. Dennoch kam es, als das Parlament zusammentrat, schon bei der Wahl des Speaker im Mai 1613 zu einem Eklat, da die Katholiken einen Gegenkandidaten zu dem für diesen Posten vorgesehenen Protestanten wählten und gewaltsam durchzusetzen suchten. Auch im Laufe der folgenden Sitzungen hielten die Katholiken, obgleich sie nun in der Minderheit waren und sich zeitweilig durchaus kooperativ verhielten, an ihrem Versuch fest, ihre bisherige Machtstellung zu wahren. Auf den Versuch, radikal anti-katholische Gesetze zu verabschieden, musste in der Tat verzichtet werden, doch der König zog aus dem Verlauf des Parlamentes nur den Schluss, dass durch weitere Ansiedlung von Protestanten die protestantische Vorherrschaft in den relevanten Wahlkreisen und im Lande generell noch stärker ausgebaut werden müsse.[144] Die Ansiedlungspolitik wurde daher auch außerhalb Ulsters weiterverfolgt, wenn auch in kleinerem Maßstab und mit weniger radikalen Methoden. Dies und der Druck, den die Verwaltung auf die Katholiken ausübte, konnten allerdings nichts daran ändern, dass sich in Irland seit etwa 1618 eine katholische kirchliche Hierarchie etablierte, wie es sie faktisch in keinem anderen europäischen Land gab, das offiziell unter protestantischer Herrschaft stand. Von den 30 irischen Bistümern wurden 1630, fünf Jahre nach dem Tod Jakobs I., immerhin 17 von einem katholischen Bischof regiert, der vor Ort residierte, während in den anderen apostolische Vikare die entsprechenden Funktionen wahrnahmen. Diese Entwicklung war auch durch die außenpolitisch begründete relative konfessionelle Toleranz der Jahre 1623 bis 1630 mitbedingt, aber die Grundlagen waren schon zuvor gelegt worden.[145]

Am Ende der Regierungszeit Jakobs I. war Irland zwar befriedet – die ständige Gefahr von großen Aufständen und gewaltsamer regionaler Auseinandersetzungen, wie sie die elisabethanische Zeit gekennzeichnet hatte, gehörte zunächst einmal der Vergangenheit an – aber die Loyalität der großen Mehrheit der Bevölkerung gegenüber der englischen Krone war zumindest in Krisenzeiten zweifelhaft. Der Protestantismus war das Bekenntnis einer Minderheit geblieben, die im Wesentlichen aus Einwanderern bestand, und das Projekt einer durchgehenden Angleichung der Sozial-, Verwaltungs- und Rechtsstrukturen Irlands an diejenigen Englands war in weiten Bereichen unvollendet geblieben. Die Kommission von 1622 machte erstmals für diese Probleme auch die New English selber, die als Vorkämpfer des Protestantismus und der englischen Kultur in Irland auftraten, mitverantwortlich, aber daraus wurden zu Lebzeiten Jakobs I. keine Konsequenzen mehr gezogen. Es wäre falsch davon zu sprechen, dass die Politik des Königs in Irland vollständig gescheitert war, denn schon allein die im Vergleich zur Vergangenheit sehr lange Friedensperiode, die Irland, von kleineren lokalen Unruhen abgesehen, zwischen 1603 und 1641 genoss, war ein Zeichen eines relativen Erfolges, aber die Schwächen, die Regierung und Verwaltung in England in den Jahren 1603–1625 kennzeichneten, traten dennoch in Irland besonders deutlich hervor. Dazu zählten die unheilvollen Folgen der Privatisierung öffentlicher Aufgaben – in Irland gehörte dazu die Besiedlung der Plantations ebenso wie die Durchsetzung königlicher Besitzansprüche auf Land – und generell die Kommerzialisierung der königlichen Patronage, für die gerade in Irland nach 1616 Buckingham als allmächtiger Favorit des Herrschers mehr als jeder andere verantwortlich war.

Herrschaft aus der Ferne: Schottland nach 1603

Wie andere englischen Herrscher – nur der glücklose Richard II. war hier im Spätmittelalter eine Ausnahme gewesen – kannte Jakob I. Irland nicht aus eigener Anschauung. Schottland hingegen, sein Heimatland, kannte er gut, auch wenn er nach 1603 nur noch einmal, 1617, in seine Heimat zurückkehrte. Der König war daher auch nicht ganz ohne Recht stolz darauf, das ferne Schottland mit schriftlichen Anweisungen ohne größere Zwischenfälle regieren zu können.[146] Die Grundlagen für die insgesamt erfolgreiche Herrschaft des Königs über seine Heimat nach 1603 schuf vor allem ein Mann: Sir George Home of Sprott, Earl of Dunbar, der seit 1601 schottischer Lordschatzmeister war. Schon seit 1603, vor allem aber ab 1606, dominierte Dunbar die schottische Politik bis zu seinem Tode Anfang 1611 unangefochten. Ihm gelang es, das Parlament zur Bewilligung weit höherer Steuern als in der Vergangenheit zu bewegen und er setzte auch das kirchenpolitische Programm des Königs in Schottland durch. Durch häufige Reisen in den Süden und eine enge Zusammenarbeit mit Robert Cecil sicherte er sich einen erheblichen Einfluss am Hof und konnte sogar die Ernennung des neuen Erzbischofs von Canterbury, Abbot, der als strenger Calvinist schottischen Erwartungen entgegenkam, 1611 mit in die Wege leiten.[147]

Allerdings nahmen nach seinem Tode und in dem Maße, wie Jakob sich namentlich in kirchenpolitischen Fragen im Laufe der Zeit doch eine zumindest partiell englisch geprägte Perspektive zu Eigen machte, auch in Schottland die Probleme zu. Schottland stellte in vielem nach 1603 ein spiegelverkehrtes Gegenbild zu England dar. Während in England die Mitglieder des Parlamentes, vor allem diejenigen des Unterhauses, von Anfang an die Politik des landesfremden Herrschers mit großem Misstrauen betrachteten, war in Schottland das Parlament trotz gelegentlicher und nach ca. 1610 tendenziell sicherlich zunehmender Spannungen zwischen dem Monarchen und der Ständeversammlung insgesamt doch immer noch ein leidlich zuverlässiger Partner der Krone.[148] Sehr viel komplizierter war es hingegen, die Nationalsynode, die General Assembly, zu bändigen. Das Misstrauen gegenüber den Veränderungen, die sich aus der Personalunion mit England ergeben konnten, war in der Synode kaum geringer als die entsprechende Haltung im englischen Unterhaus gegenüber der Union mit Schottland. Allerdings konnte der König notfalls darauf verzichten, die Assembly einzuberufen und überdies eine Versammlung der schottischen Geistlichen ohne seine Genehmigung verbieten. Anders als bei einer Nichteinberufung des Parlamentes verzichtete er damit nicht auf Steuereinnahmen. Diese Taktik wandte er daher zunächst auch unmittelbar nach 1603 an. Allerdings lief er auf diese Weise Gefahr, dass seine Kirchenpolitik keine hinreichende Legitimität mehr besaß, und bis 1618 wurden daher seltener als bisher, aber doch immer noch halbwegs regelmäßig Nationalsynoden abgehalten.

Dennoch hat eine jüngere Darstellung der schottischen Kirchengeschichte die Entwicklung der Jahre 1603 bis 1606 unter der Überschrift „The collapse of consensus“ beschrieben.[149] Das mag eine übertriebene Zuspitzung sein, aber verstärkte Spannungen zwischen den presbyterianischen schottischen Geistlichen und dem König wurden dennoch nach 1603 rasch sichtbar. Jakob I. hatte die theokratischen Hardliner unter den Theologen der Kirk von jeher verabscheut; daran änderte sich nach 1603 naturgemäß wenig, nur dass die Position des Königs jetzt stärker war, da die schottischen Geistlichen seine Herrschaft, die jetzt auch auf seiner Position als König von England beruhte, nicht mehr direkt in Frage stellen konnten. Dazu trat aber nun der Umstand, dass der König nicht mehr nur dem Anspruch nach – der freilich zutiefst kontrovers war – Oberhaupt der schottischen Kirche mit ihren synodalen Strukturen war, sondern auch der englischen Kirche, wo ihm diese Stellung kaum streitig gemacht wurde und wo er auf eine Episkopalkirche traf, die weithin seinen Vorstellungen entsprach (vergl. unten Kap. VII). Zwischen der Verfassung der englischen Kirche und derjenigen der schottischen gab es jedoch tief greifende Gegensätze, die so groß waren, dass sie die dynastische Verbindung zwischen Schottland und England durchaus zu sprengen vermochten. Bezeichnend dafür war eine Begegnung der presbyterianischen Ultras unter den schottischen Theologen mit den Vertretern der Church of England im Jahre 1606 am Hof des Königs, wohin die Schotten vorgeladen worden waren. Der englische Dean of the Chapel Royal, Dr. James Montague, hielt Andrew Melville vor, auch die Schotten müssten die Royal Supremacy akzeptieren, da diese in England nun einmal durch Gesetz etabliert sei. Dem setzte Melville entgegen, dass in Schottland die Kirche sich selber regiere: „*'Ay' saith the Doctour, 'but that is treassoun in England, for the Prince hes it be our lawis'. 'But not' saith the uthir, 'by our lawis of Scotland'. 'But ye must haiff it sua in Scotland!' saith he*“.[150]

Noch katastrophaler verlief das Treffen zwischen Melville und Erzbischof Bancroft, der allerdings als unerbittlicher Feind der Presbyterianer bereits vor 1603 hervorgetreten war. Melville, der bei anderer Gelegenheit die englische Kirche wegen ihres „Aberglaubens“ scharf kritisiert hatte, warf nun Bancroft vor, eine *„Antichrystiane Hierarchie“* und *„Popische [sic] Ceremonies“* zu verteidigen. Er ergriff die Ärmel seines weißen Chorhemds *„and schaiking them, in his manner frielie and roundlie, callit thame 'Romishe ragis, and a pair of the Beastes mark!'“*, Bancroft sei *„the capitall enemie of all Reformed Churches in Europe“*.[151]

Es war kaum vorstellbar, dass zwei Kirchen, deren Führer einander so sehr hassten wie Melville und Bancroft, friedlich nebeneinander unter der Herrschaft eines Monarchen existieren konnten. Schon deshalb musste Jakob I. nach 1603 bemüht sein, die Church of England und die Kirk einander näher zu bringen. Dabei musste sich auf den ersten Blick vor allem die Kirk ändern, doch zeigen die Ernennung des Calvinisten Abbot zum Erzbischof von Canterbury 1611 und das Beharren des Königs auf einem gebildeten Klerus, der in der Lage und bereit war, regelmäßig zu predigen, dass er auch in England bereit war, Maßnahmen durchzuführen, die die Church of England der schottischen Schwesterkirche näher brachten. Letztlich versuchte er ein einheitliches kirchliches Leitbild in allen drei Königreichen, England, Schottland und Irland, durchzusetzen.[152] Dem Ideal des Königs hätte am ehesten eine gemäßigt calvinistische, von Bischöfen als Beauftragten des Königs regierte Kirche mit einem gebildeten Klerus, der gerne und oft predigte, entsprochen. Auf keinen Fall glaubte es der König aber akzeptieren zu können, dass kirchliche Prinzipien und liturgische Ordnungen, die in England zumindest von weiten Teilen der Kirche akzeptiert wurden, in Schottland von der Kirk verurteilt wurden, denn dies hätte ihn selber in den Augen seiner schottischen Untertanen zum Häretiker werden lassen allein auf Grund des Umstandes, dass er zugleich Oberhaupt der Church of England war. Als er in Schottland bei dem Versuch, die Abendmahlsliturgie zu ändern – den Gläubigen sollte vorgeschrieben werden, beim Empfang der Eucharistie zu knien – auf Widerstand traf, war seine Reaktion entsprechend heftig. An den schottischen Erzbischof Spottiswood schrieb er *„seeing either we and this Church here [die englische Kirche] must be held idolatrous in this point of kneeling or they reputed rebellious knaves in refusing the same“*, müsse er auf der strikten Befolgung seiner Anordnungen bestehen.[153]

Schon im Herbst 1606 hatte Jakob I., wie bereits betont, eine Reihe schottischer Geistlicher, die sich seiner Politik widersetzten und auf der Autonomie der Kirche bestanden, nach London vorladen lassen; unter ihnen auch Andrew Melville, seinen schärfsten theologischen Gegner. In London hatten sie sich Predigten von den

Hofkaplänen Dr. Buckeridge und Dr. King anhören müssen, die in scharfer Form die Presbyterialverfassung verdammten. Dr. King fasste seine Haltung zu calvinistischen Presbyterien in eindrucksvoller Klarheit in den Worten zusammen: *„Doune, Doune with thame all!“*[154] Melville gab zwar kräftig Kontra, aber seine Zeit war vorbei, er durfte nicht nach Schottland zurückkehren und wurde am Ende verbannt. Sein Leben beschloss er in Sedan als Professor an der dortigen reformierten Hochschule, von wo aus er die Vorgänge in Schottland nicht mehr beeinflussen konnte.

Machtpolitisch gesehen konnte der König in seiner Kirchenpolitik in Schottland durchaus Erfolge verbuchen. Schrittweise wurde der Weg zur Wiederherstellung einer vollständigen Episkopalverfassung beschritten. 1606 hatte das schottische Parlament den Bischöfen einen Teil ihrer mittelalterlichen Besitzungen und weltlichen Herrschaftsrechte restituiert und 1610 gelang es dem König eine Nationalsynode dazu zu bewegen, die geistliche Herrschaft der Bischöfe über ihre Diözesen unter Zurückdrängung der Rechte der Presbyterien zu bestätigen. Zugleich wurde nun der entscheidende Schritt unternommen, eine Reihe von schottischen Bischöfen durch ihre englischen Amtsbrüder, die in apostolischer Sukzession die Nachfolger der vorreformatorischen Prälaten waren, weihen zu lassen.[155] Trotz mancher Vorbehalte unter Laien und Geistlichen konnten sich die neuen Bischöfe schließlich durchsetzen, zumindest einstweilen. Problematischer waren die liturgischen Reformen, die Jakob I. verwirklichen wollte. Seine Reise nach Schottland im Jahre 1617 war der Auftakt für eine neue kirchenpolitische Offensive, die die Unterschiede zwischen der schottischen und englischen Kirche verringern sollte, nicht nur in liturgischen Fragen, sondern auch mit Blick auf das Glaubensbekenntnis und die Verkündigung; so war etwa an einen neuen schottischen Katechismus gedacht.[156] Der starke Widerstand, auf den der König traf, bewog ihn freilich, sich mit einem Minimalprogramm, den so genannten Fünf Artikeln, die sich vor allem auf die Liturgie und den Umgang mit den Sakramenten bezogen, zu beschränken. Auch dieses Minimalprogramm war nur mit großer Mühe durchzubringen. Erst nach großen Anstrengungen stimmte eine Nationalsynode, auf deren Zusammensetzung die Krone nachhaltig Einfluss genommen hatte, in Perth 1618 den Fünf Artikeln zu. U.a sollten die traditionellen kirchlichen Feiertage wie Weihnachen, Karfreitag, Ostern, Pfingsten und Himmelfahrt, die in Schottland abgeschafft waren, wieder eingeführt werden. Außerdem wurde es, wie bereits erwähnt, zur Vorschrift gemacht, beim Empfang des Abendmahls zu knien. Dieser Artikel stieß auf die meisten Widerstände und konnte nicht flächendeckend durchgesetzt werden. Der König ließ die Fünf Artikel dennoch 1621 auch vom Parlament bestätigen. Auch hier stieß er selbst bei Adligen, die in der Vergangenheit recht loyal gewesen waren, auf nachhaltigen Widerstand und ließ eine Reihe von widersetzlichen Geistlichen bestrafen, aber er musste letztlich akzeptieren, dass diese neue kirchliche Ordnung in weiten Teilen nur auf dem Papier stand.[157] Es kann kein Zweifel bestehen, dass die Five Articles of Perth die Erfolge, die der König in den Vorjahren besonders zwischen 1606 und 1610 erzielt hatte, gefährdeten und zu Konflikten in der schottischen Kirche führten, die untergründig weiterschwelten, bis die Lage sich Ende der 1630er Jahre so zuspitzte, dass es zu einer Explosion kam. Dennoch, und auch dies ist für die Herrschaft Jakobs I. über Schottland nach 1603 charakteristisch, trat diese Eskalation, solange er selbst regierte, eben nicht ein, denn auch wenn er offenbar nach 1610 gelegentlich das Gespür für die reale Lage in seinem Heimatland und die Bedürfnisse seiner schottischen Untertanen verlor, so war er doch klug genug, es in der Konfrontation mit der Kirk nicht zum Äußersten kommen zu lassen und überdies Männer wie John Spottiswood zu Bischöfen und Erzbischöfen zu ernennen, die zwar keine Presbyterianer, aber ansonsten theologisch leidlich prinzipienfeste Calvinisten waren.[158]

Jakob I. scheiterte zwar 1607 mit seinem Plan, einer engeren staatsrechtlichen Union zwischen England und Schottland, aber es gelang ihm doch, die drei Königreiche, über die er seit 1603 herrschte, so weit aneinander zu binden, dass sie zumindest nicht weiter auseinander drifteten. Für die Festigung des Zusammenhaltes zwischen Schottland und England kam dabei seinem Hof, an dem schottische Adlige – nicht immer zur Freude ihrer englischen Standesgenossen – stark präsent waren, eine besondere Bedeutung zu, da sich das Parlament der Idee einer *„perfect Union"* verweigert hatte. Mit der politischen Bedeutung des Hofes wird sich daher das nächste Kapitel auseinander setzen.

V. Zwischen Korruption und Repräsentation: Der Hof des Königs

Patronage und Ökonomie der Gunst

Monarchische Herrschaft war in der frühen Neuzeit nahezu immer auch höfische Herrschaft. Sicherlich gab es Monarchen, die sich selbst ausschließlich als Krieger und Feldherren oder – alternativ – als Bürokraten verstanden und die daher kaum einen nennenswerten Hofstaat unterhielten, aber Jakob I., der keine Neigung zum Krieg besaß, und der für die aufwendige administrative Kleinarbeit, der sich etwa ein Philipp II. von Spanien widmete, auch nicht viel übrig hatte, kann weder dem einen noch dem anderen Typus zugerechnet werden. Für ihn war der Hof der Ort, an dem er sich seinen Untertanen – oder doch der politisch in normalen Zeiten maßgeblichen Elite – präsentierte und wo er nolens volens einem Heer von Bittstellern entgegentrat, die für ihre Dienste belohnt werden oder auch einfach nur Karriere machen wollten, wenn sie nicht die Absicht hatten, dem König ein neues Projekt nahe zu bringen, das die Staatseinnahmen erhöhen, vor allem aber ihre eigenen Einkünfte aufbessern sollte. Mochten die Petitionen solcher „projectors", deren Zahl sich seit dem späten 16. Jahrhundert stark vermehrt hatte, auch lästig sein, so war und blieb der Hof doch entscheidend für den Kontakt des Monarchen mit der Oberschicht, insbesondere dem Adel. Auch wenn es bei Hof zeremonielle Regeln gab, die den Zugang zum König regelten, in England sicherlich nicht so streng wie an den Höfen der Habsburger in Madrid, Prag, Wien oder Brüssel, aber doch selbst unter einem in diesen Dingen eher nachlässigen Herrscher wie Jakob I. immer noch streng genug, so war hier doch eine Form der relativ zwanglosen, zum Teil fast spielerischen Kommunikation zwischen dem Herrscher und seinen mächtigsten Untertanen möglich, wie sie im Vergleich dazu die rechtlich verfestigten Verfahrensregeln des Parlamentes so nicht erlaubten. In einer Epoche, in der politische Konflikte in England und auch in anderen Ländern

Europas zunehmend mit den Mitteln des Rechtes und juristischen Argumenten ausgetragen wurden, blieb der Hof ein Ort, an dem sich das Wechselspiel zwischen königlicher Gunst und Gnade auf der einen Seite und den Diensten und der Loyalität der Höflinge auf der anderen Seite einer solchen rechtlichen Fixierung dezidiert entzog. Im Parlament konnte ein Untertan sich auf seine ererbten Privilegien berufen und auf sein Recht, am Hof gab es selbst für den treuesten Höfling keinen einklagbaren Anspruch auf die Gunst des Monarchen, so wie auf der anderen Seite die Verpflichtung der Höflinge, dem Herrscher zu dienen, auch dann, wenn sie ein Amt besaßen, und das galt keineswegs für alle, nicht in juristischen Termini umreißbar war, da sie eigentlichen keine klaren Grenzen kannte.

Die Vorgängerin Jakobs I., Elisabeth I., hatte es verstanden, ihre Gnade so geschickt zu dosieren, dass sie sich trotz faktisch recht knapper Patronageressourcen die Loyalität ihre Umgebung bewahrte, zumindest bis zu den Krisenjahren ihres letzten Regierungsjahrzehnts, als bei Hofe die Gegensätze zwischen verfeindeten Adelsfaktionen immer größer wurden. Jakob I. war einerseits bei weitem großzügiger als Elisabeth und musste es als landesfremder Herrscher wohl auch zunächst sein, andererseits fehlte ihm bei seinen Gunsterweisen oft das rechte Augenmaß. Sein Hof galt schon vielen seiner Zeitgenossen als ein Ort, an dem sich Chaos und Korruption breit machten und an dem eine allgemeine Atmosphäre sittlicher Verderbtheit herrschte, angefangen von sexuellen Beziehungen, die nach den Normen der Epoche als skandalös gelten mussten, und das nicht nur in den Augen der Puritaner, bis hin zum Giftmord. Sicherlich hatte es in Wirklichkeit auch schon unter Elisabeth kritische Stimmen gegeben, denn nicht wenige fühlten sich durch sie zurückgesetzt, da sie nur einen kleinen Kreis von getreuen Dienern förderte. Aber als unverheiratete Königin, die sich dann trotz der anfänglich gehegten Ehepläne darauf beschränkte, von ihren Höflingen eine allerdings konsequent kultivierte – durchweg platonische – erotische Bewunderung zu erwarten, bot Elisabeth der persönlichen Kritik weniger Anlass als ein Herrscher, der eine unverkennbare Neigung zu seinen schottischen Landsleuten einerseits und zu schönen jungen Männern andererseits hatte, und sich davon auch in seiner Patronagepolitik beeinflussen ließ. Das Favoritenwesen am Hof, das vor allem nach 1612 ein immer größeres Gewicht erlangte, gehörte jedoch nicht zu den einzigen Problemen, die nach außen hin das Bild des Königs verdüsterten. Generell galt, wie bereits betont, der Hof des ersten Stuart als überdurchschnittlich korrupt. Nun ist Korruption ein politischer Kampfbegriff, der sich nicht leicht objektivieren lässt, zumal jede Epoche und Gesellschaft unter Korruption etwas anderes versteht. Für die Menschen des späten 16. und des frühen 17. Jahrhunderts war es an sich in keiner Weise anstößig, dass der Inhaber eines hohen Amtes sich um seine Freunde und Verwandten kümmerte, ihnen Ämter und Adelstitel oder lukrative Gunsterweise der Krone verschaffte. Auch heute, wo ein derartiges Verhalten in demokratischen Rechtsstaaten oder zumindest in einigen nord- und nordwesteuropäischen Ländern, die sich als solche verstehen, offiziell als mehr oder weniger unzulässig betrachtet wird, gilt ja im Übrigen eine gewisse Doppelmoral, da eine ausgeprägte Parteiendemokratie fast zwangsläufig dazu führt, dass die politischen Parteien ihre Anhänger gegebenenfalls auch unabhängig von Eignung und Integrität mit Ämtern versorgen und sich auch in anderer Weise um ihre Klientel kümmern. Indes, zu Empörung führt das auch heute meist erst dann, wenn im Einzelfall bestimmte Grenzen, die ein stillschweigender Konsens gezogen hat, überschritten werden, oder wenn eine allgemeine Finanzkrise des Staates erkennbar auch mit diesen Formen der Patronage zusammenhängt.

Beide Bedingungen waren allerdings auch unter Jakob I. in England gegeben. Zum einen war schon in den letzten Regierungsjahren Elisabeths I. eine deutliche Tendenz zur Kommerzialisierung von Patronagebeziehungen zu erkennen. In der Vergangenheit wurde von jemandem, der ein Amt oder Landgut von der Krone erhalten hatte, sicherlich eine gewisse Dankbarkeit gegenüber dem Höfling, der ihm diesen Gnadenerweis verschafft hatte, erwartet, eine Dankbarkeit, die er bei Parlamentswahlen ebenso wie bei lokalen Streitigkeiten oder gewaltsamen Auseinandersetzungen, in die sein Patron involviert war, zeigen konnte. Was man in der Regel nicht von ihm erwartete, war eine Geldzahlung. Dies änderte sich jetzt: Die höfischen Patronagemakler, auf deren Dienste der normale Sterbliche nicht verzichten konnte, wenn er Zugang zum Monarchen erlangen wollte, verlangten jetzt oft auch eine Gegenleistung in bar.[159] Beispielhaft für die Kommerzialisierung der Patronage unter Jakob I. war der flächendeckende Verkauf von Adelstiteln, an dem einerseits die Krone selber verdiente (was schon problematisch genug war) und andererseits auch jene Mittelsmänner oder königlichen Favoriten, die den Kauf abwickelten. Es waren genau solche Phänomene, die viele Zeitgenossen als Korruption betrachteten. Dazu kam aber ein Weiteres. Angesichts der Finanzkrise des Staates war die Krone schon vor 1603 zunehmend dazu übergegangen, öffentliche Hoheitsrechte an Einzelpersonen oder an Gesellschaften von Konzessionären zu verpachten oder anderweitig zu veräußern, also gewissermaßen zu privatisieren, eine Methode zur Verbesserung der Lage der öffentlichen Kassen, die auch der Gegenwart nicht unbekannt ist. Für den Handel mit solchen meist sehr unbeliebten Monopolen und wirtschaftlichen respektive administrativen Konzessionen war der Hof das eigentliche Zentrum. Ja, wie es scheint, speisten sich die Ausgaben des Königs für seinen Hofstaat und die seiner engsten Vertrauten mehrheitlich aus den Einnahmen, die aus dem Handel mit „concessionary interests" aller Art, mit Monopolen, Im- und Exportlizenzen und ähnlichen fiskalischen Projekten erzielt wurden. Diese Einnahmen entzogen sich zunehmend der Kontrolle des Schatzamtes, des Exchequer, und flossen direkt in die Privy Purse, die Privatschatulle des Königs, oder an seine Höflinge.[160]

Diese enge Verbindung zwischen der Umgebung des Königs und einer problematischen Politik der fiskalischen und administrativen Notbehelfe trug ebenfalls zur Unpopularität des Hofes bei. Überdies trat die Tatsache hinzu, dass die engsten Vertrauten des Königs bei Hofe zunächst nahezu alle Schotten waren. Nachdem unter Elisabeth der eigentliche Hofstaat der Monarchin, dessen Kern aus Frauen, den Hofdamen der Königin, bestand, nur eine geringe Rolle gespielt hatte, kam es unter Jakob zu einem „revival of the entourage" wie die Forschung zu recht betont hat.[161] Jakob I. schuf neben der Chamber und der Privy Chamber eine neue Unterabteilung des Hofstaates, die Bedchamber. Die Kammerherren und -diener, die hier Dienst taten, stellten sein persönliches Gefolge dar, kleideten ihn an und bedienten ihn, begleiteten ihn auf der Jagd und hatten als einzige ständig Zugang zu ihm im Gegensatz zu eigentlich allen anderen Amtsträgern. Ein Kammerherr schlief sogar in der Regel im Schlafzimmer des Monarchen auf einem Feldbett. Damit war insbesondere diese Position als Gentleman of the Bedchamber eine Schlüsselstellung, denn wer dazu in der Lage war, beständig mit dem Herrscher zu sprechen, konnte ihn auch beeinflussen, ihm Bittschriften vorlegen, oder Personen, die eine Audienz suchten, von ihm fernhalten. Diese Schlüsselpositionen – es gab zunächst etwa ein halbes Dutzend Kammerherren und 8 Kammerdiener (grooms) – waren jedoch, wie bereits betont, nach 1603 fast ausschließlich in schottischer Hand. Erst nach und nach drangen auch Engländer in dieses Allerheiligste des Hofes vor. Eigentlich erst ab ca. 1615-16 im Zuge des Aufstieges von George Villiers, des späteren Herzogs von Buckingham, wurde die Bedchamber wirklich eine binationale Institution, in der die Engländer ebenso viel Einfluss besaßen wie die Schotten, die freilich auch jetzt noch ein gewisses numerisches Übergewicht unter den am Ende 12 Gentlemen of the Bedchamber behielten. Es war für Jakob I. in der Tat charakteristisch, dass er sich in seiner engsten Umgebung – für die großen Staats- und Verwaltungsämter galt dies nicht in gleicher Weise – ungern von bekannten Gesichtern trennte und nur zögernd Personen, die er nicht kannte, in seine Dienste nahm.[162]

Die Freunde des Königs: das Favoritenregiment

Schon der Einfluss, den die schottischen Kammerherren Jakobs I. auf die Vergabe von Vergünstigungen, Ämtern und Gnadenerweisen nahmen, hatte in England im Parlament aber auch beim Adel zu Unmut geführt. Die Tatsache, dass ab etwa 1612, nach dem Tode des Lord Schatzmeisters Robert Cecil, an die Stelle des kollektiven Einflusses der Schotten, der freilich nie ganz verschwand, die Macht eines einzelnen Favoriten trat, machte die Dinge freilich nicht unbedingt besser, obgleich es falsch wäre, in der Förderung dieser Favoriten durch den König nur eine persönliche Schwäche – bedingt nicht zuletzt durch die erotischen Neigungen des Herrschers – zu sehen und nicht auch eine bewusste Taktik, die dazu diente, Herr über die Faktionen des Adels und des Hofes zu bleiben und zugleich wichtige Aufgaben an ein *alter ego,* einen Stellvertreter, zu delegieren. Der Aufstieg des Favoriten war auch keineswegs auf England beschränkt. Heinrich III. von Frankreich (1574–89) hatte sich bereits mit einer Schar von Günstlingen, die zugleich seine persönlichen Freunde und sein politisches Instrument zur Beherrschung der Provinzen des Reiches waren, umgeben. Spanien wurde im 17. Jahrhundert über lange Jahrzehnte hinweg von den validos des Herrschers regiert, leitenden Ministern, die eine Position als Vertrauter und Freund des Herrschers mit der Leitung der Zentralverwaltung verbanden, und am Papsthof dominierten zur gleichen Zeit die Kardinalnepoten des Pontifex Maximus als geistliche Favoriten.[163]

Die Laufbahn der englischen Favoriten Jakobs I., Robert Carr Earl of Somerset, der von ca. 1612 bis 1615 den Hof beherrschte, und seines Nachfolgers George Villiers, dessen Machtmonopol bis zum Tode Jakobs I. und sogar noch darüber hinaus Bestand hatte (es endete erst mit seiner Ermordung 1628), entsprachen insoweit durchaus einem gesamteuropäischen Karrieremuster. Im englischen Fall nahmen die Favoriten dem Monarchen vor allem die Aufgabe

Abbildung 3: Königin Anna, die Gemahlin Jakobs I.
Bild von Paul van Somer (1617)
(The Royal Collection © 2005 Her Majesty Queen Elisabeth II)

ab, mit der Fülle der Bittsteller zu verhandeln. Dieses einerseits für einen Monarchen wie Jakob I., der nur schwer Nein sagen konnte, höchst unerfreuliche und zugleich wegen der Zahlungen, um die es hier ging, anrüchige Geschäft, konnte man eher einem engen persönlichen Vertrauten des Herrschers überlassen, statt es durch eine Behörde abzuwickeln, die letztlich an juristische Normen und administrative Regeln gebunden war. Aber die Funktion des Favoriten scheint unter Jakob I. noch eine andere gewesen zu sein. Der Stuart-König hatte nie ein übergroßes Maß an Charisma besessen; nach den politischen Misserfolgen in den Verhandlungen mit dem Parlament 1610 und 1614 war die Ausstrahlungskraft des alternden Herrschers eher noch geringer geworden, zumal er sich nun auch noch häufiger als vorher aufs Land zur Jagd zurückzog. Ein junger Mann von glänzender Erscheinung konnte hier gewissermaßen als Stellvertreter des Herrschers manche Schwächen kompensieren. Zumindest auf den Herzog von Buckingham, der zu Beginn der Auseinandersetzungen mit Spanien manchen geradezu als ein *„St. George on horseback"* erschien, traf dies sicherlich bis zu einem gewissen Grade zu, obgleich sein allzu gutes Aussehen und die angebliche Unmännlichkeit seines Auftretens bei Hofe andere an seiner Fähigkeit Krieg zu führen zweifeln ließen.[164] Im Übrigen fiel der Aufstieg der Favoriten auch zusammen mit dem Wegfall anderer Zentren der Repräsentation im höfischen Milieu. Die Königin Anna von Dänemark, die in den ersten Regierungsjahren in England die Hofkultur wesentlich geprägt hatte, trat schon in den Jahren unmittelbar vor ihrem Tod (1619) zunehmend in den Hintergrund. Durch den Tod des ursprünglichen Thronfolgers, des Prinzen Heinrich – ihm folgte sein wesentlich jüngerer und im Auftreten recht unsicherer Bruder, der spätere Karl I. – und die Heirat der Prinzessin Elisabeth mit dem Kurfürsten von der Pfalz, der dazu führte, dass sie 1613 England verließ, entstand am Hofe vollends ein gewisses Vakuum der publikumswirksamen Inszenierung von Herrschaft.

Jakob hatte sich schon nach seiner Thronbesteigung in England mit jungen Männern umgeben, deren Charme und gutes Aussehen ihnen seine Gunst verschafften. Dazu gehörte etwa der 1584 geborene Philip Herbert Earl of Montgomery, der jüngere Bruder des Earls of Pembroke, der ab 1615 das Amt des Lord Chamberlain bekleidete. Politische Konsequenzen hatte diese Neigung des Königs jedoch zunächst nicht gehabt und offenbar auch keinen wirklich nachhaltigen Anstoß erregt. Dies galt zunächst auch für den Aufstieg eines jungen schottischen Adligen, der 1604 Kammerdiener des Königs geworden war, Robert Kerr, oder, wie die Engländer ihn nannten, Carr. Carr war Sohn eines laird, also eines Landedelmannes, der zu den treuesten Anhängern Maria Stuarts gehört hatte. Carr war 1604 knapp 20 Jahre alt (das genaue Geburtsdatum ist nicht bekannt), die Aufmerksamkeit des Königs erregte er erstmals 1607,

Abbildung 4: Der Herzog von Buckingham, der langjährige Favorit des Königs als Feldherr und Lord High Admiral (Kupferstich 1625).
(British Museum, London)

als er bei einem Turnier vom Pferd fiel und sich das Bein brach. Der König verliebte sich in Carr, anders kann man es kaum formulieren, auch wenn hier ebenso wie bei den anderen homoerotischen Beziehungen des Königs unklar bleibt, welchen physischen Ausdruck diese Liebe, von gelegentlichen Umarmungen in der Öffentlichkeit abgesehen, fand. Dabei gilt es zu berücksichtigen, dass physische Intimität zwischen Männern, die sich etwa in Umarmungen oder selbst Küssen äußern mochte, in der Gesellschaft des 17. Jahrhunderts noch nicht unbedingt ein Zeichen für Homosexualität war. Argwöhnisch wurde man freilich, wenn eine solche Intimität zwischen einem sozial höher Gestellten und einem Freund, der ihm sozial unterlegen war, bestand; bei den Favoriten des Königs war diese Konstellation ja gegeben. Hier tauchte dann rasch der Vorwurf der „Sodomie“ auf, des – nach damaligen Begriffen – widernatürlichen Geschlechtsverkehrs, während man ansonsten an homoerotischen Bindungen zwischen Männern nicht unbedingt Anstoß nahm und sie auch keineswegs als etwas sah, das mit normalen heterosexuellen Beziehungen notwendigerweise unvereinbar gewesen wäre.[165]

Die Tatsache, dass sowohl Buckingham als auch Carr verheiratet waren und auch sonst sexuelle Beziehungen zu Frauen hatten, spricht ja hier auch für sich. Eine gewisse, nicht offen artikulierte Bisexualität war für eine Gesellschaft, in der Männer sich so oft unter sich, fern von weiblicher Gesellschaft, befanden, von der Schule über die Universitäten und kirchlichen Einrichtungen bis hin zum Krieg, offenbar nicht ganz ungewöhnlich. So mag auch Jakob I. selber die Dinge gesehen haben, dessen Zuneigung zu seinen Favoriten überdies recht eindeutig durch einen starken pädagogischen Eros bestimmt war. Er wollte diese jungen Männer nach seinen Vorstellungen und Idealen formen. In Buckingham sah er geradezu sein pädagogisches Meisterwerk, sein *„master-piece“*.[166] So sehr er unter seinem Lehrer Buchanan gelitten hatte, in gewisser Weise blieb er für ihn, der ohne Vater und Mutter aufgewachsen war, ein Vorbild, eine Vaterfigur, an der er sich selber in seinem Verhalten als königlicher Schulmeister orientierte. Die Kritiker des Hofes und auch ausländische Gesandte sahen die Dinge freilich nicht in diesem eher günstigen Licht. Anspielungen auf den sexuell ausschweifenden römischen Kaiser Tiberius und seinen Favoriten Seianus – der freilich nicht sein Liebhaber war – und auf den mittelalterlichen englischen König Eduard II., der als homosexuell galt, und seinen weithin verhassten Freund Piers Gaveston fanden sich nicht selten in heimlich verbreiteten polemischen Angriffen auf die Politik des Königs, wie sie namentlich nach Ausbruch des Dreißigjährigen Krieges, als die allgemeine politische Stimmung sich aufheizte, zunahmen.[167] Wie auch heute sind Vorwürfe eines skandalösen sexuellen Verhaltens, wenn sie sich gegen Herrscher oder Politiker richten, selten zu trennen von einer prinzipieller motivierten Ablehnung der Politik, die diese Herrscher verfolgen. Die Geschichte der amerikanischen Präsidentschaft gegen Ende des 20. Jahrhunderts bietet dafür hinreichend Beispiele. Im frühen 17. Jahrhundert trat der Umstand hinzu, dass die zeitgenössische Theorie des Hofes den Favoriten ohnehin grundsätzlich – unabhängig von vielleicht tatsächlich bestehenden sexuellen Beziehungen – als eine Art Liebhaber des Herrschers sah. In diesem Sinne schrieb der italienische Hoftheoretiker Matteo Pellegrini in einem allerdings eher metaphorischen Sinne: „Wenn der Geliebte [gemeint war der Fürst] einen der Liebhaber liebkost, beleidigt er die anderen. Was könnte verletzender sein, als zusehen zu müssen, wie ein anderer unsere Geliebte genießt? Unsere Wut auf denjenigen, der unsere Geliebte genießt und uns verletzt, ist ebenso groß wie unsere Sehnsucht nach ihren Freuden."[168]

Eifersucht, vielleicht sogar eine quasi erotische Eifersucht, war bei den Angriffen auf die Favoriten also stets mit im Spiel. Die scharfe Polemik gegen die „minions" des Königs war freilich als Carr seine Karriere bei Hof begann, noch nicht wirklich ausformuliert oder in größerem Maße öffentlich geäußert worden, eher nahm man schon an der Präsenz der zahlreichen geldbedürftigen Schotten Anstoß, zu denen Carr freilich auch gehörte. Er erhielt nach 1607 vom König wertvolle Zeichen seiner Gunst, etwa in Form von Land, das ihm der König schenkte, doch erst nach 1610 begann Carr auch politisch Einfluss auszuüben, ein Umstand, der sicher bis zu einem Grad auch mit dem Scheitern der Politik des bis dahin wichtigsten Ministers, Robert Cecil, des Earl of Salisbury, zusammenhing. Mit dem Wegfall des Parlaments als eines wichtigen politischen Forums – jedenfalls auf absehbare Zeit – und der gleichzeitigen Schwächung der Position Salisburys, gewann der Hofstaat als Zentrum der Politik an Bedeutung. Carr wurde 1611 in den Rang eines Viscount of Rochester erhoben, erhielt den Hosenbandorden – eine Auszeichnung von großer Bedeutung, da sie normalerweise nur wenigen englischen Magnaten und fremden Fürsten vorbehalten war – und wurde in den Geheimen Rat, das Privy Council, aufgenommen. Mit dem Tode Salisburys im folgenden Jahr war der Weg frei für eine noch glanzvollere Karriere. Carr übernahm nun in erheblichem Umfang die Funktionen des Secretary of State, eines Amtes, das Salisbury neben zahlreichen anderen ausgeübt hatte. Der Secretary war damals sowohl für die Außen- als auch die Innenpolitik Englands zuständig, führte die königliche Korrespondenz und kontrollierte als Verwahrer des königlichen Privatsiegels, des Signet, grundsätzlich auch die Patronagepolitik des Monarchen, da alle Anweisungen an andere Dienstellen, mit denen der König auf die Petitionen von Bittstellern reagierte, mit dem Signet gesiegelt und vom Staatssekretär oder den ihm unterstellten Clerks of the Signet beglaubigt werden mussten. In diese wichtige Stellung rückte 1612 für etwa zwei Jahre Carr ein, auch wenn er nicht offiziell den Titel eines Secretary of State erhielt, da das Amt vorübergehend vakant blieb.

An Carrs Seite stand ein Engländer, mit dem er schon vor 1603 in Schottland Freundschaft geschlossen hatte, Sir Thomas Overbury, in den Worten eines Zeitgenossen Carrs *„bedfellow, minion and inward councillor"*.[169] Carr und Overbury verband allem Anschein nach eine enge, vermutlich homoerotische Freundschaft, aber auch die Tatsache, dass Carr, dessen administrative und politische Begabung begrenzt war, eines Vertrauten bedurfte, der ihm das politische Tagesgeschäft abnahm. Diese Aufgabe erledigte Overbury, der freilich auch seine eigenen Ziele verfolgte und den Favoriten in das Fahrwasser jener höfischen Faktion zu lenken versuchte, die auch nach dem Scheitern des Parlaments von 1610 weiter auf die Karte der Zusammenarbeit mit den Ständen setzte und überdies eine anti-spanische Außenpolitik favorisierte. An der Spitze dieser Faktion standen der dritte Earl of Pembroke, der Earl of Southampton und der neue Erzbischof von Canterbury, Abbot. Carr zögerte jedoch zunehmend, diesem Kurs zu folgen; einerseits scheint er gespürt zu haben, dass der König nicht bereit war, sich auf ihn einzulassen, andererseits traten nun auch private Komplikationen hinzu. Carr, den seine Freundschaft mit Overbury einerseits und dem König andererseits offenbar nicht hinderte, sich auch für Frauen intensiv zu interessieren, war den Reizen einer der schönsten Damen am Hofe verfallen, Frances Howard, die damals (1612) Anfang 20 war. Ein Historiker des 17. Jahrhunderts schrieb über sie, sie sei *„a soul ravishing mistress"* gewesen.[170] Freilich war Frances bereits verheiratet, und zwar mit Robert Devereux, dem dritten Earl of Essex. Eigentlich war diese Heirat 1606 von Jakob I. selber in die Wege geleitet worden, um die miteinander verfeindeten Adelsfamilien der Howards und der Devereuxs auszusöhnen. Die Ehe war jedoch kein großer Erfolg geworden, namentlich was die sexuellen Beziehungen zwischen den Eheleuten betraf. Gegen den Rat von Overbury versuchte Carr nun eine Auflösung dieser Ehe zu erwirken, so dass er selber Frances heiraten konnte. Da Overbury bei seinem Widerstand blieb, und wohl auch damit drohte, politische oder gar persönliche Geheimnisse zu verraten, die Carr bloßstellen konnten – er wird u.a. gewusst haben, dass Carr mit Frances Howard bereits seit längerem ein Verhältnis hatte, so dass sie kaum, wie im Ehescheidungsprozess dann behauptet, noch Jungfrau sein konnte – musste er kaltgestellt werden. Der König bot ihm einen Botschafterposten im Ausland an. Dies lehnte Overbury jedoch ab, der daraufhin im Frühjahr 1613 inhaftiert und im Tower in strenger Haft gehalten wurde. Schon länger kränklich, starb er im September desselben Jahres unter Umständen, die als Hinweis auf eine Vergiftung gedeutet werden konnten, zum damaligen Zeitpunkt jedoch bei Hofe und in der Öffentlichkeit ignoriert wurden. Am 25. September erklärte eine Kommission hoher Geistlicher nach langem Zögern auf Druck des Königs die Ehe zwischen Frances Howard und dem Earl of Essex für aufgelöst, da der Earl impotent sei, jedenfalls im ehelichen Bett, wenn auch vielleicht nicht in seinen Beziehungen zu anderen Frauen. Für Essex war dies eine ungeheure Demütigung. Er sollte sie nie vergessen. Als 1642 in England der Bürgerkrieg ausbrach, stand Essex als Oberbefehlshaber an der Spitze der parlamentarischen Truppen.

Dies freilich lag in weiter Ferne. 1613/14 setzte sich zunächst der kometenhafte Aufstieg Carrs fort. Er wurde in den Rang eines Earl (als Earl of Somerset) erhoben und wurde im Sommer 1614 Lord Privy Seal und Oberstkämmerer (Lord Chamberlain). Schon im Oktober 1613 war er zum Lord Schatzmeister von Schottland ernannt worden und im Dezember hatte er die geschiedene Frances Howard geheiratet. Man kann in seiner Laufbahn die mit äußerster Skrupellosigkeit vorangetriebene Karriere eines Aufsteigers sehen, aber man erkennt in ihr auch die Handschrift des Königs, der bewusst als Lehrer und Tutor des jungen Carr auftrat. Nachdem die staatsrechtliche Union zwischen England und Schottland gescheitert war (s. o. S. 69), symbolisierte Carr, der nun mit einer englischen Adligen verheiratet war, einen englischen Adelstitel trug und hohe Ämter sowohl in Schottland als auch in England bekleidete, eine andere Möglichkeit der Vereinigung der beiden Königreiche, nämlich durch das allmähliche Verschmelzen der hochadligen Führungsschicht in Schottland und England.[171]

Allerdings sollte sich Carr in seiner Position nicht lange behaupten. Als enger Verbündeter der pro-katholischen Hoffaktion, an deren Spitze seine neuen Verwandten aus der alt-etablierten Familie der Howards, der Earl of Northampton und der Earl of Suffolk, standen, nahm er 1614 Verhandlungen wegen einer Heirat des Thronfolgers, des Prinzen Karl, mit einer spanischen Prinzessin auf. Eine dynastische Verbindung mit Spanien war freilich in England höchst kontrovers, und die Gegner einer solchen Politik verstärkten daher ihre Anstrengungen, Carr und mit ihm die Howards zu stürzen. Unter Vermittlung der Königin, deren Abneigung gegen den oft anmaßend auftretenden Carr eher persönlich motiviert war, lenkten sie die Aufmerksamkeit des Königs auf einen jungen Mann, George Villiers, dessen strahlende Schönheit Jakob I. tatsächlich tief beeindruckte. Carr stellte sich diesem Rivalen verständlicherweise in den Weg, es kam zu einer Serie von recht unerquicklichen Eifersuchtszenen zwischen dem offiziellen Favoriten und dem Monarchen. Carr scheint den König regelrecht beschimpft zu haben und dies nachts ebenso wie tagsüber. Im Frühjahr 1615 schrieb ihm der König einen Brief, der ihn zur Räson bringen sollte.

Unter anderem warf Jakob I. ihm vor: *„ye have in many of your mad fits done what you can to persuade me that ye mean not so much to hold me by love hereafter as by awe"*. Carr tadele den König schärfer, *„than ever my master durst do"*, der von dem jungen Jakob gefürchtete „schlagfertige" Lehrer Buchanan. Er habe es verstanden *„to invent a new art of railing upon me, nay to borrow the tongue of the devil"*. Überdies habe sich Carr geweigert, in der Kammer des Königs zu schlafen – wie es seiner Aufgabe als First Gentlemen of the Bedchamber entsprach – *„notwithstanding my many hundred times earnest soliticing you to the contrary"*. Jakob versuchte deutlich zu machen, worum es ihm ging: *„all I crave is that in all the words and actions of your life ye may ever make it appear to me that ye never think to hold grip of me but out of my mere love, and not one hair by fear. Consider that I am a freeman, if I were not a king. … If ever I find that ye think to retain me by one sparke of fear, all the violence of my love will in that instant be changed into as violent a hat red. God is my judge my love hath been infinite towards you."*[172] Carrs Versuch, dem König mit dem Entzug seiner Zuneigung zu drohen, hatte sich als kontraproduktiv erwiesen. Aus dem Brief des Königs an den Favoriten spricht die Leidenschaft der erotischen Zuneigung, aber auch der Stolz des Monarchen, der sich von keinem Untertanen, und sei er auch sein engster Freund, Befehle geben lässt.

Dennoch schienen sich die Beziehungen zwischen Carr und dem König zeitweilig zu stabilisieren, doch im September legte der Carr nicht wohl gesonnene neue Staatssekretär Winwood Beweismaterial vor, das zeigte, dass Thomas Overbury 1613 aller Wahrscheinlichkeit nach keines natürlichen Todes gestorben, sondern vergiftet worden war. Eine Untersuchung wurde eingeleitet und am 17. Oktober wurden Carr und seine Frau verhaftet. Der nun beginnende Prozess gegen zunächst fünf Angeklagte (darunter der frühere Gouverneur des Tower und eine Frau namens Turner, eine Vertraute von Frances Howard), von denen vier zum Tode verurteilt wurden, und das erst im Frühjahr 1616 stattfindende Verfahren gegen den Earl of Somerset und seine Frau, lösten in der Öffentlichkeit einen noch weit größeren Skandal aus, als die zwangsweise Aufhebung der Ehe zwischen dem Earl of Essex und Frances Howard. Zwar war es bis zu einem gewissen Grade möglich, Pamphlete und andere Druckerzeugnisse zu zensieren, aber Nachrichten konnten sich auch über handschriftliche Manuskripte, durch volkstümliche Balladen, die auf Jahrmärkten vorgetragen wurden, oder generell durch die mündliche Kommunikation, etwa in Wirtshäusern oder auf öffentlichen Plätzen, verbreiten.[173]

Der Jurist, der die Untersuchung leitete, Sir Edward Coke, wohl der berühmteste Rechtsgelehrte des 17. Jahrhunderts, aber auch ein Mann von ungezügeltem Ehrgeiz und von wenig Skrupeln, der sich die Gelegenheit nicht entgehen lassen wollte, seinem Namen durch diesen sensationellen Fall einen noch größeren Glanz zu verleihen und Carr, sowie alle, die mit ihm in Verbindung gestanden hatten, zu vernichten, trug das Seine dazu bei, die ohnehin schon erschreckenden Umstände des Todes von Sir Thomas Overbury in noch düstereren Farben erscheinen zu lassen. Was wirklich 1613 geschehen war, lässt sich nicht mehr ganz einfach rekonstruieren, da die Angeklagten zum Teil mit der Folter bedroht wurden und damit rechnen mussten, dass die Mordanklage in eine Anklage wegen Hochverrates umgewandelt wurde (was zu einer sehr viel schmerzvolleren und langsameren Hinrichtung geführt hätte), da Coke ihnen indirekt unterstellte, in eine ältere und größer angelegte Verschwörung verwickelt gewesen zu sein, die 1612 zur angeblichen Vergiftung des Thronfolgers, des Prinzen Heinrich, geführt habe. Sie hatten also einigen Anlass einfach das zu gestehen, was man hören wollte. Dennoch muss man wohl in der Tat davon ausgehen, dass Frances Howard, um die lang ersehnte Scheidung von ihrem Mann – die Overbury offenbar mit allen Mitteln hintertreiben wollte – und die Ehe mit Carr zu erreichen, den lästigen Vertrauten ihres Geliebten in der Tat vergiften ließ, auch wenn die von den Angeklagten geschilderten Umstände der Tat (etwa der Einsatz von sieben verschiedenen Giften) so abenteuerlich waren, dass sie als recht unwahrscheinlich erscheinen.[174] Als Frances Howard 1616 vor Gericht stand, gestand sie jedenfalls und bekannte sich schuldig, im Gegensatz zu ihrem Mann, der – vielleicht zu Recht – auf seiner Unschuld beharrte. Es wurden dennoch beide von einem Gericht, das aus Mitgliedern des Oberhauses bestand, zum Tode verurteilt. Der König ließ das Todesurteil jedoch nicht vollstrecken. Die Carrs lebten leidlich komfortabel einige Jahre im Tower, bis sie 1622 entlassen wurden. Carr, dem nicht einmal sein Hosenbandorden aberkannt worden war, hatte mittlerweile vom König sogar eine Pension von £ 4 000 im Jahr erhalten. Macht und Einfluss besaß er freilich nicht mehr und vom Hofe musste er sich fernhalten.

Es kann kaum ein Zweifel bestehen, dass der Sturz Carrs – aber auch die Umstände seines Aufstiegs – und die Overbury Affäre das Ansehen des Hofes und auch des Monarchen selbst dauerhaft schädigten.

Ein satirischer Vers brachte die ganze Angelegenheit und das Verhalten von Frances Howard auf einen simplen Nenner:

She was the lady killed his [Carr's] lecherous itch
Before described, whore, wife, widow, witch.[175]

Während der Prozesse war der König zwar von den zuständigen Juristen, aber auch in einschlägigen Pamphleten und Druckschriften als Rächer des unschuldigen Overbury und als Werkzeug der göttlichen Vorsehung und Gerechtigkeit dargestellt worden, der nur deshalb mit Verspätung gegen die Schuldigen vorgegangen war, weil diese ihr Verbrechen so geschickt verborgen hatten und es daher der direkten Intervention Gottes bedurfte, um es an das Tageslicht zu bringen. Die Tatsache freilich, dass der König Frances Howard und Carr am Ende nicht hinrichten ließ, ja sogar recht nachsichtig behandelte, nahm diesem Bild viel von seiner Glaubwürdigkeit.[176] Mehr noch, Lord Chief Justice Coke selber, aber auch viele der zeitgenössischen Druckschriften, hatten die Untat von Frances Howard als Teil eines groß angelegten katholischen Komplotts dargestellt, dem am Ende die ganze Königsfamilie hätte zum Opfer fallen sollen. In einer Epoche, in der man sich beständig von radikalen Katholiken bedroht sah und diesen buchstäblich alles zutraute, fand eine solche Darstellung viel Resonanz. Im Rückblick musste es jedoch das Vertrauen in den König erheblich erschüttern, dass in seiner nächsten Umgebung „Verschwörer" wie Carr überhaupt einen solchen Einfluss hatten erlangen können, auch wenn sie am Ende zu Fall gekommen waren. Der Skandal wurde nicht wirklich vergessen, die Erinnerung an ihn tauchte in dieser oder jener Form in den nächsten Jahren und Jahrzehnten immer wieder auf. Das Element der Homoerotik respektive Homosexualität, das in den Beziehungen zwischen dem König und Carr relativ deutlich eine Rolle gespielt hatte, aber vielleicht auch in denen zwischen Carr und Overbury, ließ sich gut in die Vorstellung von einer katholischen Verschwörung einfügen, denn Sodomie – homosexueller Geschlechtsverkehr in der Begrifflichkeit der Zeit – galt strengen Protestanten als eine typisch katholische Perversität und Sünde.[177] Dass auf Carr, den offenbar bisexuellen Mann einer katholischen Giftmörderin, ein weiterer Favorit folgte, der in besonders intensivem Maße die Zuneigung des Königs genoss, George Villiers, musste erneut Besorgnisse wecken, die Sittenlosigkeit des Hofes stelle auch eine Gefahr für die Freiheit Englands und die protestantische Kirche dar.[178]

Allerdings, der Nachfolger Carr's als Günstling des Herrschers, George Villiers (geb. 1592), der Anfang 1616 zum Oberststallmeister (Master of the Horse) ernannt wurde – er verband dieses Amt mit einer Position als Gentlemen of the Bedchamber – und bald darauf den Hosenbandorden erhielt und in die Peerage – zunächst als Viscount Villiers, später dann als Earl (1618) und am Ende als Marquess (1619) und Duke (1623) of Buckingham – aufstieg, besaß offenbar mehr Geschick als Carr. Er hielt sich in seiner Position als Favorit immerhin bis 1628, als er von einem Attentäter, einem verbitterten Offizier, der unter ihm gedient hatte, ermordet wurde. Ein solcher Tod sprach zwar nicht gerade für seine Popularität und Versuche, ihn etwa durch ein parlamentarisches Anklageverfahren zu stürzen, hatte es auch schon zuvor gegeben, aber es bleibt dennoch bemerkenswert, dass er sich gut 12 Jahre als dominierende Figur des Hofes behauptete und dies über den Tod Jakobs I. hinaus. Ganz ohne politisches Talent wäre dies kaum denkbar gewesen. Buckingham verstand es, ein Netzwerk von Klienten aufzubauen, die er ebenso wie fast alle Mitglieder seiner großen Familie in Schlüsselpositionen in der Verwaltung und am Hof unterbrachte. Gerade dies, seine intensive Patronagepolitik, erregte natürlich auch Anstoß, aber sie stellte dennoch ein wirksames Mittel dar, um sich gegen Angriffe abzusichern. Auch scheint Buckingham im Umgang mit Jakob I. und mit dessen Sohn, dem Thronfolger, in der Regel den richtigen Ton getroffen zu haben. Wie im Fall von Somerset sah sich Jakob als der Lehrer seines Favoriten, dem er die Prinzipien der Staatskunst zu vermitteln suchte,[179] und Buckingham akzeptierte diese Rolle als Schüler jedenfalls bis kurz vor dem Tode des Königs, und versuchte nicht selbst als Lehrmeister aufzutreten, noch dazu im Stil eines Buchanan, wie Somerset es getan hatte. Buckingham muss daher, zumindest anfänglich, auch durchaus als Werkzeug des Königs gesehen werden, mit dessen Hilfe er die höfischen Faktionen ausbalancierte und jenen Verkauf, oder wenn man so will Ausverkauf, von Titeln und nutzbaren Hoheitsrechen betrieb, auf den er nun einmal nicht glaubte verzichten zu können.

Villiers stammte aus einer zwar respektablen aber eigentlich eher unbedeutenden und wenig vermögenden Familie des ländlichen Adels von Leicestershire. Die Bilder, die wir von ihm besitzen, lassen noch erahnen, dass seine äußere Erscheinung spektakulär war. Gesicht und Körperbau – die langen schlanken Beine fielen besonders auf – würden ihn unter heutigen Umständen für eine Karriere in einem amerikanischen Unterhaltungsfilm prädestinieren. Er war offenbar auch ein vorzüglicher Tänzer und wusste sich elegant und sehr auffällig nach der neuesten Mode der Zeit zu kleiden. Auf Frauen wirkte er mindestens genauso attraktiv wie auf Männer. Allerdings, in einem Land wie England unter Jakob I., das stark durch den Einfluss des Puritanismus geprägt war, war eine Neigung zu Luxus und erotischen Abenteuern nicht unbedingt ein idealer Ausgangspunkt für persönliche Popularität, oder wie es ein englischer Historiker vor kurzem formuliert hat: „Between a flamboyant lifestyle and a lenghty list of amours, which may have included James I, Buckingham would have been a public relations nightmare in puritan England."[180] Allerdings betont derselbe Historiker auch, dass Buckingham, zumindest von dem Augenblick an, als er über den Hof hinaus eine Wirkung zu entfalten suchte, also spätestens seit Beginn der 1620er Jahre, besonders aber seit seiner Rückkehr von der spanischen Brautfahrt, die er 1623 zusammen mit Prinz Karl unternahm, sich durchaus um öffentliche Akzeptanz bemühte und dies keineswegs immer ohne Einfallsreichtum oder Talent. Dieses Streben nach öffentlicher Wirksamkeit und Anerkennung setzte freilich erst in späteren Jahren ein. Zunächst blieb der Einfluss des neuen Favoriten auf den Hof und sein Umfeld beschränkt und war auch dort nicht grenzenlos. Zwar hatte der Sturz Carr's ihn nach oben gebracht, aber seine Macht bei Hofe und noch sehr viel mehr im Privy Council, dem er seit 1617 angehörte, musste er zunächst mit anderen Höflingen und Ratgebern des Königs teilen, etwa mit dem neuen Lord Chamberlain Pembroke, dem Erzbischof von Canterbury, oder den noch verbliebenen Mitgliedern des Howard-Clans, der seit Ende 1615 allerdings deutlich geschwächt war. Doch erst im Juli 1619 wurde der Schatzmeister Thomas Howard Earl of Suffolk seines Amtes enthoben und für seine Unterschlagungen zur Verantwortung gezogen. Schon kurz zuvor hatte sein Verwandter, der allerdings schon über 80-jährige Charles Howard Earl of Nottingham, der bereits unter Elisabeth als Lord Admiral amtiert hatte, sein Amt als Oberbefehlshaber der Kriegsmarine niedergelegt.

Unter Nottingham hatte die Verwaltung der Flotte und der Schiffswerften ungeahnte Tiefen der Ineffizienz und Korruption erreicht, so dass die englischen Kriegsschiffe als weitgehend kampfuntauglich gelten mussten. Anfang 1619 übernahm Buckingham selber das Amt des Lord Admiral; er trat damit aus der Sphäre der rein höfischen Politik hinaus, denn der Lord Admiral war in Friedenszeiten faktisch Oberbefehlshaber der englischen Streitkräfte, da es ein stehendes Heer nicht gab. In Kriegszeiten und seit dem Ausbruch des Dreißigjährigen Krieges musste damit gerechnet werden, dass England in einen Krieg mit kontinentalen Mächten verwickelt werden würde, war es erst recht eine Schlüsselposition, die freilich, wie Buckingham selber 1625-28 bemerken sollte, mit mancherlei Risiken für ihren Inhaber verbunden war, wenn das Kriegsglück ausblieb.[181]

Buckingham übernahm das Amt offenbar auch, weil es ihm Patronageressourcen großen Ausmaßes zur Verfügung stellte; die zahlreichen Amtsträger der Schiffswerften, die Seeoffiziere sowie die Richter und lokalen Beamten der Admiralität wurden nun weitgehend von ihm ernannt. Überdies fielen dem Lord Admiral alle Einkünfte aus dem Verkauf von Strandgut und von gestrandeten Schiffen in den englischen Gewässern und an den Küsten sowie zum Teil auch aus gekaperten feindlichen Schiffen zu. Es war für Buckingham bezeichnend, dass er sich einerseits in der Tat energisch um eine Reform der darnieder liegenden Admiralität und der Marineverwaltung bemühte, andererseits aber auch mit großer Rücksichtslosigkeit versuchte, seine eigenen Einkünfte aus dem neuen Amt auf das Äußerste zu steigern, und dies keineswegs ohne Erfolg.[182] Er hatte sich zu diesem Zeitpunkt bereits mit einem Kreis von Beratern und Mitarbeitern umgeben, zu denen der Lordkanzler Bacon, ein exzellenter Jurist und zugleich der bedeutendste englische Philosoph seiner Zeit, ebenso gehörte wie der Londoner Kaufmann und Finanzier Lionel Cranfield, ein Mann von großer Begabung und mit den besten Verbindungen in der City, wenn man so will ein Finanzgenie. Cranfield unternahm in Buckinghams Auftrag den Versuch, nicht nur in der Flotte und Marineverwaltung, sondern auch im Hofstaat Einsparungen zu erzielen, bei gleichzeitiger Steigerung der staatlichen Einkünfte. Er war trotz der erheblichen Widerstände auf die er stieß – immer wieder auch von Seiten seines Patrons – keineswegs ganz unerfolgreich und wurde 1621 Lord Schatzmeister, eine Position, die es ihm trotz aller Reformanstrengungen erlaubte, selber ein enormes Vermögen anzusammeln (siehe unten, S. 162–164). Zuvor war er freilich genötigt worden, eine besonders unattraktive weibliche Verwandte des Favoriten zu heiraten, der übliche Preis für die Gnade des Herzogs. Zu diesem Zeitpunkt war die Machtstellung Buckinghams schon so groß, dass es am Hofe nur noch in Ausnahmefällen möglich war, gegen seinen Willen vom König irgendein Amt oder eine Vergünstigung zu erhalten. Die letzten Regierungsjahre des Königs 1623–25 zeigen besonders stark die Flexibilität des Favoriten und seine Fähigkeit, neue politische Allianzen zu schmieden – auch mit einstigen Gegnern. Die Gunst seines Herren freilich drohte er phasenweise zu verlieren, so dass ihm der Tod Jakobs I. im März 1625 vielleicht gelegen kam – der von Zeitgenossen geäußerte Verdacht, er habe den König vergiftet, dürfte zwar haltlos sein, ist aber mit Blick auf diese Situation verständlich.

Ein Höfling und hoher Amtsträger hatte dem Günstling 1621 geschrieben „*Let all our greatness depend, as it ought, upon you, the true original. Let the King be Pharaoh, yourself Joseph, and let us come after as your half-brethren".*[183] Mochte Buckingham sich als den treuen Joseph des Pharaos sehen, so erschien er seinen Gegnern eher als ein Nebelgebilde, das die Sonne der königlichen Gnade aus der Erde hatte aufsteigen lassen und das nun die Strahlen eben dieser Sonne verdüsterte, wenn nicht gar als ein Mann, der zugleich den Seianus und den Ganymedes (Mundschenk und Liebhaber des Zeus) spielte.[184] Buckinghams politische Eskapaden und seine überragende Machtstellung müssen als ein Hauptgrund für die Probleme im Umgang mit Parlament und Öffentlichkeit angesehen werden, mit denen Karl I. nach seiner Thronbesteigung konfrontiert war. Allerdings mochte sein Vater den Favoriten auch *„My only sweet and dear child"*, *„sweet heart"*, oder *„my sweet dear child, scholar and friend"* nennen,[185] anders als sein Sohn lieferte er sich dem Herzog nie rückhaltlos aus, er blieb letztlich sein Schüler, wenn auch ein Schüler, dessen Einfluss aus der Sicht von Außenstehenden immer gefährlicher und schädlicher wurde.

Eine eklektizistische Hofkultur

War der Aufstieg der Favoriten am Hof seit etwa 1611/12 ein Prozess mit recht ambivalenten und letztlich für die Legitimität der Herrschaft des Königs ohne Zweifel gefährlichen Folgen, so stellen sich auch die Hofkultur des frühen 17. Jahrhunderts und die monarchische Repräsentation als vielschichtiges und in sich widersprüchliches Phänomen dar. Die Vorgängerin Jakobs I., darauf wurde bereits hingewiesen, hatte ein sehr wirkungsmächtiges Bild von sich als jungfräuliche Königin und als Glaubenskämpferin entworfen, oder zumindest zugelassen, dass andere dieses Bild von ihr entwarfen. Sie hatte die Rolle, in der andere sie sehen wollten, dann tatsächlich recht überzeugend und wirkungsvoll gespielt, wenn auch gelegentlich durchaus mit inneren Vorbehalten. Jakob I. fiel dies viel schwerer. Freilich stand er auch vor anderen und neuen Herausforderungen. Anders als Elisabeth musste er sich der Aufgabe stellen, als Herrscher über ein dynastisches Großreich drei ganz unterschiedliche Königreiche zu regieren. Die Erwartungen, die seine schottischen Untertanen an ihn richteten – von Irland ganz zu schweigen – waren deutlich andere als diejenigen Vorstellungen, denen ein König in England entsprechen musste, wie schon daran deutlich wird, dass in England die Distanz zwischen dem Herrscher und seiner höfischen Umgebung in der Regel größer war als in Schottland. Ein zweites kam hinzu; Jakob I. war weder gewillt noch wirklich dazu in der Lage, die Rolle des heroischen Kämpfers für den protestantischen Glauben zu spielen. Dem eigenen Glaubensbekenntnis nach Calvinist vergaß er doch nie, dass er auch der Sohn Maria Stuarts war, die in katholischen Kreisen als Märtyrerin betrachtet wurde. Sein Verhältnis zu seiner Vorgängerin und zu seiner Mutter wurde darin sichtbar, dass er in Westminster Abbey beiden repräsentative Grabmäler in der Kapelle Heinrichs VII. errichten ließ, in der er selber später auch bestattet wurde. Neben ihrer verhassten Rivalin bestattet zu sein, hätte kaum den Wünschen der letzten Tudorkönigin entsprochen, überdies ließ Jakob I. die lateinische Grabschrift für seine Mutter vom Earl of Northampton abfassen, der ein heimlicher Katholik, ein church Papist, war – die Grabschrift fiel entsprechend kämpferisch aus.[186] Jakob I. erhielt selbst kein Grabmonument, stattdessen erinnerte das in den 1630er Jahren errichtete Grab des Herzogs von Buckingham, seines Favoriten, später indirekt an seine Regierungszeit. Überdies schuf Rubens für die unter Jakob errichtete Banqueting Hall in Whitehall ein gewaltiges Deckengemälde, das den König verherrlichte, aber die Ausführung dieses Gemäldes ging auf Karl I., nicht auf seinen Vorgänger, zurück, mochte es auch schon vor 1625 Pläne für einen solchen Bilderzyklus gegeben haben. Jakob I. hatte kein rechtes Gespür für die bildenden Künste und konnte kaum je dazu bewogen werden, Modell für ein Porträt zu sitzen.[187] Sein Versuch, selber als politischer Theoretiker hervorzutreten, hatte zwar den Vorteil, dass ein solches Unternehmen sehr viel kostengünstiger war als z. B. aufwendige Bauprojekte, musste aber in England stärker als in Schottland, wo die literarische Szene so klein war, dass ein König, der bereit war, mit eigenen Werken als Poet, Theologe und Staatstheoretiker zugleich aufzutreten, sie durchaus dominieren konnte, eher befremdlich wirken, denn hier war man nicht daran gewöhnt, dass der König wie ein höfischer Dichter um Beifall warb.[188]

Auch in England freilich versuchte der König zeitweilig ihm ergebene Autoren zu fördern und mit seinen eigenen Werken den Anstoß für eine literarische Produktion zu geben, die das Bild, das er von seiner Herrschaft vermitteln wollte, stützte. Wie in der Forschung betont worden ist, war dies jedoch zumindest zum Teil kontraproduktiv, denn die Werke, die für Jakob oder in seinem Auftrag geschrieben wurden, waren oft gar nicht geeignet dazu, auf ein größeres Publikum zu wirken, zum Teil schon deshalb, weil sie wie die

Annales William Camdens, ein Geschichtswerk über die elisabethanische Zeit, in Latein geschrieben waren (um auf diese Weise auch ein europäisches Publikum zu erreichen, das dem König besonders wichtig war), zum Teil auch, weil der Geschmack des Königs eben nicht der einer breiteren Öffentlichkeit war. Unter Elisabeth war die Hofkultur stärker von einer größeren Zahl miteinander rivalisierender aristokratischer Patrone dominiert worden, deren Schützlinge zugleich für ihre Auftraggeber, für die Öffentlichkeit und für die Königin arbeiteten, und deshalb eine breitere Wirkung erzielten, die den Poeten und Schriftstellern, die nach 1603 den König verherrlichten, oft verwehrt blieb.[189]

Allerdings sah sich Jakob I. auch mit dem Problem konfrontiert, dass ältere Formen der monarchischen Repräsentation obsolet geworden waren und Alternativen erst noch entwickelt werden mussten. Die von einem wiederbelebten Rittertum geprägte aristokratische Kultur der elisabethanischen Zeit war kaum noch zeitgemäß, ihr Niedergang schuf jedoch ein Vakuum, das sich nicht leicht füllen ließ. Elisabeth hatte ihre persönlichen Defizite, ihr Geschlecht, später auch ihr Alter, durch eine Repräsentation ihrer Person kompensieren lassen, die ein Idealbild und nicht den realen Menschen darstellte. Diesen Weg ging Jakob I. nicht in gleicher Weise, auch wenn er sich, etwa zu Anfang seiner Regierungszeit, auf Münzen als römischer Imperator darstellen ließ, eine Rolle, auf die auch die antikisierenden Maskenspiele Ben Jonsons zum Teil Bezug nahmen.[190] Dieses römische Kostüm gestattete es ihm implizit auch, die Divinität der antiken Imperatoren zu beanspruchen. Das Muster monarchischer Herrschaft, an dem sich Jakob I. orientierte, war vor allem der biblische König Salomon, der in seiner Selbstdarstellung schon in Schottland eine gewisse Rolle gespielt hatte und als Friedensfürst besonders geeignet war, die Vision Jakobs von einer Aussöhnung der Konfessionen und Dynastien in Europa zu verkörpern. So erschien in der offiziellen Ausgabe der Werke des Königs von 1616 ein Bild des Herrschers, das ihn in vollem Ornat mit Krone und Reichsinsignien auf seinem Thron sitzend darstellte. Im Hintergrund sah man ein Schwert auf einer Bibel liegend, ein traditionelles Symbol der zugleich geistlichen und weltlichen Herrschaftsgewalt der englischen Monarchie seit der Reformation, das auch in den offiziellen Porträts Elisabeths präsent geblieben war. Bei Jakob freilich spielte es nur noch eine untergeordnete Rolle, und die kämpferischen antipäpstlichen Konnotationen, die sich mit dem Bild des Schwertes verbanden, waren kam noch spürbar.[191] Stattdessen sah man über dem König auf der Rückwand des Thrones das Motto

„Beati pacifici" – „Selig sind die Friedfertigen" – und die ganze Abbildung war durch ein vierzeiliges Gedicht erklärt:

„Crownes have their compasse, length of dayes their date
Triumphes their tombes, felicitie her fate.
Of more than earth, can earth make none partaker
But Knowledge makes the KING most like his maker".[192]

Deutlicher konnte der Anspruch des Königs durch seine Weisheit – die in seinen Werken ihren Ausdruck fand – eine gottgleiche Stellung einzunehmen, kaum formuliert werden. Der neben der salomonischen Rhetorik stark präsente Bezug auf Konstantin den Großen, den ersten christlichen Kaiser, der in England geboren war, war dagegen ambivalent. Konstantin hatte Konzilien einberufen, um die Kirche zu einigen, und stand auch für den Anspruch christlicher Monarchen, gegen theokratische Tendenzen selber die Kirche zu lenken, aber er war für das 17. Jahrhundert in protestantischer Perspektive auch eine Symbolfigur des Kampfes gegen den Antichristen und die römische „Hure Babylon". In diesem Sinne konnte noch 1617, als Jakob seine Heimat besuchte, ein schottischer Redner die Ankunft eines zweiten Konstantin heraufbeschwören *„to support Sions seconds daughter ... to deplume the eagle ... and to strype the strumpet of Rome stark naked."*[193] Diese Assoziationen konnten Jakob I. trotz der anti-päpstlichen Rhetorik, die er kultivierte, namentlich nach 1618, als er gegen starke Widerstände an seiner Neutralitätspolitik festhielt, kaum noch willkommen sein, weshalb auch am Ende das Bild des salomonischen Königs dominierte. Ihm war auch die offizielle Predigt gewidmet, die bei der Trauerfeier für Jakob 1625 von Bischof Williams von Lincoln gehalten wurde.

Trotz der veränderten politischen Situation fehlte es unter dem ersten Stuart auf dem englischen Thron keineswegs an Versuchen, in der monarchischen Selbstdarstellung an das elisabethanische Erbe anzuknüpfen. Die Annalen William Camdens – eine umfassende Darstellung des elisabethanischen Zeitalters – entstanden im Auftrag des Königs und wurden 1615 veröffentlicht. Ihr Ziel war freilich widersprüchlich. Sie sollten Elisabeth darstellen als eine Monarchin, die sich in ihrer Regierungspraxis von einer ähnlich hohen Meinung von ihrer königlichen Autorität leiten ließ, wie ihr Nachfolger – eine Interpretation die in vielem durchaus der Realität nahe kam – aber sie sollten auch Maria Stuart, die Gegenspielerin der Tudor-Königin, gegen ihre zeitgenössischen und postumen Kritiker in Schutz nehmen und zugleich Elisabeth, die ihre Hinrichtung, wenn auch nach einigem Zögern, angeordnet hatte, exkulpieren und von der Schuld am Königsmord entlasten. Das Ergebnis war eine Darstellung, die Elisabeth oft mehr als Werkzeug in der Hand ihrer Hoffaktionen – denen die Verantwortung für die Vendetta gegen Maria Stuart angelastet wurde – denn als eigenständige Herrscherin erscheinen ließen. Spätere Kritiker der Herrschaft der Stuarts fanden hier das Material für eine Interpretation der elisabethanischen Epoche als einer Zeit, in der das Parlament und ein selbständig handelndes Privy Council die Politik dominiert hatten und nicht die Monarchin.[194]

Aber auch andere Versuche, an die elisabethanische Zeit anzuknüpfen, erwiesen sich als problematisch. Die Maskenspiele etwa, die Jakobs Gattin Anna aufführen ließ, waren deutlich geprägt von elisabethanischen Vorbildern.[195] Noch stärker waren Anleihen an das elisabethanische Erbe in der Hofkultur, die sich in der Umgebung des Thronfolgers, des Prinzen Heinrich, in dessen letzten Lebensjahren (er starb 1612) entfaltete, zumal Heinrich auch zu einer Selbststilisierung als Kämpfer für den wahren Glauben neigte.[196] Zu Beginn der Regierungszeit Jakobs I. konnte die Tatsache, dass in seiner Umgebung – von Angehörigen seiner eigenen Familie – ältere Traditionen der monarchischen Selbstdarstellung gepflegt wurden, durchaus integrierend wirken, auf diese Weise wurden manche Defizite in der Darstellung Jakobs I. als Monarch kompensiert. Nach dem Tode Heinrichs und in dem Maße, wie die Probleme der Herrschaft Jakobs I. immer sichtbarer wurden, erwies sich das elisabethanische Erbe aber zunehmend als Belastung für ihren Nachfolger, denn den Maßstäben, die ihre – auch von hofnahen Dichtern und Künstlern nach 1603 idealisierte – Herrschaft gesetzt hatte, konnte er selber kaum gerecht werden.[197]

Freilich war die höfische Kultur der Epoche Jakobs I. ohnehin durch eine starke Heterogenität gekennzeichnet,[198] auch wenn der Beginn des 17. Jahrhunderts sicherlich in England als eine kulturelle Blütezeit betrachtet werden kann. Nicht nur an die Dramen eines Shakespeare (gest. 1616), der jedoch nicht zu den spezifisch höfischen Dichtern gehörte, ist hier zu denken, sondern etwa auch an die Gedichte eines John Donne (1582-1631), vor allem aber an Ben Jonson (1572-1637), der nicht nur als Verfasser von Komödien und Dramen hervortrat, sondern vor allem als Autor zahlreicher Maskenspiele eng mit dem Hof verbunden war. Dies ändert freilich nichts an der Tatsache, dass sich am Hofe Jakobs viele zum Teil widersprüchliche kulturelle Einflüsse überlagerten. Einerseits zeigten sich vor allem in der bildenden Kunst und der Architektur die ersten Früchte einer nicht mehr rein eklektizistischen (wie im 16. Jahrhundert) sondern systematischen Rezeption der ästhetischen Ideale und

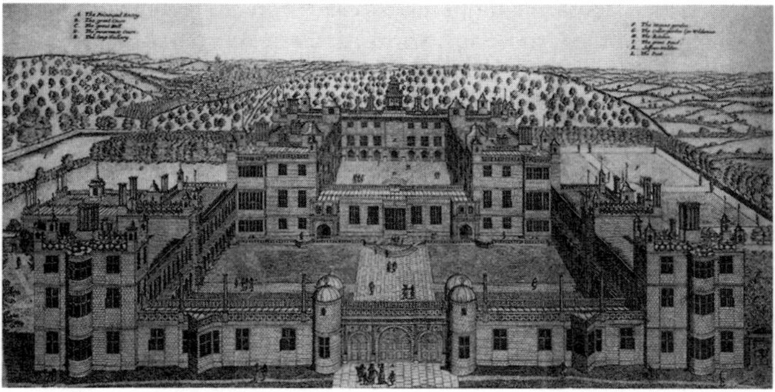

Abbildung 5: Das Schloss von Audley End, das sich der Schatzmeister des Königs, der Earl of Suffolk in der Nähe von Cambridge errichten ließ. Der gewaltige Landsitz war ein typisches „prodigy house", das den Betrachter durch seine Dimensionen und den architektonischen Aufwand überwältigen wollte. *(British Architectural Library, London)*

Prinzipien der italienischen Hochrenaissance. Andererseits wirkten die Traditionen der elisabethanischen Zeit nach, die sich etwa in einem allerdings langsam verebbenden nostalgischen Kult des mittelalterlichen Rittertums zeigten. Die Bauten der Zeit waren vielfach durch eine Mischung äußerlich renaissancehaft überformter gotischer Bautraditionen, mit einem vor allem in den Schmuckelementen hervortretenden Manierismus, in dem sich kontinentaleuropäische Einflüsse und die ästhetischen Vorstellungen heimischer Baumeister und Handwerker verbanden (man spricht hier von artisan mannerism), gekennzeichnet. Typisch für diese Form der Architektur war neben Hatfield, dem Landsitz, den der Earl of Salisbury im Tausch gegen Theobalds vom König erworben hatte und bald großzügig ausbauen ließ, vor allem das gewaltige Schloss, das der zeitweilige Schatzmeister des Königs, Thomas Howard Earl of Suffolk, zwischen 1604 und 1614 südlich von Cambridge errichtete, Audley End, ein typisches „prodigy house" der Epoche. Wie andere Magnaten, die dem Hofe nahe standen, schätzte Suffolk einen Baustil, der den Betrachter durch die Fülle der Ornamente und durch ein komplexes architektonisches Zeichensystem, das oft die Sprache der Heraldik in die Architektur integrierte, beeindruckte. Audley End, das zwei ausgedehnte, vollständig durch Bauten umschlossene Höfe besaß, wirkte aber auch schon durch seine bloße Größe. Der gewaltige, geradezu labyrinthische Palast hatte rund 700 Zimmer.

Jakob I. gab dazu den Kommentar ab, dass sich ein König eine solche Residenz nicht leisten könne, wohl aber sein Schatzmeister.[199] Auch dies war bezeichnend, denn bei Hofe wurden zwar große Summen für Feste, für aufwendige Kleidung, für Schmuck, für Getränke und Speisen und manch anderen Luxus ausgegeben, aber weitaus weniger für große Bauten. Hier lebte man gewissermaßen von der Substanz, die die Tudors, und vor allem Heinrich VIII. geschaffen hatten.

Audley End war ein Versuch, den Betrachter schon allein durch die Dimensionen des Bauwerks zu überwältigen. Der prächtige, jedoch etwas konfuse, auf den äußeren Effekt berechnete Stil von Audley End wurde allerdings noch zu Lebzeiten Jakobs I. obsolet. Dies war vor allem auf das Wirken jenes Mannes zurückzuführen, den der König 1615 zu seinem Hofbaumeister ernannte, Inigo Jones. Jones war schon vorher für den Thronfolger, den Prinzen Heinrich und die Königin Anna, tätig gewesen und war eng mit einem der vornehmsten Adligen der Zeit, dem standesbewussten Earl of Arundel verbunden. Arundel war ein großer Bewunderer und Kenner der Kunst und der Bauten der italienischen Renaissance und der Antike. Aus diesen Quellen bezog auch Jones, der zunächst allein und später zusammen mit Arundel Italien bereist hatte, und Florenz und Rom ebenso kannte wie Venedig und Vicenza, die Inspiration für seine Werke. Zwar erteilte ihm Jakob I. mangels ausreichender Finanzmittel nur wenige größere Bauaufträge, doch gelang es Jones immerhin in den Jahren 1619 bis 1622, die neue Festhalle für den Palast in Whitehall, die Banqueting Hall, zu errichten, die sich stilistisch eng am Vorbild der Bauten Andrea Palladios in Vicenza orientierte. Damit wurde Jones in England zum Begründer des palladianischen Baustils, der vor allem die Landhausarchitektur des 18. Jahrhunderts prägen sollte, aber von England aus auch nach Amerika ausstrahlte. Jones' Stil setzte die herkömmlichen Formen der architektonischen Darstellung sozialer und politischer Hierarchie außer Kraft und gab damit dem Königtum eine Chance, diese Formen neu in seinem Sinne zu definieren. Die Stuarts konnten die Paläste der Aristokratie, wie Audley End, nicht durch noch größere Bauten überbieten, wohl aber durch den Stil ihrer eigenen Bauprojekte entwerten. Die Architektursprache des Palladianismus, die auf subtile Weise Überlegenheit demonstrierte, konnte durch den, der nicht zu den „Kennern" gehörte, nicht nachgeahmt werden, mochten ihm auch noch so große finanzielle Mittel zur Verfügung stehen.

Doch Jones diente dem König auch noch in anderen Funktionen. So war er der wichtigste Bühnenarchitekt für die aufwendigen Mas-

Abbildung 6: Die Banqueting Hall, die Inigo Jones als Hofbaumeister in den Jahren 1619-22 in Whitehall errichtete. Die Festhalle war als Nukleus eines vollständig neuen Königspalastes gedacht, der jedoch nie gebaut wurde. *(Royal Commission on Historical Monuments)*

kenspiele, die am Hofe des Königs aufgeführt wurden. Masques waren in etwas simplerer Form schon am Hofe Elisabeths I. oder im Umkreis des Hofes aufgeführt worden, aber erst unter Jakob I. gelangte diese Kunstform, eine Mischung aus höfischem Ballett und Drama – in gewisser Weise eine Vorform der Oper – zur Vollendung. An diesem Prozess war Jones nicht unwesentlich beteiligt, denn er war mit den entsprechenden Aufführungen am Hof der Medici in Florenz, den so genannten Intermedien, vertraut und verstand es nicht nur, phantastische, stark perspektivisch gestaltete Bühnenbilder zu entwerfen, sondern war auch dazu in der Lage, mit Hilfe komplizierter Bühnenmaschinen jene technischen Effekte zu bewerkstelligen, denen die Maskenspiele ihre spektakuläre Wirkung verdankten. Götter schwebten aus den Wolken nieder oder das Innere eines Berges öffnete sich, um den Blick auf seine Bewohner frei zu geben. Unter Jakob I. arbeiteten Jones und Ben Johnson oft zusammen wenn es galt, um Neujahr zum Dreikönigsfest oder bei anderen Gelegenheiten eine Masque aufzuführen, später, unter Karl I., bootete Jones den Dichter dann aus, und wurde selber zum hauptverantwortlichen Regisseur der Maskenspiele.

Aussagekraft und ästhetischer Wert der zahlreichen Maskenspiele, die am Hof Jakobs I. aufgeführt wurden – in der Regel fand jedoch immer nur eine Aufführung statt, Wiederholungen gab es nicht – sind in der Forschung nicht unumstritten. Die Tatsache, dass die Masques darauf zugeschnitten waren, den Adligen des Hofes und ihren Frauen und Töchtern eine Gelegenheit für einen großen Auftritt in phantastischen Kostümen zu bieten, begrenzte ihre dramatischen Möglichkeiten ebenso wie die Tatsache, dass sie stets in Gegenwart des Königs und für ihn – die perspektivische Wirkung des Bühnenbildes war so gestaltet, dass man nur vom Thron des Herrschers aus das ganze Geschehen angemessen betrachten konnte – aufgeführt wurden und letztlich alle seiner Verherrlichung dienten.[200] Dennoch konnte die Masque auch der subtilen Kritik, als Medium politischer Ratschläge oder der Selbstinszenierung von Höflingen, die ihren Anspruch auf Status und Einfluss dokumentieren wollten, dienen. Das Eigengewicht der Texte sollte freilich nicht überschätzt werden, da Tanz, Musik und technische Effekte bei den Aufführungen eher wichtiger waren als die Worte, die die Schauspieler sprachen (die tanzenden Höflinge blieben ohnehin meist stumm). Es gab jedoch durchaus Maskenspiele, die im Kontext wichtiger politischer Ereignisse aufgeführt wurden und diese Ereignisse künstlerisch zu verarbeiten suchten. Dazu gehörte etwa die Masque *The Golden Age Restored*, die im Januar 1616 in Szene gesetzt wurde, als der Sturz des Earl of Somerset sich gerade vollzogen hatte und der Prozess gegen ihn und seine giftmörderische Gattin bevorstand. Ben Jonson stellt den Fall des Favoriten als Sieg der Gerechtigkeit dar; die Göttin der Gerechtigkeit, Astraea, sei nun auf die Erde zurückgekehrt.[201]

Politische Botschaften sprachen andeutungsweise auch die Maskenspiele aus, die in den ersten Regierungsjahren Jakobs I. in England, vor allem auch im Auftrag der Königin aufgeführt wurden; die Durchsetzung des Maskenspiels als Kunstform ging in wesentlichem Umfang auf Anna und ihren weiblichen Hofstaat zurück, was auch damit zusammenhängen mag, dass in den Masques Frauen als Tänzerinnen gleichberechtigt neben Männern agieren konnten, was im Theater der Zeit nicht der Fall war, da hier Frauenrollen in der Regel von Männern gespielt wurden. Wie immer man die Masques freilich im Einzelnen bewerten mag, sie blieben eine spezifisch höfische Kunstform, über den Hof und sein unmittelbares Umfeld wirkten sie eher selten hinaus, auch wenn es Maskenspiele gab, die von den Inns of Court in London oder von den Universitäten aufgeführt wurden. Generell ist in England wie in anderen europäischen Ländern eine gewisse Tendenz zur Abschließung des höfischen Milieus nach außen zu beobachten. Die großen öffentlichen Auftritte des Monarchen, die unter Elisabeth noch fast Routine gewesen waren, wurden deutlich seltener. Die Distanz zwischen dem König und seinen Untertanen wurde größer.[202]

Insgesamt blieb jedoch die kulturelle Patronage Jakobs I. oft ohne klare Linie und sein Hof zeichnete sich eher durch den verschwenderischen Luxus der Kleidung, der Gastmähler und der Feste aus, als durch wirklich große Kunst. Erst Karl I. gewann wirklich den Anschluss an die Kultur der großen kontinentaleuropäischen Höfe, unter denen in dieser Epoche Madrid und Rom die wichtigsten Zentren waren. Für Jakob I. blieb das geschriebene oder gepredigte Wort stets wichtiger als die bildende Kunst.

VI. Rex doctus: Jakob I. als gelehrter Polemiker und Verteidiger des Gottesgnadentums

Im Kampf gegen die Monarchomachen

Im Leben Jakobs I. gab es, wenn man von der Zuneigung zu seinen Günstlingen absieht, zwei wirkliche Leidenschaften: die Jagd und die gelehrte Kontroverse. Während die Jagdleidenschaft unter Monarchen eher die Regel als die Ausnahme war, war Jakobs Neigung, sich mit Streitfragen der Theologie oder der politischen Theorie auseinanderzusetzen, und zu solchen Fragen auch selber durch Publikationen oder in öffentlichen Reden Stellung zu nehmen, eher ungewöhnlich. Sicherlich, Heinrich VIII. hatte ebenfalls eine Reihe theologischer Streitschriften verfasst oder doch zumindest in seinem Namen publizieren lassen, aber Heinrich VIII. wäre es wohl kaum eingefallen, einem Publikum von Gelehrten zu versichern, er wäre gerne Dozent einer Universität geworden, wenn er nicht als König geboren worden wäre, wie es Jakob I. 1605 in Oxford tat.[203] Für Jakob war die Auseinandersetzung mit theologischen und wissenschaftlichen Fragen weit mehr als eine Freizeitbeschäftigung, er definierte sich bewusst als ein gelehrter Herrscher, der durch seine Weisheit und sein Wissen seinen Gegnern überlegen war – so stellte ihn ja auch die Abbildung, die der Ausgabe seiner gesammelten Werke von 1616 vorangestellt wurde, dar. Es kann kein Zweifel bestehen, dass der König in seinem Verhältnis zur Wissenschaft stark durch seine Erziehung geprägt war. Sie hatte vor allem in der Hand des schottischen Humanisten George Buchanan gelegen, darauf wurde bereits hingewiesen (oben S. 21). Buchanan hatte mit *De Iure Regni apud Scotos* die wichtigste nicht-theologische Rechtfertigung für die Absetzung Maria Stuarts vorgelegt, ein vielgelesener Traktat, der in der Tat in ganz Europa seine Wirkung entfaltete, in Frankreich ebenso wie in Deutschland. Überdies trat Buchanan als Verfasser einer groß angelegten schottischen Geschichte, der *Rerum Scoticarum Historia*, auf, die den Zweck hatte nachzuweisen, dass Schottland ursprünglich eine Wahlmonarchie gewesen sei und dass die Schotten im Laufe der Jahrhunderte immer wieder ungeeignete oder tyrannische Herrscher abgesetzt hätten. Für Buchanan waren Könige nicht mehr als Amtsinhaber und Beauftragte eines Gemeinwesens, das sich durchaus auch als Republik mit einer monarchischen Spitze hätte verstehen können, so etwa wie das frühneuzeitliche Polen oder Venedig.

Wenn die Regenten Schottlands und die presbyterianischen Geistlichen, die Schottland in den Jahren nach 1567 beherrschten, gehofft hatten, den zukünftigen König zu einem treuen Anhänger ihrer eigenen Ideen zu machen, indem sie seine Erziehung einem Anhänger quasi-republikanischer Staatstheorien anvertrauten, so ging diese Rechnung ganz sicherlich nicht auf, aber in anderer Hinsicht wurde Jakob I. doch durch diese Erziehung geprägt. Die umfassende Bildung, die Buchanan ohne Zweifel besaß, seine Fähigkeit, sich mit den führenden Gelehrten der Epoche in ganz Europa auseinander zu setzen, und nicht etwa nur in Schottland, versuchte sich auch der König zu Eigen zu machen. Englische Theologen und politische Theoretiker mochten zufrieden sein, wenn sie ihre Positionen vor einem heimischen Publikum erfolgreich vertraten, für schottische Autoren galt dies selten. Nicht zuletzt wegen der starken Abhängigkeit Schottlands von seinem Nachbarland England, aber bis in die 1560er Jahre auch von Frankreich, das lange Zeit als eine Art Schutzmacht für das Königreich der Stuarts aufgetreten war, war es für die Schotten wichtig, ihr politisches Handeln auch auf der europäischen Bühne zu verteidigen und zu rechtfertigen. Dies galt natürlich ganz besonders in den politisch unruhigen Jahren zwischen 1560 und 1580, als sich einerseits die Reformation durchsetzte und andererseits eine gekrönte Königin abgesetzt und vertrieben wurde und an der Rückkehr in ihr Heimatland gehindert werden musste; Vorgänge, die durchaus Aufsehen außerhalb der britischen Inseln erregten.[204] Dazu trat ein weiterer Umstand. Einerseits hatten – weitaus stärker als dies in England üblich war – viele schottische Theologen und Juristen auf dem Kontinent studiert, waren also mit den dortigen Debatten vertraut, und sprachen im Übrigen ihr Latein auch so aus, dass sie auch in Frankreich oder Deutschland verstanden wurden, was für englische Gelehrte, die eine sehr spezifische landestypische Aussprache pflegten und pflegen, die nicht nur Jakob I. grotesk erschien, wohl kaum der Fall gewesen wäre. Andererseits legten die Schotten, gerade weil sei am Rande Europas in einem kleinen, eher armen Land, das allerdings über mehrere Universitäten verfügte, lebten, großen Wert darauf, auch außerhalb ihrer Heimat Anerkennung zu finden. Bezeichnend dafür ist eine Episode aus dem Leben Andrew Melvilles, der Zeit seines Lebens einer der großen Gegenspieler Jakobs I. war, aber ihm in seiner Lust an der theologischen Kontroverse auch ähnelte. Als im Jahre 1590 Anna von Dänemark zur schottischen Königin gekrönt wurde, verfasste Melville, dessen Beziehungen zum Monarchen damals noch nicht ganz so schlecht waren wie einige Jahre später, eine elegante lateinische Lobrede in Versen, das Stephaniskion („Kranz-" oder „Krongedicht"). Melvilles Gedicht wurde rasch verbreitet und wegen seines Stils weithin gelobt. Mit Stolz verzeichnet Andrew Melvilles Neffe James in seiner Autobiographie, wie führende Gelehrte dem schottischen Geistlichen bescheinigten, wie vollkommen sein kleines Werk sei. Der französisch-niederländische Humanist und Philologe Joseph Justus Scaliger äußerte angeblich „Nos talia non possumus" [wir vermögen so etwas nicht] und der berühmte Neustoiker Lipsius in den Niederlanden meinte, dies zeige wirklich, dass Melville „serio doctus", ein Gelehrter von Format sei.[205]

Jakob I. verabscheute die theokratischen Dogmen, zu denen sich Melville bekannte, ebenso wie die republikanischen politischen Theorien, die Buchanan vertrat, aber mit beiden hatte er eines gemeinsam, den Blick auf die gesamteuropäische Debatte in theologischen und staatstheoretischen Fragen und den Wunsch, in Europa als Gelehrter und Humanist anerkannt zu werden, nicht nur in seinem Heimatland, in Schottland oder auch in England. In der Tat gibt es wenig Anzeichen dafür, dass der König vor 1603 mit den Schriften englischer Juristen oder politischer Theoretiker näher bekannt war, und auch nach 1603 dürfte er derartige Veröffentlichungen im Gegensatz zu englischen theologischen Werken nur recht selektiv zur Kenntnis genommen haben.[206] Freilich bestand dafür aus seiner Sicht auch kein Anlass. Die großen Werke zu Fragen der politischen Theorie oder des ius gentium, des supranationalen Staats- und Völkerrechtes, wurden im späten 16. Jahrhundert sicherlich nicht in England geschrieben und veröffentlicht, sondern weitaus eher in Frankreich oder im Umkreis der katholischen Bildungsstätten Spaniens oder Italiens, zum Teil auch in Deutschland und den Niederlanden. In dieser Hinsicht war England letztlich vor Beginn des Bürgerkrieges, der dies ändern sollte, eher Provinz, nur dass es im Gegensatz zu Schottland eine Provinz war, die oft sich selbst genug war. Der führende englische Jurist des frühen 17. Jahrhunderts, Sir Edward Coke, mag sehr viel mehr vom Römischen Recht verstanden haben, als er selber bereit war zuzugeben, aber bezeichnend für ihn war doch eine Haltung, die neben der nationalen englischen Rechtstradition nichts anderes gelten ließ.[207]

Wenn Jakob I. nach 1603 mit Coke, aber auch mit manchen Abgeordneten des Unterhauses, die ganz in den Kategorien des Common Law dachten, aneinander geriet, so war dies auch dadurch bedingt, dass der König politische Probleme in einer ganz anderen Perspektive sah als viele seiner englischen Untertanen. Wer die Autorität der Krone einzuschränken suchte, reihte sich aus seiner Sicht ein in die Schar jener Kryptorepublikaner oder religiösen Fanatiker, die überall in Europa die Herrschaft von Monarchen zu untergraben suchten und ihnen nach dem Leben trachteten, so wie sie auch seine Mutter abgesetzt und am Ende ihren Tod herbeigeführt hatten. Diesen von den Zeitgenossen so bezeichneten Monarchomachen – den „Königsschlächtern" – setzte Jakob immer wieder sein Bekenntnis zu einem Königtum von Gottes Gnaden entgegen, das sich vor keinem Menschen – wohl aber vor dem Richterstuhl Gottes – rechtfertigen müsse. Dieses Bekenntnis ist in der historischen Forschung oft als Beweis dafür gesehen worden, dass der König ein überzeugter Absolutist war, der keine ständischen Privilegien oder Freiheitsrechte gelten ließ.[208] Richtig daran ist in der Tat, dass Jakob I. jedes ständische oder kirchliche Widerstandsrecht dezidiert ablehnte, damit vertrat er jedoch eine Position, die gerade in England, weitaus eher als in Schottland, gar so ungewöhnlich nicht war, ja mit der er sich eigentlich sogar einem Konsens der politischen Theorie seiner Zeit anschloss. Allerdings, dies ist einzuräumen, setzte Jakob die eigentlich weit verbreitete Polemik gegen Aufruhr und Widerstand besonders im Umgang mit dem Parlament in einer Weise ein, die in der Tat kontrovers war, wie noch zu zeigen sein wird.

Zunächst gilt es jedoch noch einmal zu unterstreichen, dass die staatstheoretischen Schriften und Äußerungen des Königs nur dann richtig verstanden werden können, wenn man sie in den Kontext einordnet, der den Hintergrund für ihre Entstehung bildete. Aussagen eines Autors über Grundprinzipien des politischen Lebens entstehen nicht in einem Vakuum, sie sind in dieser oder jener Weise eine Antwort auf eine konkrete Herausforderung, dies gilt in ganz besonderer Weise für Aussagen, die ein regierender Monarch macht. Die Argumente, die Jakob VI.(I.) zur Verteidigung der Monarchie entwickelte – dies ist bereits betont worden – waren vor allem eine Antwort auf das radikale Widerstandsrecht, das sein Lehrer Buchanan vertreten hatte, aber auch auf die biblisch fundierte Relativierung der monarchischen Herrschaftsgewalt durch die streng presbyterianischen Theologen Schottlands, die in Königen ohnehin oft genug die „Söhne des Teufels“ oder „the devillis children“ sahen und das Alte Testament mit seinen Strafurteilen Jehovas über gottlose Herrscher als Rechtfertigung für den Sturz oder die Hinrichtung von Tyrannen auch in der Gegenwart betrachteten.[209] Darüber hinaus stellten aber auch katholische Staatstheorien, die Könige und Fürsten der Herrschaftsgewalt des Papstes unterordnen wollten, eine solche Herausforderung dar, die es zurückzuweisen galt, zumal katholische Autoren Jakob VI. vor 1603 auch die englische Thronfolge streitig machten. Erst relativ spät sah sich Jakob VI./I. dann genötigt, sich auch mit den Forderungen englischer Unterhausabgeordneter oder von Juristen wie dem kampferprobten Sir Edward Coke, auseinander zu setzen. Zu diesem Zeitpunkt hatte er jedoch schon seine persönliche politische Philosophie, die eigentlich eher eine politische Theologie war, entwickelt, auch wenn er sich später zumindest rhetorisch in einem gewissen Umfang an veränderte Bedingungen anzupassen vermochte.

Politik und Eschatologie

Wer die Werke Jakobs I. in der Ausgabe von 1616 in die Hand nimmt, der findet in ihr als erstes ein Jugendwerk des Königs, die Paraphrase der Offenbarung des Johannes, aus den 1580er Jahren.[210] Die ist bemerkenswert, denn die Apokalypse war eine Lieblingsschrift jener radikalen Protestanten, die im Papst den Antichrist sahen und in den Königen, die der römischen Kirche dienten, die Werkzeuge des Teufels. Die Interpretation der Offenbarung durch den König weicht dann auch von dieser Auslegung nicht ab. Der Papst ist für ihn eindeutig zu identifizieren mit der Hure Babylon, er ist der Antichrist, der teuflische Widersacher Christi. In diesem Sinne wird auch das Kapitel XVII der Apokalypse gedeutet in dem es heißt *„I will show unto thee the judgment of the great whore that sitteth upon many waters; with whom the kings of the earth have committed fornication, and the inhabitants of the earth have been made drunk with the wine of her fornication.“* (Vers 1 und 2, King James Bible). Jakobs Auslegung lässt keinen Zweifel daran, dass „kings of the earth“ auf jene Monarchen zu beziehen ist, die dem römischen Papsttum dienen. Erst im letzten Moment werden auch sie sich gegen den Antichristen, die Hure Babylon, wenden, *„and shall make her desolate and naked, and shall eat her flesh and burn her with fire"* (Vers 16). Der König kommentiert dies mit den Worten *„for the hearts of the greatest kings, as well as of the smallest subjects are in the hands of the lord, to be his instruments and to turne them as it shall please him to employ them"*.[211] Erscheinen hier die Monarchen der Erde, wenn Gott sie lenkt, als Widersacher des Teufels, so können sie doch auch seine Diener sein, eine Möglichkeit, die die radikalen Calvinisten Schottlands nicht genug betonen konnten, und die für ihre Widerstandslehren von zentraler Bedeutung waren. Man kann sagen, die Paraphrase der Offenbarung sei ein Jugendwerk aus einer Zeit, als der König noch keine klare eigene Position gefunden hatte. Dies mag in gewissem Umfang richtig sein, es ist dann aber um so bemerkenswerter, dass Jakob I. diese bislang ungedruckte Schrift 1616 zusammen mit einer weiteren Auslegung der Offenbarung der *Fruitfull Meditation, Containing a Plaine and Easie Exposition or Laying Open of the 7th, 8th, 9th and 10th Verses of the 20 Chapter of the Revelation in Form and Manner of a Sermon,* die 1588 im Jahr der Armada erstmals gedruckt worden war, publizieren ließ. In der Meditation hieß es, es sei die Absicht des Papstes *„to stirre up the princes of the earth his slaves, to gather and league themselves together for his defence and rooting out of all them that professe Christ truly"*.[212] Damit nahm Jakob I. 1588 auch Bezug auf den Angriff der Armada auf England, auf die französischen Religionskriege, die Kämpfe in den Niederlanden und den so genannten Kölnischen Krieg in Deutschland, bei dem ein dem Protestantismus zuneigender Kölner Kurfürst in den 1580er Jahren abgesetzt worden war.

Zwar hatte der König in seinen späteren Jahren Vorbehalte gegen den radikalen Antikatholizismus und seine Deutung der Offenbarung des Johannes. Schon in seiner Auslegung des Vater Unser, die er 1616 ebenfalls in seine gesammelten Werke aufnahm, hieß es, die Apokalypse sei mit Vorsicht zu interpretieren, sonst falle man ähnlichen Häresien wie die zahlreichen Sekten in Amsterdam – stets ein Schreckbild für alle rechtgläubigen Protestanten – zum Opfer und auf keinen Fall dürfe man sich der törichten Hoffnung auf ein Tausendjähriges Reich Gottes auf Erden überlassen.[213] Dies ändert jedoch nichts an der Tatsache, dass der König auch später noch den Papst als den Antichristen identifizierte, wie er vor allem in seiner so genannten *Premonition to all Most Mightie Monarches, Kings, Free Princes and States of Christendom* von 1609, die er dem Kaiser Rudolf II. und allen anderen Fürsten der Christenheit widmete, darlegte. Bis zum Überdruss suchte er hier zu beweisen, dass der Bischof von Rom mit dem Untier aus der Apokalypse zu identifizieren sei.[214] Das eschatologische Denken, wie es für den radikalen Calvinismus generell charakteristisch war, prägte also auch die Vorstellungen Jakobs I. und war für seine politische Theologie von größter Bedeutung. Allerdings setzte er die Akzente anders als die puritanischen Theologen Englands oder die strikten Presbyterianer in Schottland. Für Jakob I. war der Papst der Antichrist gerade deshalb oder in dem Maße, wie er die Autonomie der weltlichen Obrigkeiten angriff und untergrub, auch durch den Appell an das Prinzip der Volkssouveränität – ein Gedanke, wie er etwa bei Kardinal Bellarmin, aber auch bei anderen katholischen Theoretikern auftrat.[215] Das Königtum von Gottes Gnaden und das Prinzip, dass Monarchen nur Gott allein, nicht dem Papst oder einer anderen kirchlichen Autorität oder aber dem Volk Rechenschaft schuldeten, besaßen somit für Jakob I. eine geradezu heilsgeschichtliche Bedeutung. Es waren die Könige und die Fürsten der Christenheit, die sich der geistlichen Tyrannis des Papstes oder auch einer protestantischen Theokratie widersetzten, die den Sieg des Bösen in dieser Welt verhinderten, denn keine weltliche Tyrannis konnte so schlimm sein wie die geistliche Tyrannis, die im Namen Gottes seine Herrschaftsordnungen untergrub, ein Gedanke, der übrigens auch dem deutschen Luthertum nicht fremd war. Auch Puritaner oder Presbyterianer kannten durchaus die Gestalt des „godly ruler", des gottesfürchtigen Herrschers, als Widersacher des Papstes, aber für Jakob I. konnte – dies waren zumindest die impliziten Konsequenzen seiner Argumente – selbst ein katholischer Fürst in gewisser Weise ein solcher godly ruler sein, wenn er sich weigerte, sich der Autorität des Papstes in politischen Fragen zu unterwerfen. Diese Perspektive erklärt, warum der König seine Premonition von 1609 an alle Monarchen und Fürsten der Christenheit richtete, also auch und gerade an die katholischen Herrscher, und warum er 1615 mit einer langen – wenn auch vielleicht nicht ausschließlich selbst verfassten – Abhandlung in eine innerfranzösische Kontroverse über das Verhältnis des Papsttums zur französischen Krone eingriff, die anlässlich der Verhandlungen der französischen Generalstände im Jahre 1614 zwischen dem Ersten Stand, dem Klerus, und dem Dritten Stand, den nichtadligen Vertretern der Städte und Ämter, ausgebrochen war. Mit Vehemenz schloss sich der König 1615 der Position des Dritten Standes an, der im 1. Artikel seiner Beschwerdehefte das Gottesgnadentum als Grundprinzip der französischen Monarchie hervorgehoben, und damit jedes päpstliche Aufsichtsrecht zurückgewiesen hatte.[216] Der Dritte Stand hatte in der Tat Positionen vertreten, die denen des englischen Königs ähnelten, aber

Jakobs Eingriff in die französische Auseinandersetzung war auch Ausdruck der Hoffnung, der französische König respektive die Regentin Maria von Medici würden sich allen weltlichen Herrschaftsansprüchen der Kurie energisch widersetzen. Ein katholischer Herrscher, der dies tat, stand dann in eschatologischer Perspektive letztlich doch auf der Seite der wahren Kirche, mochte er auch in dogmatischen Fragen nicht rechtgläubig sein, während umgekehrt protestantische Fanatiker, die wie John Knox den sakralen Charakter der Monarchie nicht anerkannten, auf der Seite des Teufels standen, selbst dann, wenn der Glaube, den sie praktizierten, sonst der richtige war.

Die Frühschriften des Königs

Diese heilsgeschichtliche Perspektive, die für die Staatstheorie Jakobs I. zentral war, erklärt auch die Vehemenz seiner Verteidigung des Gottesgnadentums. Ihren klassischen Ausdruck fand sie in der relativ frühen Schrift *Trew Law of Free Monarchies*, die 1598 in Schottland publiziert wurde. *The Trew Law* ist keine intellektuell wirklich anspruchsvolle Schrift. Bemerkenswert ist sie vor allem in einer Hinsicht: durch die These, dass auch noch die schlechteste und bedrückendste Herrschaft eines Monarchen jeder anderen Herrschaftsform vorzuziehen sei, und auf keinen Fall durch gewaltsamen Widerstand zerstört werden dürfe. Jakob VI. suchte dies zu beweisen, indem er gerade jene Bibelstellen, die die Presbyterianer anführten, um ein Widerstandsrecht zu begründen, in ihr Gegenteil verkehrte. Der König glaubte zeigen zu können, dass selbst Ahab, einer der übelsten unter den vielen üblen Königen des Volkes Israel, nicht auf offenen Widerstand von Seiten des Propheten Elias traf. Und Saul, der moralisch zweifelhafte erste König der Juden, habe zwar am Ende durch Gottes Intervention seine Stellung als Herrscher verloren, doch sein Nachfolger David habe ihm dennoch die Achtung bewahrt, die einem gesalbten Herrscher zustand. Sogar die Rede, die der Prophet Samuel hielt, um das Volk Israel davor zu warnen, sich einem König unterzuordnen – eine Schriftstelle (I Samuel 8, Vers 11 ff), die sehr leicht von den Gegnern der Monarchie verwandt werden konnte –, wird so gedeutet, als habe der Prophet den Juden damit nur klar machen wollen, dass sie – wenn sie einmal Untertanen eines Monarchen geworden seien – diesem auch dann gehorchen müssten, wenn er ihnen ihr Eigentum wegnehme und ihre Söhnen in den Krieg schicke oder sonst mehr oder weniger willkürlich über sie verfüge. Jakob VI. schließt diesen Abschnitt mit den Worten, *„And I thinke no man will doubt but, Samuel, David and Elias, had as great power to perswade the people, if they had liked to have employed their credite to uproares and rebellions against these wicked kings, as any of our seditious preachers in these daies of whatsoever religion either in this countrey or in France, had, that busied themselves most to stir up rebellion under the cloake of religion"*.[217] Der König hatte sich bewusst gerade die Stellen des Alten Testaments herausgesucht, die am meisten für seine Gegner zu sprechen schienen, um deren Argumente zu entkräften. Ob ihm dies freilich ganz gelang, muss zweifelhaft bleiben.

Er ergänzte seine Polemik gegen jedes religiöse Widerstandsrecht freilich durch eine historische Argumentation, in der er nachzuweisen suchte, dass das Herrschaftsrecht der schottischen Könige, und fast noch mehr das der Könige von England, auf einem Akt der Eroberung und Unterwerfung beruhe; der erste schottische König Fergus sei aus Irland ins Land gekommen und habe das Land unterworfen, daher sei er auch ursprünglich an die Gesetze der Einheimischen nicht gebunden gewesen, nur aus Gnade hätten seine Nachfolger ihren Untertanen Freiheitsrechte und Privilegien gewährt. Ähnlich, so Jakob VI., der sich hier auf ein wegen der in England weit verbreiteten Empfindlichkeiten gegenüber allen unorthodoxen Deutungen der eigenen Geschichte besonders gefährliches Gebiet begab, sähe es in England aus. England sei 1066 vom *„Bastard of Normandie"* erobert worden. Dieser habe als neuer König alle Gesetze aufgehoben und, gestützt nur auf die Macht des Schwertes, eine neue Rechts- und Eigentumsordnung begründet. Weil wahre, erbliche Monarchen Abkömmlinge von Eroberern seien, stünden sie über dem Gesetz, *„yet a good king will not onely delight to rule his subiects by the lawe, but even will conforme himselfe in his owne actions therunto"*.[218] Dies war ein Argument, das Jakob VI. später noch oft aufgreifen sollte. Er beteuerte zwar, dass er bereit sei, sich an das bestehende Recht zu halten, aber verwies doch zugleich darauf, dass es letztlich kein Recht gebe, das ihn binden könne, wenn er es nicht wolle. Niemals, so betonte Jakob VI. am Ende noch einmal, könne ein Herrscher von bloßen Menschen für einen Rechtsbruch, mochte er auch noch so eklatant sein, zur Rechenschaft gezogen werden.[219]

The Trew Law war eine recht knapp gehaltene Schrift, in der jedoch viele der Positionen deutlich wurden, die in den Schriften und Reden Jakobs VI. und I. immer wiederkehren sollten; so vor allem der Gedanke, dass nur Gott selber einen Tyrannen strafen könne. Ebenfalls noch in Schottland verfasste der König das so genannte *Basilikon Doron* (Königliches Geschenk), ein politisches Testament, das sich an seinen Sohn und Nachfolger, den Prinzen Heinrich, richtete. Diese Schrift wurde zunächst 1599 nur im Umkreis des Hofes verbreitet, dann jedoch 1603 in großer Auflage gedruckt, wohl um den englischen Untertanen des Königs die Ideen ihres neuen Herrschers zu vermitteln. Zumindest auf dem Kontinent war es nicht ungewöhnlich, dass Könige und Fürsten solche politischen Testamente verfassten, Basilikon Doron ist daher auch eine recht konventionelle Abhandlung. Eine individuelle Färbung erhält sie vor allem an denjenigen Stellen, an denen der König unmittelbar über schottische Verhältnisse spricht. So polemisierte Jakob VI. ausführlich gegen die Arroganz der Geistlichkeit im Allgemeinen und gegen *„some fierie spirited men in the ministrie"* im Besonderen, die sich als Volkstribunen verstünden und eine Demokratie („Democracie") einführen wollten, sie hätten ihn oft in ihren Predigten angegriffen, *„not for any evill or vice in me, but because I was a King, which they thought the highest evill."* Damit gab Jakob seinem Sohn den Rat, den *„vaine Puritane"* zu disziplinieren, aber zugleich die Anmaßungen der *„proude Papall Bishops"* zurückzuweisen.[220] Diese Passagen fanden im Übrigen in England besonders aufmerksame Leser und der König musste im Vorwort der Ausgabe von 1603 große Anstrengungen unternehmen, um sie zu entschärfen. Unter anderem behauptete er, er habe gar nicht gegen Puritaner im Allgemeinen, sondern nur gegen jene Radikalen, die es mit den Wiedertäufern hielten, polemisiert.[221] Im Übrigen ging der König in Basilikon Doron auf staatstheoretische oder theologische Grundfragen der Politik kaum ein. Allerdings betonte er gegenüber seinem Sohn, dass er seine Stellung als Herrscher – gerade deshalb, weil er über jedem menschlichen Gericht stehe – nicht missbrauchen dürfe, um das göttliche Recht zu verletzen. Werde er zum Tyrannen, könne er dem göttlichen Strafgericht nicht entkommen: *„A Tyrannes miserable and infamous life armeth in end his owne subiects to become his burreaux [Henker]: and although that rebellion be ever unlawfull on their part, yet is the world so wearied of him, that his fall is little meaned by the rest of his Subiects and but smiled at by his neighbours."* Ja, nach seinem Tode werde man seinen Sturz für gerechtfertigt halten *(„the fact will remaine as allowed by the Law in divers aages thereafter").*[222]

Wer diese Passage liest kann kaum die Ansicht vertreten, Jakob VI (I.) hätte jede rechtliche Bindung der monarchischen Herrschaft verneint, da er doch sogar die faktische nachträgliche Rechtfertigung des Tyrannenmordes als unvermeidlich ansah. Wenn er daher die Ansicht vertrat, der König sei nur Gott Rechenschaft schuldig, so war es doch alles andere als eine leere Floskel, wenn er mahnend an das göttliche Strafgericht über jeden Tyrannen erinnerte.

Gottesgnadentum und päpstlicher Suprematsanspruch

Nach 1603 wandte Jakob I. sich verstärkt der Auseinandersetzung mit dem Papsttum zu. Den Anlass dafür boten die Pulververschwörung und der sogenannte Oath of Allegiance, den der König 1606 seinen katholischen Untertanen auferlegt hatte. Er bot ihnen ein gewisses Maß an Duldung ihres Glaubens, wenn sie bereit waren, den päpstlichen Anspruch auf ein Richteramt über die weltlichen Herrscher Europas in scharfer Form zurückzuweisen. Da das Oberhaupt der katholischen Weltgeistlichen in England, der Erzpriester George Blackwell, den Eid nach einigem Zögern akzeptiert hatte, schien sich die Möglichkeit abzuzeichnen, die englischen Katholiken in einen politisch loyalen und einen papsttreuen Flügel zu spalten. Auch aus diesem Grunde intervenierte der Papst gegen den Eid und einer der führenden römischen Theologen, der Jesuit Robert Bellarmin, der der Hüter der vatikanischen Bibliothek war und 1610 eine umfassende Abhandlung über die päpstliche Amtsgewalt verfassen sollte *(De potestate summi pontificis)*, sandte einen Brief an Blackwell, in dem er ihn vor dem Eid, der ihm abverlangt wurde, warnte. Dies wiederum nahm Jakob I. zum Anlass, um zunächst anonym, dann aber in einer zweiten Auflage auch unter seinem wirklichen Namen 1608 eine *Apologie for the Oath of Allegiance* erscheinen zu lassen (die lateinische Ausgabe erschien fast gleichzeitig mit der englischen), die im Lateinischen den Obertitel *Triplici nodo triplex cuneus* (der dreifache Keil für den dreifachen Knoten – ein Wortspiel, das sich auf die beiden päpstlichen Breven in der Frage des Oath of Allegiance und den Brief Bellarmins bezog, die Jakob widerlegen wollte).

Mit der Publikation dieser Streitschrift hatte er eine Kontroverse eröffnet, die sich über Jahre hinziehen sollte und an der von katholischer Seite einige der führenden Theologen ganz Europas teilnehmen sollten. Aber auch die englische Kirche mobilisierte all ihre intellektuellen Kräfte, um ihre Position respektive die des Königs zu verteidigen. Dies war nicht einfach, denn Bellarmin und seine Mitstreiter warfen dem König, der ja darauf beharrt hatte, er verlange von seinen katholischen Untertanen Gehorsam nur in weltlichen Dingen, nicht in geistlichen, vor, dass dies ein bloßer Vorwand sei. Ein Herrscher, der sich als supreme governor seiner Kirche betrachte, ja in gewisser Weise als ihr supreme head, sei letztlich zugleich geistliches und weltliches Oberhaupt seiner Untertanen, respektiere die Autonomie des Reiches Christi also gerade nicht. Gegen dieses nicht leicht zu widerlegende Argument betonten nun englische Theologen die relative Autonomie der bischöflichen Amtsgewalt, die in den eigentlich geistlichen Dingen von der Krone unabhängig sei. In kirchlichen Fragen habe der König nur eine *„potestas ecclesiastica externa"* (ein äußerliches Kirchenregiment) nicht *„interna"*, so zumindest formulierte es der Heidelberger Theologe Pareus, der Jakob I. beisprang, im Kontext der Oath of Allegiance Debatte; ähnlich argumentierten jedoch auch George Carleton in seiner *Jurisdiction Regall, Episcopall, Papall* (London 1610), oder Francis Mason in seinem Werk *Of The Consecration of the Bishops in the Church of England* (London 1613). Mit dieser Betonung der iure divino – von Gott selbst verliehenen – Amtsgewalt der Bischöfe in der Kontroverse mit der Kurie wurde indirekt der episkopale Klerikalismus vorbereitet, der sich in den 1630er Jahren unter Führung William Lauds in England durchsetzen sollte.[223]

Jakob I. selber griff noch zweimal in den Streit ein, 1609 veröffentlichte er seine *Premonition … to all Most Mightie Monarches*, die bereits erwähnt wurde, und 1615 zunächst auf Französisch die *Declaration du sérénessime Roy Jacques Ier … pour le droit des Rois*, die 1616 in englischer Sprache (als *A Remonstrance for the Right of Kings*) und auf Latein erschien. Die *Remonstrance*, die in der Ausgabe MacIlwains rund 100 Seiten umfasst, ist der längste Beitrag des Königs zu der Kontroverse. Veranlasst wurde sie, wie bereits hervorgehoben, durch einen Streit in den französischen Generalständen, in dem der Sprecher der Geistlichkeit, Kardinal du Perron, die päpstliche Herrschaftsgewalt gegenüber Königen und Fürsten verteidigt hatte. Die Gegenschrift Jakobs dürfte allerdings zu erheblichen Teilen aus der Feder des französischen Hugenotten Pierre du Moulin stammen, mag dieser sich auch nach den zum Teil wohl recht detaillierten Vorgaben des Königs gerichtet haben, da Jakob die Zeit und die Ausdauer fehlten, um ein solches Werk zu verfassen.[224] Dennoch gibt es viele Passagen, die den typischen Stil des Königs zeigen, besonders seine Freude an der Polemik und an sarkastischen Bemerkungen, etwa der Abschnitt über das Verhältnis des Bischofs von Rom zu den heidnischen Kaisern in den ersten drei Jahrhunderten des Christentums, als natürlich kein christlicher Geistlicher gewagt habe, offen zur Rebellion gegen die weltlichen Herrscher aufzurufen, aber auch gar nicht auf die Idee gekommen wäre, dass er dazu vielleicht ein Recht hätte. Nero oder Domitian hätten ja noch nicht einmal gewusst, dass es in ihrer Hauptstadt einen christlichen Bischof gab, wäre dieser wirklich der souveräne Herrscher über die ganze Welt gewesen, wie seine Nachfolger es beanspruchten, wäre das dann allerdings doch seltsam. „*Is it not a master-iest, of a straine most ridiculous, to presuppose the Grand-masters and absolute Lords of the whole world, had a sent so dull, that they were not able to smell out, and to nose things under their owne noses? That … they could not spie that Souveraigne armed with ordinarie and lawfull authority to degrade, and to turne them out of their renowned Empire?*“[225]

Insgesamt formulierte die *Remonstrance* noch einmal die alte Botschaft des Königs, dass auch ein Herrscher, der ein Ungläubiger oder Häretiker ist, zu Recht herrscht und nicht abgesetzt werden oder durch einen Aufstand gestürzt werden kann, weder vom Papst, noch – dies war die implizite Botschaft – von protestantischen Geistlichen oder gar von einfachen Untertanen.

Ein Verfechter des Absolutismus?

Die staatstheoretischen Schriften des Königs, insbesondere das Frühwerk *The Trew Law of Free Monarchies,* sind oft als Manifeste des Absolutismus interpretiert worden. Es kann in der Tat kein Zweifel daran bestehen, dass Jakob I. kein Anhänger von Mischverfassungslehren war, wie sie in England im 16. Jahrhundert zeitweilig durchaus Konjunktur gehabt hatten und auch von Autoren unterstützt wurden, die alles andere als Außenseiter oder Gegner der Monarchie waren, wie sie aber europaweit auch unter dem Einfluss von Jean Bodins sechs Büchern vom Staat (1576) Ende des 16. Jahrhundert eher in Misskredit gerieten.[226] Allerdings, kein protestantischer Theologe oder Staatstheoretiker hätte in England vor 1603 offen die Ansicht vertreten, dass es gegen einen protestantischen Herrscher in England selbst ein Widerstandsrecht der Untertanen gebe. Katholiken sahen die Dinge zwar in der Regel anders, aber sie galten auch pauschal als Hochverräter. In Schottland hingegen sah sich Jakob VI. oft sehr direkt mit Advokaten des Widerstandsrechtes konfrontiert, die keinen Zweifel daran ließen, dass man auch unrechtmäßige Maßnahmen eines, rein formal gesehen, rechtgläubigen Herrschers mit Gewalt abwehren könne. So schrieb James Melville 1584, als er und andere Presbyterianer sich mit der Möglichkeit konfrontiert sahen, dass die Kirche sich einem königlichen Kirchenregiment, einer royal supremacy unterwerfen müsse:

„*...that to obey the King of Scotland, as he craves presentlie obedience according to his last acts of parliament, is treasone against Chryst, and disobedience, yea rebellion to his Word and command: and, thairfor, whasoever may stay and withstand him, be refusall of obedience, or uther wayes be ordinary and lawfull meanes of their calling, and does nocht, is a treator to his Majestie, countrey, and Kirk of Chryste, within the saming*“.[227]

Gegen solche Ansichten, die in ihrer Radikalität bemerkenswert waren – bezeichnend war, dass Melville auch Parlamentsgesetze als widerrechtlich betrachtete, wenn sie die Freiheit der Kirche antasteten –, gab es im protestantischen Lager vor 1603 in England keine wirkliche Parallele, und gegen sie hatte Jakob VI. in Schottland, gestützt auch auf kontinentaleuropäische Autoren, seine persönliche Staatstheorie konstruiert. Mit ihrer Zurückweisung des Widerstandsrechtes vertrat er dabei letztlich nur Positionen, die in England eigentlich weitgehend durch einen allgemeinen Konsens getragen wurden, zumindest was das Widerstandsrecht englischer Untertanen gegen einen protestantischen englischen Herrscher betraf. So ist es bezeichnend, dass der Bischof von Winchester, Bilson, der 1603 bei der Krönung Jakobs und Annas die Predigt hielt, in seiner Ansprache viele Argumente des König aufgreifen konnte, ohne deshalb grundsätzlich von seinen bisherigen staatstheoretischen Überlegungen abweichen zu müssen. Bilson hatte 1585 eine Kampfschrift gegen katholische Widerstandslehren veröffentlicht. Er hatte dabei zwar keineswegs jede Möglichkeit eines legitimen Widerstandes gegen einen Tyrannen verworfen – in dieser Hinsicht war er in der Tat weniger pro-monarchisch eingestellt als Jakob VI. –, aber doch klar gemacht, dass in England ein solches Widerstandsrecht gegen Elisabeth I. natürlich keine Anwendung finden könne; bei einer Thronbesteigung Maria Stuarts hätten die Dinge sich freilich möglicherweise anders verhalten.[228] In seiner Predigt von 1603 betonte Bilson, ganz wie sein königlicher Herr auf Erden seien die Könige Stellvertreter Gottes, „*they are gods by Office, ruling Iudging and Punishing in Gods Steed, and so deserving Gods name here on earth.*“ Die Salbung sei ein Zeichen, dass ihr Amt sie unantastbar gemacht habe, denn im 105. Psalm heiße es „Touch not mine Anoynted“. Dies war in der

Tat eine auch für Jakob I. selber besonders wichtige Bibelstelle. Überdies seien die Könige Väter ihrer Untertanen und der Befehl aus den Zehn Geboten „Ehre Deinen Vater und Deine Mutter" gelte daher auch für Könige. Schließlich führte Bilson noch aus, Steuerleistungen der Untertanen für den König seien nicht einfach eine freiwillige Gabe, sondern eine Pflicht, sie ergäben sich aus der Gehorsamspflicht gegenüber der Obrigkeit und seien *„a sign or sequel of subiection"*.[229] Man kann davon ausgehen, dass der Text der Predigt, der vermutlich mit dem König abgesprochen war, ganz seinen Vorstellungen entsprach. Dies allein ist allerdings nicht bemerkenswert, sondern eher die Tatsache, dass es kein Indiz dafür gibt, dass Bilson sich sehr weit von seinen früheren Positionen entfernen musste, um eine solche Predigt zu halten. Bilson war eigentlich ein recht typischer elisabethanischer Bischof, der sicherlich in Distanz zu den puritanischen Strömungen in der Kirche stand, aber anders etwa als sein Amtsgenosse Bancroft, der unerbittliche Verfolger der Presbyterianer, keineswegs Extrempositionen einnahm und sicherlich auch kein „Absolutist" war, wie immer man diesen Begriff definieren mag.[230] Auch die Krönungspredigt Bilsons wird 1603 kaum Anstoß erregt haben, auch wenn nicht jedem Zuhörer der Hinweis auf die Pflicht, Steuern zu zahlen, der manch spätere Auseinandersetzung vorwegnahm, gefallen haben wird und obwohl sich manche erinnert haben mögen, dass die von Bilson verworfenen widerstandsrechtlichen Theorien oder Versuche, England als Wahlmonarchie respektive im Sinne einer Mischverfassung als eine gemeinsame Herrschaft von König, Oberhaus und Unterhaus zu definieren, vor 1587/90 besonders im Streit um die Thronfolge zeitweilig durchaus Konjunktur gehabt hatten.[231] Freilich schon in den 1590er Jahren waren solche Positionen immer mehr marginalisiert worden, da sie nun mit dem radikalen Presbyterianismus oder mit aufrührerischen katholischen Lehren von der Volkssouveränität identifiziert wurden, so dass Jakob I. auch hier durchaus an englische Traditionen anknüpfen konnte.[232] Dennoch kann kein Zweifel bestehen, dass die staatstheoretischen Äußerungen Jakobs I. in England bei mehr als einer Gelegenheit Unruhe auslösten. Dies wäre sicherlich nicht der Fall gewesen, wenn er sich darauf beschränkt hätte, in ganz allgemeiner Form in theoretischen Abhandlungen auf die Unantastbarkeit der monarchischen Herrschaft und den sakralen Charakter des Königtums von Gottes Gnaden hinzuweisen. Jakob I. neigte jedoch dazu, Argumente, die einem Diskurskontext entstammten, in dem es in abstrakter Form um die Legitimität monarchischer Herrschaft und die Abwehr katholischer oder radikalprotestantischer Angriffe gegen diese Legitimität ging, in Debatten einzubringen, in denen politische Alltagsfragen oder ganz konkrete Rechte und Privilegien seiner Untertanen im Vordergrund standen, wie die Rechtmäßigkeit von Zollerhöhungen oder die Redefreiheit im Parlament, Fragen, die sonst eher in der Sprache des Common Law oder unter eher pragmatischen Gesichspunkten erörtert wurden.[233] Auch Elisabeth I. hatte nicht selten an allzu gewagten Reden im Parlament Anstoß genommen und mehr als einmal sogar Abgeordnete – auch während der Sitzungsperiode – im Tower einsperren lassen, wenn sie zum Beispiel Jakob VI. von Schottland direkt angriffen,[234] aber Elisabeth hatte keine langen belehrenden Reden gehalten oder Proklamationen drucken lassen in denen sie begründete, warum es ihr gutes Recht sei, bei jeder passenden Gelegenheit so zu verfahren. Sie hatte einfach so gehandelt, gewissermaßen in einem außergesetzlichen Raum, ähnlich wie sie namentlich in Kriegszeiten manche Sonderabgaben eingezogen hatte, ohne sie vom Parlament bewilligen zu lassen. Jakob I. versuchte sehr viel stärker, solche Eingriffe systematisch selbst oder durch ergebene Theologen und Juristen begründen zu lassen, gerade damit aber erweckte er den Eindruck, er wolle die gesamte Rechtsordnung des Landes, das er regierte, verändern. Hinzu kam sein Beharren auf dem Prinzip, dass alle Freiheitsrechte und Privilegien seiner Untertanen eigentlich ein aus Gnade gewährtes Geschenk seiner Vorfahren seien, ein Geschenk, das er notfalls auch zurücknehmen könne, wenn diese Untertanen sich weigerten, ihre Pflicht zu erfüllen und gehorsam zu sein. Für diese Haltung gab es zahlreiche Beispiele, schon in der ersten Parlamentssitzung von 1604 beharrten die Abgeordneten ja darauf, ihre Freiheitsrechte seien ihr Eigentum und nicht nur ein Gnadengeschenk, weil sie offenbar den Eindruck hatten, der König sehe dies anders (siehe oben S. 52).

Dennoch verfocht Jakob I. auch später immer wieder die Ansicht, die politische Ordnung Englands, seine Verfassung, sei von Königen geschaffen worden, deshalb sei der König auch letztlich Herr dieser Verfassung. Man kann in dieser Ansicht, wie es manche Historiker getan haben, eine grundsätzliche Verwerfung aller ständischen Mitspracherechte und der Schranken, die das Common Law der Krone setzte, sehen.[235] Damit verkennt man jedoch den Kontext der königlichen Äußerungen. Ihm ging es eher darum, in konkreten Konflikten mit dem Parlament seine eigene Verhandlungsposition zu stärken, indem er die Unantastbarkeit seiner Stellung und die eher prekäre rechtliche Position der Ständeversammlung betonte. In diesem Sinne warf er zum Beispiel dem Parlament 1621 vor, es habe sich in der Verteidigung der Redefreiheit im Unterhaus anmaßend verhalten: „*we cannot allow of the style, calling it your ancient and undoubted right and inheritance but could rather have wished that ye had said that your privileges were derived from the grace and permission of our ancestors*".[236] Taktvoll waren solche Äußerungen, auch wenn sie sich mit dem Bekenntnis verbanden, die Privilegien des Parlamentes achten zu wollen, sicherlich nicht. Ebensowenig war es sehr geschickt, diejenigen, die für das Mitspracherecht des Unterhauses eintraten, in eine Reihe zu stellen mit den „*Puritan ministers in Scotland*", die jede politische Streitfrage zu einer kirchlichen erklärt hätten, oder mit Kardinal Bellarmin und seinen Versuchen, dem Papst eine unbegrenzte weltliche Herrschaftsgewalt auf indirekte Weise zuzuschreiben.[237] Auch hier wurde die Tendenz deutlich, Konflikte mit dem Parlament in derselben Perspektive zu betrachten, wie Grundfragen des Verhältnisses von geistlicher und weltlicher Obrigkeit und der Natur monarchischer Herrschaft überhaupt, über die sich nicht nur englische Juristen, sondern europäische Theologen stritten.

Bei anderer Gelegenheit konnte der König freilich auch Worte finden, die eher den Konventionen politischer Auseinandersetzungen in England entsprachen. Dafür ist besonders seine große Rede an das Parlament vom 21. März 1610 ein Beispiel. Sicherlich auch hier betonte er erneut, die Herrschaftsgewalt eines Königs trage einen gewissermaßen göttlichen Charakter („*Kings are iustly called Gods, for that they exercise a manner or resemblance of Divine power upon earth.*").[237] Aber dem stand doch die Aussage gegenüber, dass in einem Land, in dem sich einmal eine klare rechtliche Ordnung nicht zuletzt durch das Wirken der Krone selber entwickelt habe, der Monarch an diese Ordnung gebunden sei. „*A King governing in a setled Kingdome, leaves to be King, and degenerates into a Tyrant, assoone, as he leaves off to rule according to his Lawes.*" Zwar habe Gott in der Bibel zu der Königin gesagt, sie seien Götter („*Vos dii estis*", Psalm 82), aber doch zugleich hinzugefügt „*But ye shall die like men*".[239] Ein König müsse sich also immer bewusst sein, dass er doch nur ein einfacher Mensch sei. Dabei allerdings wies Jakob I. auch warnend darauf hin, er wolle sich zwar an die Gesetze halten und die Freiheiten seiner Untertanen achten, aber er könne es nicht zulassen, dass seine Untertanen darüber diskutierten, wo die Grenzen seiner Herrschaftsgewalt lägen: „*That as to dispute what Gode may doe, is Blasphemie ... I will not be content that my power be disputed upon*". Dies seien Arcana imperii, die sich dem Fassungsvermögen seiner Untertanen entzögen. Doch sei er durchaus bereit, von sich aus deutlich zu machen, wo er die Grenzen seiner Autorität gemäß den Gesetzen sehe.[240]

Kritiker wie Johann Sommerville, die in Jakob I. einen Absolutisten reinsten Wassers sehen, haben auch in dieser Rede nur bloßes Wortgeklingel gesehen,[241] doch ist dies keine objektive Einschätzung, denn der König entwickelte hier eine in sich schlüssige Argumentation, die für die Normen des Common Law ebenso Raum ließ, wie für die Unantastbarkeit seiner Position als Monarch. Er beharrte zwar darauf, dass die königliche Prärogative sich letztlich jeder abschließenden Definition entziehe, aber anerkannte doch zugleich die bestehende Rechtsordnung Englands und seine traditionelle Verfassung. Er behielt sich damit für den Ausnahmefall oder einen Notstand einen nicht näher einzugrenzenden Ermessenspielraum vor, aber einen solchen Ermessenspielraum hatte es natürlich auch in der Vergangenheit für die Krone gegeben. Das Problem war, dass unter Jakob I. viele seiner Untertanen den Eindruck gewannen, aus dem Ausnahmezustand, in dem die strikten Regeln des Common Law sehr stark zu Gunsten der Krone ausgelegt wurden, werde schon in Friedenszeiten der Normalzustand.[242] Der Streit um die Impositions (oben S. 54) war dafür nur ein Beispiel, und diese Befürchtungen seiner Untertanen vermochten auch relativ gut ausbalancierte Reden, wie die von 1610 oder später die Rede in der Starchamber im Jahre 1616 (siehe unten S. 170), nicht zu zerstreuen. Diese Reden des Königs waren mehr als nur leere Rhetorik, oder „pleasantries“, denn der König regierte ja in der Tat weitgehend nach den Regeln und Prinzipien des Common Law,[243] aber seine Juristen legten diese Regeln eben in aller Regel zu seinen Gunsten aus. Das war so neu nicht, das Prinzip „in dubio pro rege presumendum est“ (im Zweifelsfall ist die Interpretation vorzuziehen, die den König begünstigt), war eine alte und außerordentlich wichtige Maxime des Common Law, aber namentlich in der Fiskalpolitik wurde diese Methode der Interpretation einer in sich eigentlich sehr heterogenen und widersprüchlichen Rechtstradition, die man auch ganz anders deuten konnte, in vielen Bereichen bis zum Exzess angewandt.

Wenn man dies Absolutismus nennen will, so war es ein legalistischer Absolutismus – und eben keine Herrschaft nach dem Prinzip, dass der Souverän prinzipiell nicht an das Recht gebunden sei (legibus solutus), wie man sie normalerweise mit dem Begriff des Absolutismus verbindet; was freilich für manche Maßnahmen kontinentaleuropäischer Herrschaft in derselben Epoche, wie etwa den Umgang Ferdinands II., des römisch-deutschen Kaisers, mit dem Reichsrecht nach 1620, oder des französischen Königs Ludwig XIII. und seines Ministers Richelieu mit dem geltenden französischen Recht auch gelten mag. In anderen Bereichen, etwa bei der Zurückweisung des Mitspracherechtes des Parlamentes in Fragen der Außen- und der dynastischen Heiratspolitik würde selbst eine solche Feststellung zu weit gehen. Hier vertrat der König in der Sache eigentlich nur ganz konventionelle Positionen, wie sie auch seine Vorgängerin verfochten hatte. Der Unterschied lag allerdings nicht nur in der rhetorischen Form, in der Jakob I. hier jedes Mitspracherecht zurückwies – auf seine Neigung, solche Streitfragen ins Grundsätzliche zu wenden, wurde bereits hingewiesen – sondern auch darin, dass Elisabeth bei allem Beharren auf ihrer alleinigen königlichen Autorität in den arcana imperii, faktisch dann doch meist aus Klugheit und Kalkül, aber auch mangels realistischer Alternativen eine Politik verfolgt hatte, die für ihre militant protestantischen Untertanen akzeptabel war, wenn auch nicht immer ohne Magengrimmen. Sie hatte eben keinen katholischen Fürsten geheiratet und auch eine Außenpolitik betrieben, die sich zumindest als pro-protestantisch verkaufen ließ, was immer ihre wahren Motive gewesen sein mögen. Darin allerdings unterschied sie sich in der Tat von Jakob I. Der Stuartkönig schrieb nicht nur in einem seiner späten Gedichte[244]

„*Kings will hardly take advice*
Of Counsell they are wondrous nice
Love and wisdome leads them still
Their Counsell tables upp to fill
They need noe helpers in their choice
Their best advice is their owne voyce"

Er handelte auch so, und dies besonders in seinen letzten Regierungsjahren oft zu seinem eigenen Schaden.

VII. Jakob I. als zweiter Konstantin: Der König und das Kirchenregiment

Ein Theologe auf dem Königsthron?

In wenigen Bereichen werden Erfolg und Grenzen der Politik Jakobs I. so deutlich wie in seiner Kirchenpolitik. Für ihn selber besaß das Kirchenregiment eine absolut zentrale Bedeutung; er verstand sich in gewisser Weise als Theologe und König zugleich. Kein größeres Kompliment konnte man ihm machen, als ihm zu bescheinigen, dass in seiner Regierung die Einheit von *imperium und sacerdotium*, der sakrale Charakter des Königtums und die nahezu priesterähnliche Stellung des Königs deutlicher geworden waren als unter all seinen Vorgängern. So stellte Jakobs Kanzler Ellesmere während der Hampton Court Conference von 1604 fest, „*I have often heard and read, that Rex est mixta persona cum sacerdote* [dass der König in seiner Person die Eigenschaften des Priesters mit denen des Herrschers vereint]*, but I never saw the truth thereof, till this day*".[245] Damit hatte Ellesmere, wenn er sich wirklich so äußerte und der Berichterstatter der Hampton Court Conference ihm diese Worte nicht nur in den Mund legte, um dem König zu schmeicheln, sehr genau die Vorstellung Jakobs I. von seiner eigenen Rolle getroffen. Mochten seine Gegner sich auch über die seltsame Mischung religiöser Ambitionen mit recht weltlichen, ja zum Teil eher vulgär, wenn nicht sogar gelegentlich obszön anmutenden Umgangs- und Ausdrucksformen entrüsten, und dem König seine homoerotischen Eskapaden, die in einem eigenartigen Spannungsverhältnis zum sakralen Anspruch seines Herrschertums standen, vorwerfen,[246] so lässt sich doch kaum leugnen, dass der König seine Rolle als Oberhaupt der englischen Kirche sehr ernst nahm. In Schottland, wo die Reformation sich ursprünglich ohne Mitwirkung der Krone vollzogen hatte, ja sogar gegen sie, hatte er bereits gegen erhebliche Widerstände eine ähnliche Stellung für sich in Anspruch genommen; in England, wo

Heinrich VIII. die Grundlagen für ein starkes königliches Kirchenregiment geschaffen hatte, genoss er es sichtlich, mit einer gewissen Selbstverständlichkeit nicht nur als weltlicher, sondern auch als geistlicher Herrscher seiner Untertanen auftreten zu können. Aber seine Ambitionen reichten über seine eigenen Königreiche hinaus, sein kirchenpolitischer Anspruch war ein gesamteuropäischer. Wenn er sich als ein zweiter Konstantin stilisierte in Anlehnung an jenen spätantiken Kaiser, der das Christentum zur Staatsreligion hatte werden lassen und das erste große ökumenische Konzil zu Nikaea einberufen hatte, dann war damit die Absicht verbunden, als Vermittler zwischen den Konfessionen in der gespaltenen Christenheit insgesamt aufzutreten, wie namentlich die jüngere Forschung nachdrücklich betont hat. So wenig dieser Anspruch am Ende einlösbar war, so sehr bestimmte er doch auch die interne Kirchenpolitik Jakobs in seinem eigenen Reich.[247]

Jakob I. hatte keinen Ehrgeiz, als großer administrativer Reformer zu wirken, nur widerwillig ließ er sich von seinen Beratern zeitweilig und letztlich immer nur vorübergehend in eine solche Richtung drängen und kriegerische Ambitionen lagen ihm vollends fern, aber er hatte ganz sicherlich den Anspruch, die Kirchen seiner Reiche mit starker Hand zu regieren und unter Überwindung der innerprotestantischen Konfessionskonflikte zu einer tieferen Einheit im Glauben und in der religiösen Praxis zu führen. Seine eigene Religiosität war dabei in doppelter Hinsicht durch die calvinistischen Erzieher seiner Jugend geprägt. Einerseits sah er in dem Autoritäts- und Herrschaftsanspruch presbyterianischer und radikal calvinistischer Geistlicher mit theokratischen Neigungen, dem er in seiner Jugend begegnet war, zeitlebens eine Bedrohung seiner eigenen Machtstellung, der er entschieden entgegentrat. Andererseits blieb sein Verständnis des Christentums zutiefst biblizistisch – der König trat auch in eigenen Schriften als Exeget der Bibel auf – und blieb stets ausgerichtet auf die Verkündigung des Wortes und die Predigt als Kern der Glaubenspraxis. Kein britischer König hat in seinem Leben so viele Predigten besucht wie Jakob I., der bei Hofe neben die sonntägliche Predigt noch einen allwöchentlichen Gedenkgottesdienst stellte, der an jedem Dienstag an seine Errettung von der sog. Gowrie Verschwörung am 5. August 1600 erinnern sollte. Zwar bestand der König gelegentlich darauf, Uhrzeit des Gottesdienstes und Länge der Predigten so einzurichten, dass er danach noch bequem zur Jagd reiten konnte, aber es gab kaum eine Predigt bei Hofe, die er ausließ, und im Übrigen war seine Begeisterung für Newmarket und Royston als Nebenresidenzen, von denen aus er seiner Leidenschaft für die Jagd nachgehen konnte, auch mitbedingt durch den Umstand, dass die Universitätsstadt Cambridge mit ihrem überwältigenden Angebot an Gottesdiensten und anspruchsvollen Predigten respektive gelehrten Geistlichen nicht weit entfernt war.[248]

Für die religiösen Ideale der „Zeremonialisten", jener innerkirchlichen Bewegung, die unter Rückbesinnung auf die vorreformatorische Tradition das Gebet und die Meditation, aber auch die zeichenhafte Sprache der Liturgie in den Mittelpunkt des kirchlichen Lebens stellen wollte, hatte Jakob I. hingegen kein wirkliches Verständnis, obwohl er einflussreiche Vertreter dieser Richtung bewusst förderte, um ein Gegengewicht gegen den Puritanismus zu schaffen. Seine calvinistische Erziehung hatte Jakob I. auch ein tiefes Misstrauen gegen den gegenreformatorischen Katholizismus eingeprägt. Zwar war er tolerant – nach Ansicht vieler Protestanten viel zu tolerant – gegenüber Katholiken, die bereit waren, sich an die äußeren Regeln und Gesetze des protestantischen Staates zu halten, und suchte auch auf europäischer Ebene bewusst eine Verständigung mit dem moderaten Katholizismus – wie er ihn etwa in Venedig oder in Teilen der französischen Kirche zu erkennen glaubte –, der Distanz zu Rom zu halten wusste, aber im universalen Herrschaftsanspruch des Papsttums und den politischen Lehren der Jesuiten sah er eine tödliche Bedrohung, eine Kraft, die für ihn wahrhaft teuflisch war, und die er daher auch mit dem Wirken des von der Apokalypse prophezeiten Antichristen in Verbindung brachte, wie bereits deutlich geworden ist (oben S. 119). In dieser Hinsicht war Jakob I. in bestimmten Momenten, namentlich, wenn er sich direkt durch den radikalen Katholizismus bedroht sah, wie 1605 nach der Pulververschwörung oder 1610 nach der Ermordung Heinrichs IV., nicht immer gar so weit von strikten Calvinisten wie George Abbot entfernt, jenem Mann, den er 1611 zum Erzbischof von Canterbury machte. Auch sah Jakob I. die drei Kirchen, die er lenkte und beaufsichtigte, die englische, schottische und irische, ohne Zweifel als Teil der Gemeinschaft der reformierten Kirchen Europas insgesamt, trotz aller Vorbehalte gegen jenen theokratischen Calvinismus, dem er in Schottland begegnet war und sein Genfer Vorbild. Auch aus Sorge um die Einheit der reformierten Kirchen unterstützte der König 1618-19 auf der Synode von Dordrecht in den Niederlanden die Vertreter der reformierten Orthodoxie gegen die arminianischen Neuerer. Dabei wollte er sich freilich dennoch den Weg zu einer ökumenischen Verständigung mit anderen Richtungen des Protestantismus, aber letztlich, wie schon betont, auch mit gemäßigten

Kräften des Katholizismus offen halten. Dies mochte in manchem eine widersprüchliche Haltung sein, aber zumindest bis zur großen Zuspitzung der konfessionellen Konflikte nach 1618 war sie Grundlage einer in ihrem Pragmatismus, zumindest in England und zum Teil auch in Schottland nicht unerfolgreichen Kirchenpolitik.

Die englische Kirche zu Beginn des 17. Jahrhunderts

Die kirchenpolitische Situation, die Jakob I. 1603 in England vorfand, war keine einfache. Die historische Forschung, insbesondere in Deutschland, spricht für die zweite Hälfte des 16. Jahrhunderts oft von einem Prozess der Konfessionalisierung. Mit diesem Schlagwort ist nicht nur die Ausbildung von klar gegeneinander abgegrenzten separaten Konfessionskirchen im Zuge der Reformation und katholischen Reform respektive Gegenreformation gemeint, sondern auch die Homogenisierung der religiösen Praxis, des Bekenntnisses, des Kultus und der Lebensformen innerhalb der jeweiligen Konfessionskirchen, die in scharfer und aggressiver Konkurrenz zu ihren Rivalen und in enger Verbindung mit den staatlichen Kräften das Leben der Gläubigen nach ihren Idealen zu formen suchten, nicht immer mit vollem Erfolg, aber doch wirkungsmächtig genug, um allen Lebensbereichen, der Politik, der Kultur und dem sozialen Leben in der zweiten Hälfte des 16. Jahrhunderts und im frühen 17. Jahrhundert einen deutlich konfessionellen Charakter zu verleihen. Auf England trifft dieses Modell einer stark obrigkeitlich geprägten homogenisierenden Konfessionalisierung jedoch nur recht begrenzt zu, denn die kirchliche Ordnung Englands behielt lange einen auffällig provisorischen Charakter und unter dem Dach einer scheinbar einheitlichen Nationalkirche kämpften fast beständig sehr unterschiedliche konfessionelle Richtungen um die Vorherrschaft, mochten sie auch alle im weitesten Sinne des Wortes dem Protestantismus mehr oder weniger reformierter Prägung zuzurechnen sein.[249]

In England, wo die Reformation sich nur nach mancherlei Umwegen endgültig durchgesetzt hatte, definierte sich nach 1558 die protestantische Kirche zunächst als eine Glaubensgemeinschaft, deren Ordnung einen politisch bedingten provisorischen Charakter hatte. Selbst Vertreter der kirchlichen Hierarchie, wie der elisabethanische Erzbischof Grindal (gest. 1583), – der darüber freilich mit der Krone in einen Konflikt geriet – hatten diese Kirche als eine *„semi-reformed church"* betrachtet, deren Reinigung von den Spuren der Papstkirche es noch zu vollenden galt.[250] Wenn das Elizabethan Settlement nach 1558 von offizieller Seite gerechtfertigt wurde, wie etwa durch den späteren Erzbischof Whitgift, dann mit dem Argument, dass der *„godly prince"* das Recht habe, in all jenen Bereichen, die nicht eigentlich heilsrelevant seien, im Bereich der sog. Adiaphora, seine eigenen Anordnungen unter Gesichtspunkten der politischen Zweckmäßigkeit zu treffen. Zu diesen Adiaphora waren aus dieser Perspektive die Kirchenverfassung, etwa die Stellung der Bischöfe, ebenso zu rechnen wie die Liturgie oder die Kleidung der Geistlichen im Gottesdienst. Allerdings schon in den 1570er Jahren erhielten diese so genannten Adiaphora in der englischen Kirche einen überproportional hohen Stellenwert. Das offizielle Glaubensbekenntnis, die 39 Artikel, obwohl im Kern insbesondere in der Abendmahlslehre von der reformierten Theologie inspiriert, ließ letztlich doch viele Fragen, etwa der Gnadenlehre, offen. Während in dieser Epoche in vielen kontinentaleuropäischen Kirchen – man denke an die lutherische Konkordienformel von 1578 oder den Heidelberger Kathechismus von 1563 – diese dogmatischen Fragen im Sinne einer eindeutigen konfessionellen Abgrenzung gegen innerprotestantische Gegner mit zunehmender Präzision entschieden wurden, blieb eine solche Präzisierung der eigenen theologischen Position in der Church of England – anders übrigens als in der Church of Ireland – weitgehend aus. Die englische Kirche sollte nach dem Willen ihrer Regentin Elisabeths I., ihre Einheit weniger durch ein Glaubensbekenntnis von letzter Klarheit, sondern durch eine gemeinsame äußere Ordnung erhalten. Gerade deshalb war der Streit um diese Ordnung bis hin zu scheinbar nebensächlichen Detailfragen so erbittert.[251]

Dabei hatte sich schon in der elisabethanischen Kirche frühzeitig eine Erneuerungsbewegung formiert, die in der Regel als puritanisch gekennzeichnet wird. Der Begriff des „Puritanismus", der ursprünglich als Kritik an allzu „präzisen" und allzu „reinen" Geistlichen und Laien also im negativen Sinne gemeint war, ist nicht leicht zu definieren, denn da die Puritaner, mit Ausnahme der sehr wenigen so genannten Separatisten, die freilich durch eine erbarmungslose Verfolgung rasch ins Exil gedrängt wurden, an ihrer Mitgliedschaft in der offiziellen Kirche festhielten, besaßen sie keine eigene gesonderte Organisation. Im weiteren Sinne des Wortes kann man jeden als Puritaner bezeichnen, der glaubte, dass die Reformation in England noch der Vollendung bedürfe, dass das Erbe der spätmittelalterlichen Kirche in der Liturgie, in der Kirchenorganisation, aber auch in zahlreichen „heidnischen“ Volksbräuchen noch zu stark präsent sei, und dass die eigentliche Erneuerung der Church of England ausgehen müsse von einer kleinen Minderheit der wahrhaft Gottesfürchtigen, der godly, während die große Masse der „Gläubigen“ bestenfalls gleichgültig, wenn nicht sogar offen „papistisch“ gesinnt sei. Für den Puritanismus war im Übrigen im frühen 17. Jahrhundert auch die allerdings im Einzelfall unterschiedlich stark ausgeprägte Tendenz charakteristisch, die calvinistische Prädestinationslehre, die besagte, dass es von Gott für jeden Menschen schon vor dem Fall Adams vorherbestimmt worden sei, ob er zum Heil gelangen werde oder der ewigen Verdammnis anheim falle, als zentralen Bestandteil des eigenen Glaubens zu betrachten und sich mit diesem wahrhaft erschreckenden Dogma auch in der pastoralen Verkündigung intensiv auseinanderzusetzen, während andere Geistliche und Laien die Prädestinationslehre zwar grundsätzlich akzeptierten, aber eher zu den theologischen Mysterien rechneten, die sich dem Verständnis des Menschen letztlich entzogen, und über die daher leichter zu schweigen als zu sprechen sei.[252]

Für diejenigen Gläubigen hingegen, für die die Prädestinationslehre ein Fundament des wahren Glaubens war, lag es nahe, nach Zeichen dafür zu suchen, dass sie selber wirklich zu den Auserwählten gehörten. Ein gottesfürchtiger, sittlich makelloser Lebenswandel konnte ein solches Zeichen sein, aber auch ein Eingreifen der göttlichen Vorsehung, der „divine providence“, in den Alltag, sei es nun im Sinne einer Errettung vor drohenden Unglücksfällen, oder auch im Gegenteil im Sinne einer Prüfung des Gläubigen durch zeitweilige Anfechtungen und durch Unglück, das es glaubensfest zu meistern galt. Eine populäre moderne Auffassung, die von den allerdings oft nur halbverstandenen Theorien des deutschen Soziologen Max Weber inspiriert ist, hat dem Puritanismus darüber hinaus die Ansicht unterstellt, Reichtum und geschäftlicher Erfolg hätten als Zeichen der Auserwähltheit gegolten. Blickt man auf manche Formen des protestantischen religiösen Lebens im heutigen Amerika, das allerdings nur noch sehr entfernt durch den Puritanismus des 17. Jahrhunderts geprägt ist, dann mag eine solche Feststellung richtig sein, für das frühneuzeitliche England, insbesondere die eigentliche Blütezeit des Puritanismus, trifft sie hingegen kaum zu, denn das Weltbild der Puritaner, wie immer man sie im Einzelnen definiert, war wahrlich kein optimistisches. In dieser Welt waren es nur allzu oft die Gottlosen, die die Macht ausübten und den Gang der Dinge bestimmten; der Widersacher Gottes, der Teufel, war nur allzu präsent.[253] Zwar würde am Ende der Tage das Licht über die Finsternis triumphieren, aber bis dahin konnte der Gottesfürchtige kaum damit rechnen, in der Welt, so wie sie war, durchweg erfolgreich zu sein, da er hier doch eher ein Außenseiter und potentieller Märtyrer war. Die Ansicht, Reichtum sei per se ein Zeichen von Auserwähltheit, wäre den meisten strengen Calvinisten im frühen 17. Jahrhundert geradezu absurd erschienen. Damit soll freilich nicht geleugnet sein, dass der Puritanismus, ohne auf diese sozialen Gruppen beschränkt zu sein, bei einer städtischen und zum Teil auch ländlichen Mittelschicht, die dazu neigte, an Werte wie Fleiß, Sparsamkeit, Nüchternheit und Selbstdisziplin zu glauben, und dies mit einem ausgeprägten Streben nach einer Verbesserung der eigenen wirtschaftlichen Lage verband, eher Anklang fand, als bei den ganz Mittellosen, den Land- und Besitzlosen, zumal diese oft auch nicht lesen und schreiben konnten, so dass ihnen diese Religion des Wortes und der Schrift nur begrenzt zugänglich war. Doch auch Teile der Oberschicht, der gentry und sogar der peerage, sympathisierten mehr oder weniger stark mit dem strikten Calvinismus.[254] Die Rolle des godly magistrate, des gottesfürchtigen Amtsträgers in der Lokalverwaltung, gab ihnen nicht zuletzt auch eine neue Legitimation ihrer gesellschaftlichen Position.

Im Übrigen wäre es ganz falsch, im Puritanismus in der Zeit Elisabeths I. und Jakobs I. grundsätzlich eine oppositionelle, ja womöglich revolutionäre Bewegung zu sehen. Dagegen spricht schon die Tatsache, dass neben manchen Mitgliedern des Privy Council auch nicht wenige Bischöfe dem gemäßigten Puritanismus durchaus nahe standen – dies galt ja nicht zuletzt für den 1611 von Jakob I. zum Erzbischof von Canterbury ernannten George Abbott, den Sohn eines wenig vermögenden Londoner Tuchmachers. Unter Elisabeth hatte es freilich Forderungen gegeben, die gesamte englische Kirche im Sinne des Presbyterianismus umzugestalten. Die Bischöfe und ihre Amtsträger, die Offiziale und Kanzler, oft weltliche Juristen, hätten einen Großteil ihrer Kompetenzen an gewählte kirchliche Gremien aus Geistlichen und Laien abgeben müssen, und diese Gremien hätten durch eine strenge Kirchenzucht und die Verhängung der Strafe der Exkommunikation alle diejenigen zur Konformität zwingen sollen, die in Glauben und Lebensführung nicht den strengen Maßstäben des strikten Calvinismus entsprachen. Aber solche Vorschläge, die indirekt auch das königliche Kirchenregiment in Frage stellten, hatten nie wirklich eine Chance sich durchzusetzen und im letzten Regierungsjahrzehnt Elisabeths hatten der Erzbischof von Canterbury, Whitgift, und der Bischof von London, Bancroft, den radikalen presbyterianischen Puritanismus energisch bekämpft und letztlich besiegt.[255] Seitdem entwickelte sich im Puritanismus eine Tendenz zur Verinnerlichung; man sah sich selber, die Godly, zwar noch als den wahren Kern der Kirche, hatte sich aber partiell damit abgefunden, dass diese Kirche in absehbarer Zeit nicht vollständig im Sinne der eigenen Ideale umgestaltet werden konnte. Im Übrigen gab es in England ohnehin viele Laien, die zwar daran glaubten, dass die Kirche einer „zweiten" Reformation bedürfe um wahrhaft protestantisch zu werden, die aber dennoch das Regiment über die Kirche lieber einer weltlichen Instanz – dem King-in-Parliament – überlassen wollten, als einer protestantisch-klerikalen Orthodoxie.

Wenn es im englischen Puritanismus, jener letztlich ja sehr diffusen calvinistischen Reformbewegung innerhalb der Church of England, um 1600 eine Tendenz gab, die politisch potentiell subversiv werden konnte, dann war es weniger die stark geschwächte Tradition des Presbyterianismus, sondern eher der militante Antikatholizismus, der für den strikten Calvinismus freilich charakteristisch war. In England erhielt er eine besondere Zuspitzung nicht nur durch die akute Bedrohung durch das katholische Spanien, der England in den 1580er und –90er Jahren ausgesetzt gewesen war, sondern auch durch den Verlauf der englischen Reformation. Der gesamte englische Protestantismus litt letztlich unter einem Trauma, dies war die Erinnerung an die Herrschaft Marias der Katholischen, der altgläubigen Tochter Heinrichs VIII., zwischen 1553 und 1558. Gerade weil die Reformation in ihren Anfängen in den 1530er Jahren so stark ein Werk des Königs, des Godly Prince, gewesen war, war der Schock umso größer, als dessen Tochter sich wieder Rom zuwandte und Protestanten, die wagten, an ihrem Glauben festzuhalten, scharf verfolgte. Für die englischen Protestanten und insbesondere für jene, die überall in ihrer Kirche Spuren des Papismus zu erkennen glaubten, blieb die Frage bedrängend, ob sich dieses Ereignis wiederholen könne, ob auch ein späterer Herrscher seine eigene Kirche verraten und ein Bündnis mit Rom schließen könne. Elisabeth, die der Papst 1570 exkommuniziert hatte, war allenfalls im Kontext von Eheanbahnungs-verhandlungen mit katholischen Prinzen gelegentlich in diesen Verdacht geraten, galt aber doch zunehmend als unanfechtbare Verteidigerin des Protestantismus.

Das protestantische Bekenntnis Jakobs I. war eigentlich auch über jeden Zweifel erhaben, aber die nicht geringe Zahl von Kryptokatholiken an seinem Hof, seine zumindest phasenweise eher tolerante Haltung gegenüber Katholiken überhaupt, und vor allem seine Ausgleichspolitik gegenüber Spanien warfen auch hier Fragen auf, die drängender wurden, als das Projekt der Heirat des Thronfolgers mit einer spanischen Prinzessin am Horizont auftauchte. Da der militante Antikatholizismus oft mit den Gedanken des Widerstandsrechtes gegen einen gottlosen Herrscher verbunden war, lag hier ein Potential für politische Opposition, am Ende vielleicht sogar für eine Revolte. Obwohl Jakob I. selber mehr als einmal verkündet hatte, der Papst sei der Antichrist, war er sich dieser Gefahr nur allzu sehr bewusst, und seine Kirchenpolitik muss auch als ein Versuch verstanden werden, den militanten Antikatholizismus, mit dem er sich in England ebenso wie in Schottland konfrontiert sah, zu kanalisieren oder zu neutralisieren, ohne ihn deshalb notwendigerweise an sich zu negieren.[256]

Dabei lag es für ihn nahe, sich auf jene Kräfte zu stützen, die in England das Gegengewicht zum Puritanismus bildeten. Wenn wir diese Richtung kennzeichnen und definieren wollen, stehen wir vor noch größeren begrifflichen Problemen als bei den strikten Calvinisten. In den 1620er Jahren spitzten sich auch in England die Auseinandersetzungen über die Prädestinationslehre zu, und die Gegner der Puritaner können daher in einer bestimmten Perspektive als „Arminianer" bezeichnet werden, womit man sie als direkte oder indirekte Anhänger des niederländischen Theologen Jakob Arminius (1560–1609) kennzeichnet, der die Prädestinationslehre verworfen und die Bedeutung des freien Willens jedes Gläubigen, aber auch der guten Werke für die Erlangung des persönlichen Seelenheils betont hatte. Sie vertraten damit – in der Tradition des Erasmus – eine humanistische Richtung des Christentums, die aus heutiger Sicht liberaler und rationalistischer erscheinen mag als die Betonung der vollständigen Ohnmacht des Menschen durch die Anhänger Calvins und Bezas. Allerdings waren in England – anders als in den Niederlanden – die meisten Arminianer zugleich entschlossene Verteidiger einer strikt hierarchisch aufgebauten Kirche und Gesellschaft. Klerikalismus und Royalismus gingen hier eine enge Verbindung ein.[257]

Dabei bleibt freilich selbst für die Regierungszeit Karls I. die Frage, ob für diese konfessionelle Richtung Arminianismus überhaupt die richtige Bezeichnung ist, ob nicht andere Probleme – Aufbau und Struktur der Kirche, die Liturgie und die Gestaltung des Gottesdienstes – viel wichtiger für die innerkirchlichen Konflikte waren, als der Kampf um die richtige Gnadenlehre. Für die

Regierungszeit Jakobs I. ist diese Frage – jedenfalls für die Jahre vor 1618-20 – wohl zu bejahen. Schon bevor Jakob I. den Thron bestieg, hatte sich in England eine Gruppe von Theologen gebildet, die in der englischen Kirche, so wie sie eigentlich durch historischen Zufall entstanden war, mit ihren Bischöfen und den zahlreichen vorreformatorischen Traditionen nicht mehr das Ergebnis eines politischen Kompromisses sahen, sondern im Gegenteil eine – nach menschlichen Maßstäben – vollkommene kirchliche Gemeinschaft. Diese Position hatte schon der elisabethanische Theologe Richard Hooker (1553–1600) vertreten. Seine radikaleren Nachfolger sahen u. a. das Bischofsamt zunehmend nicht mehr als Zugeständnis an administrative Notwendigkeiten und an die Tradition, sondern als Kennzeichen jeder wahren Kirche und führten die Autorität der Bischöfe nach katholischem Muster auf die Einsetzung der Apostel durch Christus zurück.[258] Demgemäß wurde der Unterschied zwischen Laien und Geistlichen – im Gegensatz zur Idee des Priestertums aller Gläubigen – wieder stärker betont. Bischöfe wie John Buckeridge (gest. 1628, seit 1611 Bischof von Rochester) und Lancelot Andrewes (1555–1626, seit 1605 Bischof in unterschiedlichen Diözesen), die beide unter Jakob I. Karriere machten, versuchten bewusst an eine gereinigte vorreformatorische Tradition anzuknüpfen, ohne deshalb allerdings den Anschluss an Rom und die tridentinische Reform zu suchen. Für sie war jedoch der strikte Calvinismus mit seiner fanatischen Bilderfeindschaft, seiner Ablehnung einer ästhetisch ansprechenden Liturgie, die die Mysterien des Glaubens durch symbolische Handlungen auszudrücken vermochte, und seiner starken Betonung der Predigt als Kernstück des Gottesdienstes, zu weit gegangen. Das Geheimnis des Glaubens konnte sich für sie nie durch bloße Worte – wie in der Predigt – erschließen, sondern nur in Ergänzung der Exegese durch Gebet und Meditation, durch die Rituale der Liturgie und durch die Sakramente, insbesondere die Eucharistiefeier, die für sie weit mehr war als nur eine bloße Erinnerung an den Tod Christi.

In modernen Darstellungen werden Andrewes, Buckeridge und andere Geistliche ähnlicher Couleur oft als Armianianer bezeichnet, was aber den Kern ihres Anliegens, wie bereits betont, nur sehr partiell trifft. Auch der Begriff „Konformisten“, auf den man ebenfalls stößt, der die explizite Bejahung des kirchlichen Status quo statt der Forderung nach einer zweiten Reformation kennzeichnen soll, trifft die Sache nicht wirklich, denn zumindest unter Jakob I. gingen diese Theologen oft über das hinaus, was offizielle Kirchenpolitik war, waren also mehr und zugleich weniger als bloße Konformisten.

„Ceremonialists“ mag die Sache besser kennzeichnen, denn die Liturgie war für viele Geistliche wie Andrewes wirklich von zentraler Bedeutung. Vielleicht kann man sie mangels einer besseren Vokabel als Anti-Calvinisten bezeichnen – mag dies auch ebenfalls nur ein Notbehelf sein –, die auf der Suche nach einer neuen Identität für ihre Kirche waren, die letztlich eine vermittelnde Position zwischen Rom und Genf einnehmen sollte, diese neue Identität aber noch nicht gefunden hatten. Sie nahmen vieles von dem vorweg, was – nach dem Ausscheiden der Dissenters, der Nachfahren der radikalen Puritaner, aus der Church of England – in der High Church des späten 17. und 18. Jahrhunderts und später im Anglo-Katholizismus des 19. Jahrhunderts eine deutlichere Ausdrucksform finden sollte, mussten sich aber mit einer Kirche arrangieren, die ihrem Glaubensbekenntnis und ihrer Tradition nach durchaus zu den reformierten Kirchen gehörte und für die die Reformation, also der Bruch mit der mittelalterlichen Tradition, einstweilen die entscheidende Grundlage der eigenen Identität blieb.[259]

Hampton Court und die Folgen

Die Haltung Jakobs I. zu dieser kirchlichen Richtung war zwiespältig. Er förderte Lancelot Andrewes, der nicht nur der wichtigste und einflussreichste Prediger am Hofe wurde, sondern 1619 auch das reiche Bistum Winchester erhielt, ebenso wie viele andere Anti-Calvinisten. Sympathisch war ihm offenbar – zumindest dann, wenn er sich nicht unmittelbar von katholischen Attentätern bedroht sah – das ökumenische Anliegen dieser Bewegung, denn wer wie Jakob I. langfristig an die Möglichkeit eines ökumenischen Kompromisses mit dem gemäßigten Katholizismus glaubte, musste Theologen schätzen, die im Katholizismus trotz aller Vorbehalte gegen den Papst und seine geistlichen Heerscharen doch immer noch eine wahre, wenn auch fehlerhafte Kirche zu erkennen glaubten, und nicht nur die „Synagoge des Satans“ wie die strikten Calvinisten. Das neue Frömmigkeitsideal der Anti-Calvinisten blieb dem König hingegen weitgehend fremd, dazu war er zu sehr durch die calvinistische Erziehung seiner Jugend geprägt. So erklärt sich das Paradox, dass Männer wie Andrewes ihre Ziele gerade durch das Medium verfolgen mussten, das sie eigentlich mit Skepsis betrachteten, durch die Predigt. Andrewes, die „stella praedicantium“, der Stern unter den Predigern seiner Zeit, nutzte seine Position als erster unter den königlichen Hofpredigern nicht zuletzt, um dem König – mit eher begrenztem Erfolg – klar zu machen, dass Worte nicht genug waren, um Gott zu verehren, dass es der Feier der Liturgie und des Gebetes bedurfte, und Andrewes, der täglich fünf Stunden im Gebet verbrachte, wusste wovon er sprach.[260] Es war für Jakob I. gleichermaßen bezeichnend, dass er Andrewes gewähren ließ und ihn doch nötigte, sich auf eine Form des Gottesdienstes einzulassen, die eigentlich eher dem strikten Calvinismus als den Idealen derjenigen entsprach, die die Majestät Gottes in der Liturgie und der Ausstattung der Kirchen widergespiegelt sehen wollten.

Die kirchliche Entwicklung zwischen 1603 und 1625 war durch die beständige Rivalität zwischen den anti-calvinistischen „Zeremonialisten" wie Andrewes, Buckeridge oder Richard Neile, der 1617 Fürstbischof von Durham wurde und unter Karl I. als Erzbischof von York amtierte, auf der einen Seite und den strikten Calvinisten auf der anderen Seite gekennzeichnet. Die Calvinisten besaßen auch unter den Bischöfen namhafte und zahlreiche Vertreter, die freilich nie radikale Puritaner waren. Diese Richtung konnte nur im Verborgenen oder im Exil überleben.[261]

Die erste große Konfrontation zwischen den unterschiedlichen konfessionellen Strömungen fand im Januar 1604 in Gegenwart des neuen Königs statt. Eine große Zahl von puritanischen Geistlichen, angeblich Tausend, hatten an den König eine Petition gerichtet, die ihn aufforderte, die Missstände in der Kirche zu beseitigen, dazu gehörten „papistische" Zeremonien wie das Schlagen des Kreuzes ebenso wie die alten Chorhemden und Messgewänder, die die Geistlichen trugen, oder der weit verbreitete Pluralismus (die Tatsache, dass ein Geistlicher zugleich mehrere Pfründen innehatte) unter den Inhabern von Pfarrstellen, der sie hinderte, sich intensiv um ihre Gemeinden zu kümmern. Auch die kirchlichen Gerichtshöfe, die im Prinzip immer noch ähnlich aufgebaut waren wie vor der Reformation, sollten reformiert werden. Die Forderungen waren eigentlich eher gemäßigt, der König nahm sie jedoch zum Anlass, seine Autorität als Supreme Governor seiner Kirche und seine umfassenden theologischen Kenntnisse in einer dreitägigen Konferenz zu demonstrieren, die Anfang 1604 in Hampton Court abgehalten wurde. Neben den führenden Bischöfen der Kirche nahmen daran auch vier Vertreter der Reformbewegung teil. Für manche Forderungen dieser Reformer hatte der König durchaus gewisse Sympathien. Eine gut ausgebildete Geistlichkeit, die ihrer Pflicht nachkam, regelmäßig zu predigen, entsprach auch seinen Idealen und es gab in Hampton Court Momente, in denen er seinen Bischöfen mit bisweilen sarkastischem Spott klar machte, dass er nicht bereit war, eine laisser-faire Haltung zu dulden, die bislang vernünftigen kirchlichen Reformen im Wege gestanden hatte.

Den obsessiven Antikatholizismus der Puritaner, die in jeder kleinsten Spur vorreformatorischer religiöser Rituale eine Bedrohung der Reinheit der Kirche sahen, teilte er freilich nicht. Wenn man das Zeichen des Kreuzes bei der Taufe verwerfe, weil es von der katholischen Kirche in abergläubischer Weise missbraucht worden sei, könne man ebenso gut das Dogma von der Dreieinigkeit verwerfen, da auch dieses missbraucht worden sei. Nachdrücklich verwies er darauf, dass er mit Presbyterianern und Puritanern nur allzu gut vertraut sei, da er unter ihnen aufgewachsen sei, jedoch nie zu ihnen gehört habe.[262] Und als Dr. Reynolds, der eigentliche Sprecher der Gegenseite, unvorsichtigerweise vorschlug, den Bischöfen eine Art Presbyterium an die Seite zu stellen, nahm Jakob I. dies zum Anlass zu betonen, dass das Königtum und das bischöfliche Amt beide von Gott gestiftet und so eng miteinander verbunden seien, dass das eine Amt zusammen mit dem anderen stehe und falle: „*No bishop, no king!*" Eine presbyterianische Kirchenverfassung sei nichts anderes als ein Angriff auf die Monarchie selber. William Barlow, ein den Bischöfen nahe stehender Berichterstatter, notierte an dieser Stelle in seinem Protokoll:

„*thinking that they aimed at a Scottish Presbytery which saith hee, as well agreeth with a Monarchy, as God and the Divel. Then Iacke and Tom, and Will and Dicke shall meete, and at their pleasures censure me and my Councell, and all our proceedings. Then Will shall stand up and say, it must be thus, then Dicke shall reply and say, Nay marry, but wee will have it thus. And therefore heere I must once reiterate my former speech, Le Roy s'avisera*".[263]

Damit hatten die Bischöfe einen entscheidenden Sieg errungen, auch wenn der König bei aller Leidenschaft für die Verteidigung der Episkopalverfassung stets darauf bestand, dass die Bischöfe seine Beauftragten und Diener waren, mochte ihr Amt auch eine göttliche Legitimation besitzen. 1604 war der Angriff auf die etablierte Kirchenverfassung abgewehrt worden, nicht obwohl, sondern weil Jakob I. aus dem presbyterianischen Schottland kam. Jakob empfand die Konferenz selber als großen persönlichen Triumph. An seinen Berater Northampton, der selbst heimlich zum Katholizismus tendierte, sich aber nach außen hin als Verteidiger der offiziellen Kirche gab, schrieb er „*We have kept such a revel with the Puritans here, these two days as was never heard the like, where I have peppered them as soundly as ye have done the Papists there... They fled me ... from argument to argument without ever answering me directly, ut es eorum moris...* "[264] Ein moderner Kommentator schreibt, Jakob I. sei auf der Konferenz aufgetreten, als habe er auf einer Art theologischen Party getanzt, und damit triff er das Atmosphärische der Hampton Court Conference sicherlich zum Teil.[265]

Freilich hieß das nicht, dass der König die Kritik an Geistlichen, die ihre Gemeinden vernachlässigten und nicht predigten, vergessen hatte. In den folgenden Jahren bemühte er sich wiederholt, hier Abhilfe zu schaffen und orientierte sich somit an dem calvinistischen Ideal eines „preaching ministry".[266] Im Übrigen kam es zwar nach 1604 zu einer Verfolgung von puritanischen Gegnern der etablierten Kirche unter der Führung von Bancroft, aber der König achtete darauf, dass nur diejenigen ihre Pfründen verloren, die sich weigerten, die etablierte Kirchenverfassung und die geltende Gottesdienstordnung im Prinzip als gültig anzuerkennen. Ob jemand sich im Alltag immer an alle kirchlichen Bestimmungen hielt, war eine andere Frage, und bei grundsätzlicher Bereitschaft zum äußeren Gehorsam war man bereit, über vieles hinwegzusehen. Insgesamt verloren nach Hampton Court etwa 80 puritanische Geistliche ihre Ämter, kaum mehr als ca. 1 % aller englischen Pastoren, die meisten davon in den ersten Jahren.[267] Nach 1610 kam es nur noch äußerst selten zu Amtsenthebungen von Geistlichen wegen mangelnder Konformität. Die Hampton Court Conference hatte im Übrigen noch ein anderes Resultat, das zwar auch nicht ganz den Erwartungen der gemäßigten Puritaner entsprach, die dort aufgetreten waren, das aber doch eine Antwort auf einige ihrer Forderungen darstellte. Der König ließ eine neue Bibelübersetzung erstellen. Diese so genannte King James Bible, die 1611 erschien, sollte die bestehenden, teils unvollständigen, teils auch fehlerhaften Übersetzungen ersetzen. Dem König selber ging es vor allem darum, die so genannte Genfer Bibel, die Geneva Bible, die in der Zeit Marias der Katholischen von englischen Exulanten in Genf übersetzt worden war, zu ersetzen, denn diese Genfer Bibel war übersät mit Marginalien, die direkt oder indirekt Kritik an der weltlichen Obrigkeit übten, zum Teil in recht radikaler Form. Trotz unterschiedlicher Akzentuierungen innerhalb des aus vielen unterschiedlichen Arbeitsgruppen zusammengesetzten Übersetzungsteams gelang es den verantwortlichen Theologen ein Werk zu schaffen, das für die Church of England als Ganzes akzeptabel war. Die Kommentare und Marginalien der Genfer Bibel waren verschwunden, aber die volkstümliche und dezidiert protestantische Übersetzung des Neuen Testamentes von

William Tyndale, die zu Beginn der englischen Reformation entstanden war, prägte auch weiterhin in stilistisch überarbeiteter Form die Evangelien und Apostelbriefe in ihrer sprachlichen Gestalt. Insgesamt gelang es den Übersetzern der King James Bible eine sprachliche Kraft zu verleihen, die in ihrem Anspielungsreichtum der Bildhaftigkeit ihres Ausdrucks und ihren majestätischen, würdevollen Kadenzen, die mit Worten auch das anzudeuten versuchten, was sich letztlich nicht in Worte fassen ließ, von keiner späteren oder jüngeren Übersetzung in englischer Sprache wirklich erreicht wurde, ganz sicher nicht von den Übersetzungen des 20. Jahrhunderts. Das Werk der Einigung der unterschiedlichen konfessionellen Richtungen, das Jakob I. als Ziel vor Augen stand, hatte er in diesem Fall mit der von ihm in Auftrag gegebenen Bibelübersetzung wirklich erreichen können. Selbst im puritanischen Amerika wurde die King James Bible in der zweiten Hälfte des 17. Jahrhunderts zur maßgeblichen Bibelübersetzung. Nicht zu Unrecht hat eine jüngere Darstellung darauf verwiesen, dass an diesem Punkte die positiven Seiten, die der Charakter des Königs, der sich oft durch Eitelkeit dazu verleiten ließ, sich so zu exponieren, dass er lächerlich erschien, dennoch auch aufwies, am deutlichsten zum Vorschein kommen.[268]

Der König und der Katholizismus

War die Hampton Conference insgesamt für diejenigen Theologen ein Erfolg gewesen, die auf die Kontinuität zur vorreformatorischen Kirche setzten und jedenfalls keine weitere Annähung an das Genfer Kirchenmodell wollten, so gab es doch in den nächsten Jahren auch Momente, in denen der König in eine andere Richtung zu tendieren schien. Die Pulververschwörung vom November 1605 ließ in England naturgemäß den Antikatholizismus wieder stärker werden. Jakob I. regierte freilich auch in dieser Situation mit Augenmaß. Der Oath of Allegiance, der allen Untertanen, aber vor allem den Katholiken 1606 auferlegt wurde, verpflichtete sie, wie bereits betont, ausdrücklich das Recht des Papstes, weltliche Herrscher abzusetzen oder von der Gehorsamspflicht gegenüber diesen Herrschern zu entbinden, zu verwerfen. Sinn des Eides war es, die politisch loyalen von jenen Katholiken zu trennen, die bereit waren, sich an politischen Umsturzversuchen zu beteiligen. Implizit war damit gesagt, dass katholische Laien – für Priester galten diese Bestimmungen in dieser Form nicht – mit einem gewissen Maß an Nachsicht rechnen konnten, wenn sie deutlich zu erkennen gaben, dass sie politisch loyal waren. Katholiken wurden durch den Eid naturgemäß in einen Gewissenskonflikt gestürzt, denn seine Formulierungen kritisierten die Autorität des Papstes so stark, dass es nicht leicht war, sich einer solchen Verpflichtung zu beugen. Grundsätzlich war aber Jakob I. trotz der Bedrohung, die aus seiner Sicht die Aktivität der Jesuiten und anderer radikaler Katholiken darstellte, bereit, katholische Laien, die ihren Glauben im Verborgenen praktizierten, zu tolerieren. Er blieb insoweit dem Versprechen treu, das er im März 1603 dem Earl of Northumberland gegeben hatte:

„As for the Catholics, I will neither persecute any that will be quiet and give but an outward obedience to the law, neither will I spare to advance any of them that will by good service worthily deserve it.“ [269]

Manche Katholiken hatten sich sicherlich von der Thronbesteigung des ersten Stuart mehr versprochen, etwa die Erlaubnis, ihren Glauben auch offen zu praktizieren, und ein Ende der Strafgelder für die Nicht-Teilnahme am protestantischen Gottesdienst. In manchen englischen Grafschaften, in denen viele Kryptokatholiken lebten, war nach 1603 die Zahl von Personen, die sich zum Katholizismus bekannten, anfänglich sprunghaft gestiegen. Das gegen den König gerichtete Attentat von 1605 war auch durch eine gewisse Enttäuschung darüber motiviert, dass Jakob I. nicht bereit war, am Status der protestantischen Staatskirche zu rütteln. Längerfristig war die vorsichtige Politik des Königs jedoch durchaus erfolgreich. Katholische Verschwörungen und gewaltsame Umsturzversuche stellten um 1620, anders als 30 Jahre zuvor unter Elisabeth oder noch 1605, kein wirkliches Problem mehr da. Zwar hatte die Ermordung Heinrichs IV. durch einen katholischen Fanatiker in Frankreich 1610 auch in England noch einmal zu einer schärferen antikatholischen Gesetzgebung geführt, die unter anderem vorsah, dass auch Frauen, die sich zum Katholizismus bekannten, ins Gefängnis geworfen werden konnten. Damit wollte man dem Problem begegnen, dass in katholischen Familien die Männer sich oft äußerlich anpassten, während die Frauen unnachgiebig am ererbten Glauben festhielten.[270] Auch erließ Jakob I. eine Proklamation, in der er seine Untertanen nachdrücklich vor der Gefahr warnte, die von katholischen „Selbstmordattentätern“ ausging, denn die Katholiken *„make Martyrs and Saints of such as kill their owne Kings, the anoynted of God“.*[271] Geistliche und Jesuiten wurden nochmals des Landes verwiesen, jedoch nicht unmittelbar mit der Hinrichtung bedroht, wenn sie diesem Befehl tatsächlich nachkamen, und katholische Laien sollten entwaffnet werden. Indes, während der gesamten Regierungszeit Jakobs I. wurden nur 25 Katholiken wegen ihres Glaubens, der ihnen, insbesondere wenn sie Priester waren, als Hochverrat ausgelegt wurde, hingerichtet. Unter Elisabeth waren es 189 gewesen.[272] Jakob I. wollte nicht den Katholizismus als solchen bekämpfen, jedenfalls nicht mit Feuer und Schwert im Gegensatz zu den Waffen des Wortes und des Arguments, sondern jene Form des politischen Katholizismus, in der er gewissermaßen eine Art des politisch-religiösen Terrorismus sah. Freilich nicht alle seine Untertanen teilten seine Haltung. Der englische Katholizismus war im frühen 17. Jahrhundert ein Oberschichtenphänomen; unter den Hochadligen waren etwa 20 % Katholiken oder Kryptokatholiken und auch in der gentry dürfte der Anteil bei 10 % der Familien gelegen haben (gegenüber 2 % bis maximal 5 % unter der Gesamtbevölkerung) mit starken regionalen Schwerpunkten vor allem im Norden, wo in manchen Gebieten ein Drittel und mehr der gentry der alten Kirche zuneigten.[273] Gerade deshalb wurde die überproportional hohe Zahl von „Papisten", die sich am Hof oder in seiner Umgebung aufhielten oder zu ihm zumindest Verbindung hatten, als beunruhigend empfunden, vor allem nach Ausbruch des Dreißigjährigen Krieges 1618.

Jakob I. seinerseits setzte allerdings stets auf eine Doppelstrategie: Katholiken, die seine Herrschaft nicht anerkannten, wurden bekämpft, der gemäßigte Katholizismus sollte längerfristig als Partner gewonnen oder zumindest neutralisiert werden. Zu Anfang seiner Regierung in England war kurzfristig sogar die Idee eines gesamtchristlichen Konzils aufgetaucht, das die Konfessionsspaltung überwinden sollte. Dieser Plan hatte sich als Luftschloss erwiesen, aber Jakob I. gab die Pläne für eine Verständigung mit Teilen des Katholizismus nicht ganz auf. Eine 1609 erschienene französische Eulogie auf den englischen König von George Marcelline, die bald darauf in Englisch unter dem Titel *The Triumphs of King James* publiziert wurde,[274] verherrlichte ihn als einen Herrscher, der bei einem gesamtchristlichen Konzil eine ähnliche Rolle spielen könne wie Konstantin der Große in Nicaea. Marcellines Hinweis auf die zugleich imperiale und quasi priesterliche Würde Jakobs I. mag für den Moment eine bloße Schmeichelei gewesen sein, muss aber auch im Kontext der Auseinandersetzung mit der konziliaristischen Tradition, die in die politische Theorie und die Ekklesiologie des Presbyterianismus Eingang gefunden hatte und die monarchische Herrschaftsgewalt in Frage zu stellen drohte, gesehen werden.[275] Schon in den 1590er Jahren hatte Jakob VI. seine Eingriffe in die kirchliche Autonomie und seine Einflussnahme auf die schottische Nationalsynode mit dem Hinweis auf *„the lovable Example of the Christian Emperours in the Primitive Church"* gerechtfertigt und ebenso nachdrücklich betonte er als englischer Herrscher nach 1603 seine konstantinische Aufgabe als Einiger der Kirche[276] zunächst sicherlich mit dem Ziel, die protestantischen Kirchen einander näher zu bringen, aber längerfristig auch mit der Absicht, eine wahrhaft ökumenische Politik zu betreiben. Sicherlich, das darf nicht übersehen werden, stand dahinter auch eine apologetische Absicht. Da es der Reformation nicht gelungen war, die Römische Kirche wirklich zu besiegen, konnte der Eindruck entstehen, dass die protestantischen Kirchen nur schismatische Abspaltungen der katholischen Kirche waren, gerade deshalb galt es nachzuweisen, dass sie stärker als Rom die katholische Kirche im ursprünglichen Sinne des Wortes – also die allumfassende (dies ist ja die Bedeutung des Wortes katholisch) Gemeinschaft aller Gläubigen – verkörperten. Es galt, das Ideal der Katholizität, der Universalität der wahren Kirche, für den Protestantismus in Anspruch zu nehmen, dies aber war ohne eine irenische Politik, die bereit war, sich im Namen einer via media und der Mäßigung über mancherlei dogmatische Unterschiede hinwegzusetzen, kaum möglich. Dies war jedenfalls die Überzeugung Jakobs I.

Jakob I. ermutigte Kontakte seiner Bischöfe und Geistlichen mit europäischen Theologen, die auf die Begründung einer gesamtchristlichen Ökumene hinarbeiteten. Dazu waren etwa der protestantische Franzose Isaak Casaubon zu rechnen, der sich nach 1610 in England niederließ, oder Jean Hotman, der Sohn des berühmten hugenottischen Juristen aus der Zeit der Religionskriege. Hotman stand in enger Verbindung zu dem niederländischen Remonstranten und Juristen Hugo Grotius.[277] In Deutschland vertrat später Georg Calixt ähnliche Positionen, vielleicht sogar inspiriert durch einen Besuch in England im Jahre 1612.[278] Aber auch in Südeuropa, in Italien, fand die Position Jakobs I. Widerhall bei Männern wie Marcantonio de Dominis, einem italienisch-venezianischen Bischof, der zeitweilig als Protestant in England lebte bevor er nach Italien zurückkehrte, wo er in Rom freilich als Ketzer verurteilt wurde.[279]

Jakobs ökumenische Bemühungen fanden in England Unterstützung bei jenen Gegnern des strikten Calvinismus, die aus der Ecclesia Anglicana die Keimzelle einer genuin ökumenischen Kirche werden lassen wollten, „a third force, competing with the international church of Rome and international Calvinism".[280] In Ansätzen kann man im frühen 17. Jahrhundert – in den England benachbarten Niederlanden verkörpert durch Männer wie den Juristen und politischen Theoretiker Hugo Grotius – einen neuen Aufschwung jener erasmianischen, irenischen Variante des Christentums erkennen, die nach dem Scheitern der Versuche um die Mitte des 16. Jahrhunderts, die Kirchenspaltung mit Hilfe eines Konzils zu überwinden, über Jahrzehnte hinweg an Einfluss verloren hatte. Jakob I. wusste diese geistig-theologische Strömung für seine Zwecke zu nutzen, auch wenn er grundsätzlich an den Lehren der calvinistischen Theologie festhielt.[281] Er nahm für sich dabei eine Position als rechtmäßiger Führer aller Christen, die sich nicht bedingungslos Rom unterordneten, in Anspruch, unabhängig davon, welche theologischen Positionen deren Kirchen im Einzelnen einnahmen. Man mag argumentieren, dass dieser Anspruch realpolitisch illusorisch war (er ließ sich faktisch jedenfalls nicht umsetzen), er hatte aber in jedem Fall seine Rückwirkungen auf das Selbstverständnis der englischen Kirche, oder auf jene Form dieses Selbstverständnisses, die der König förderte. Wie eine jüngere Studie über die kontroverstheologische Polemik im Umkreis des Hofes unter Jakob I. hervorgehoben hat, legitimierte der König mit seinem Ideal der Mäßigung in konfessionellen Fragen faktisch eine theologische Rhetorik, die im Namen von „moderation" und einer via media, eines mittleren Weges zwischen Genf und Rom, gezielt die strikten Calvinisten, die Puritaner, ausgrenzte. Die Autorin dieser anregenden Arbeit, Lori Ferrell, fasst ihre Ergebnisse in dem Satz zusammen: „The image of Constantine proclaimed the King's authority to lecture foreign monarchs on matters of religion, but it also refined the picture of his own Church to exclude even moderate Puritans".[282]

Die Grenzen der Ausgleichspolitik

Es ist in der Tat kaum zu leugnen, dass die Ideale der Mäßigung und der Vermittlung zwischen konfessionellen Extremen, die Jakob I. als neuer Konstantin seinen Kirchen und der Christenheit immer wieder verkündete, sehr ambivalent sein konnten. Die von Jakob I. geförderte theologische Irenik und Rhetorik der Mäßigung konnten in der Tat dazu dienen, alle „Radikalen" zu marginalisieren. Dass Männer wie Andrewes und Buckeridge, die Protagonisten der Ceremonialists, eine solche Rhetorik pflegten, lässt sich kaum leugnen, ebenso wenig ist zu bestreiten, dass sie ihre Beliebtheit beim König auch der Tatsache verdankten, dass sie es sehr viel besser als ihre streng calvinistischen Gegner verstanden, die sakrale Würde des

Königtums zu unterstreichen und hervorzuheben. Die Salbung des Herrschers war für sie fast ein kirchliches Sakrament, das dem Gesalbten, wie in der katholischen Kirche die Weihe dem Priester, einen unauslöschlichen Charakter verlieh, der ihn unantastbar werden ließ, selbst wenn er sich gegen Gott auflehnte. In diesem Sinne konnte Andrewes in einer seiner Predigten, die er am Jahrestag der Gowrie Conspiracy über den Schriftvers „Touch not Mine anointed" (1. Chron. XVI, 22), der dem König besonders am Herzen lag, hielt, argumentieren, auch heidnische Herrscher seien Gottes Gesalbte. Die Katholiken – und wenn Andrewes von Katholiken sprach, meinte er damit im politischen Kontext oft die Puritaner – argumentierten: *„So that if he will not hear Masse, no Catholic, no 'anointed'. If after he is 'anointed' he grow defective, to speak their own language, prove a tyrant, fall to favour heretics, his anointing may be wiped off, or scraped off; and then you may write a book* De justa abdicatione,[283] *make a holy league, touch him, or blow him up as ye list"*. Dagegen setzte Andrewes die Überzeugung, dass jeder legitime Herrscher, also jeder Fürst, der nach geltendem Recht auf den Thron gelangt war, ein Gesalbter des Herrn sei, selbst wenn er ein Heide oder gar ein Ketzer und Apostat sei. *„God's claim never forfeits; His character never to be wiped out or scraped out, nor Kings lose their right, no more than Patriarchs* [die Patriarchen des alten Testamentes] *did their fatherhood"*.[284]

Solche Predigten waren sicherlich nach dem Geschmack Jakobs I., so wie Andrewes ja auch sonst den richtigen Ton traf. Dennoch kann nicht geleugnet werden, dass der König noch bis etwa 1620 auch die gemäßigten Calvinisten in der Kirche weiter unterstützte und durchaus die Balance zwischen den unterschiedlichen konfessionellen Richtungen zu halten wusste. Nichts macht dies deutlicher als die Synode von Dordrecht, die 1618 in den Niederlanden zusammentrat, um die Lehren der Schüler des Leidener Theologen Jakob Arminius, der einige Jahre zuvor verstorben war, zu untersuchen. Arminius und seine Anhänger hatten die Prädestinationslehre Calvins und Bezas verworfen, sie näherten sich in der Gnadenlehre, wie es schien, partiell der katholischen Kirche an, die sie auch sonst nicht mit jenem Abscheu betrachteten, wie er für den militanten Calvinismus charakteristisch war. Der Streit über ihre Lehren war jedoch kein rein theologischer, sondern zugleich ein eminent politischer. Die niederländischen Arminianer oder, wie sie sich selber nannten, Remonstranten verkörperten jene Kräfte in der niederländischen Gesellschaft, die einen Ausgleich mit Spanien und daher auch eine Verlängerung des 1621 auslaufenden zwölfjährigen

Waffenstillstandes suchten und die die Macht der Statthalter aus dem Hause Oranien zugunsten einer rein republikanischen Verfassung einschränken wollten. Die englisch-schottische Delegation, die Jakob I. 1618 in die Niederlande zur Synode, die auch von schweizerischen und deutschen Delegierten besucht wurde, sandte, erhielt die Instruktion, die traditionellen calvinistischen Lehren zu verteidigen. Jakob I. hatte für die Dogmen der Arminianer offenbar zu diesem Zeitpunkt keine großen Sympathien. Allerdings sollte man sich auch bemühen, eine offene Spaltung der niederländischen Kirche zu vermeiden und den Graben, der die Reformierten von den Lutheranern trennte, nicht noch zu vertiefen. Die Synode brachte unter britischer Mitwirkung den erwarteten Sieg der strikten Calvinisten, der sog. Contra-Remonstranten, auch wenn Jakobs Gesandte nicht alle Beschlüsse vorbehaltlos mittrugen. Diesem Sieg folgte die politische Katastrophe der niederländischen Friedenspartei. Ihr Führer, der holländische Politiker Oldenbarneveldt, wurde hingerichtet, seine Anhänger, unter ihnen Hugo Grotius, ins Gefängnis geworfen.[285]

Diese Aufsehen erregenden Ereignisse fanden naturgemäß auch in England ihr Echo und lösten u. a. eine Gegenbewegung aus, die stärker mit den Arminianern sympathisierte, ohne sich freilich wirklich offen zu ihnen zu bekennen. Dieser Gegenbewegung kamen jedoch nun äußere politische Umstände zugute. 1619 hatte der Schwiegersohn Jakobs I., Friedrich V. von der Pfalz, sich zum König von Böhmen wählen lassen, nachdem die Stände den ursprünglichen Herrscher Ferdinand II. abgesetzt hatten. Friedrich war zu diesem riskanten Schritt unter anderem durch den Erzbischof von Canterbury, Abbot, ermuntert worden, der den richtigen Augenblick für die finale Abrechnung mit der „Hure Babylon", mit Rom, gekommen sah. Das böhmische Abenteuer wurde jedoch ein Fiasko. (vgl. unten S. 180 f). Abbot, der für diese Katastrophe mutmaßlich mitverantwortlich war und dennoch mehr denn je auf eine Kriegspolitik drängte, fiel in Ungnade. 1621 erlitt sein Ansehen überdies einen erheblichen Schaden, als er auf der Jagd versehentlich einen Treiber erschoss; ein Teil der anderen Bischöfe vertrat fortan die Ansicht, dass er sein Amt, da Blut an seinen Händen klebte, eigentlich nicht mehr ausüben könne. Wenig später im Frühjahr 1622 ließ Jakob I. die Schriften eines führenden Pfälzer Theologen, David Pareus, der u. a. in einem Römerbriefkommentar für das Widerstandsrecht der Untertanen gegen einen gottlosen Herrscher eingetreten war, verbrennen, zusammen mit dem Text einer Predigt, den in Oxford ein Theologe namens John Knight gehalten hatte. Knight hatte unter Bezug auf Pareus ebenfalls widerstandsrechtliche Theorien vertreten, die indirekt als Aufruf zur Opposition gegen einen König verstanden werden, der jetzt erst recht die Verständigung mit Spanien suchte und dem manche vorwarfen, er sympathisiere mit dem Katholizismus.[286]

Von den militanten Calvinisten, die seine „Appeasement"-Politik ablehnten und ihn zu einem Krieg, den er eigentlich ablehnte, zwingen wollten, bedrängt, wandte sich Jakob I. in seinen letzten Jahren den Anti-Calvinisten zu, die jetzt Aufwind bekamen. Nur sie waren bereit, auch eine größere Toleranz gegenüber Katholiken in gewissem Umfang zu akzeptieren und das Herrschaftsrecht des Königs auch gegen diejenigen zu verteidigen, die in den Plänen für eine Heirat des Thronfolgers mit einer spanischen Prinzessin nicht mehr und nicht weniger als Hochverrat sahen. Die Probleme spitzten sich zu, als 1622–23 im Kontext der Verhandlungen über eine dynastische Heiratsverbindung mit Spanien die anti-katholische Gesetzgebung in England wirklich weitgehend suspendiert wurde, während gleichzeitig scharfe Auflagen alle Predigten politischen Inhalts unterbinden sollten (vgl. unten S. 192 f). Katholische Geistliche verließen nun ihre Verstecke und zeigten sich offen. In den Midlands führte ein katholischer Weihbischof sogar ganz offen Prozessionen durch die Straßen der Städte.[287]

Der Antikatholizismus der traditionellen Calvinisten steigerte sich in dieser Situation zu einem wahren Furor, umgekehrt sahen Geistliche, die immer schon Zweifel an den Dogmen Calvins und Bezas gehabt hatten, dass die missionarischen Bemühungen der römischen Priester mit Berufung auf die Prädestinationslehre, die der Masse der Gläubigen nur wenig Trost bieten konnte, kaum zu bekämpfen waren. Einer dieser anti-calvinistischen Theologen nahm dies zum Anlass, um 1624 in einer polemischen Schrift *A New Gagg for an Old Goose* zahlreiche der bis dahin zumindest formal akzeptierten Lehren der reformierten Tradition, darunter auch die Gnadenlehre, in Bausch und Bogen zu verwerfen, nicht, um damit die Church of England in das römische Lager zu führen, sondern um Rom in der pastoralen Arbeit besser bekämpfen zu können, wenn auch von einer Position aus, die nicht mehr die der reformierten Kirchen Europas war. Jakob I. distanzierte sich auch nach einer vehementen Kritik an der Schrift Montagues im Parlament – eine Kritik, die wohl unter anderem durch den von Jakob I. zunehmend an die Seite gedrängten Erzbischof Abbott initiiert worden war – nicht wirklich von ihm und hatte ihn offenbar sogar ermutigt, seine Ansichten zu veröffentlichen. Eine weitere Schrift des kontroversen

Geistlichen, *Appello Caesarem*, in der alle Calvinisten als subversive illoyale Puritaner gebrandmarkt wurden, wurde mit ausdrücklicher königlicher Billigung gedruckt, auch wenn sie erst nach seinem Tod erschien.[288]

War Jakob I. damit am Ende seines Lebens zum Arminianer geworden, zum Gegner der Calvinisten und zum Befürworter einer Kirchenpolitik, die die Church of England aus der Gemeinschaft der reformierten Kirchen, die 1618–19 in Dordrecht noch einmal ihre Bekräftigung gefunden hatte, löste? Dies ist zumindest zweifelhaft. Fest allerdings steht, dass der König aus Furcht vor einem auch politisch militanten Calvinismus, der jeden Kompromiss mit katholischen Mächten verwarf und eine Neutralitätspolitik unter den Bedingungen des Religionskrieges als Abfall vom wahren Glauben brandmarkte, glaubte, die Gegenkräfte stärken zu müssen, und diese fand er in den Exponenten einer Bewegung, die schon vor 1618 versucht hatte, die calvinistischen Elemente im Selbstverständnis der englischen Kirche zurückzudrängen bei gleichzeitiger Betonung der altkirchlichen Tradition, der Bedeutung der Liturgie, der Sakramente, des geistlichen Amtes und der durch die Schrift begründeten bischöflichen Autorität. Der pragmatische Kompromiss zwischen unterschiedlichen konfessionellen Richtungen, auf dem der trotz aller Spannungen äußerlich stabile Frieden in der Church of England unter Jakob I. beruht hatte, wurde durch den Ausbruch des Dreißigjährigen Krieges, die Triumphe der katholischen Mächte seit 1620 mit ihrer polarisierenden Wirkung auf die kirchliche und politische Öffentlichkeit und die Krise, in die die geplante dynastische Verbindung mit Spanien England 1622–23 stürzte, fundamental in Frage gestellt. Dennoch, schon allein die relative Stärke der gemäßigten Calvinisten in der kirchlichen Hierarchie – ein Umstand, für den Jakob I. selber verantwortlich war – sorgte dafür, dass auch die Puritaner im weitesten Sinne des Wortes mit Ausnahme weniger Radikaler die Church of England als ihre Kirche akzeptieren konnten, wenn auch vielleicht nur als eine unvollkommene Kirche. Diese Voraussetzung war 15 Jahre später am Vorabend des Bürgerkrieges nicht mehr gegeben. Jetzt hatten sich die konfessionellen Spannungen in der Kirche so gesteigert, dass sie einen Krieg ermöglichten, der jedenfalls auch, wenn auch nicht ausschließlich, ein innerprotestantischer Religionskrieg war. Davon war England 1625 noch weit entfernt, obgleich die kirchliche Ausgleichspolitik Jakobs I. zu diesem Zeitpunkt ohne Zweifel an ihre Grenzen gestoßen war.

VIII. Finanzielle Dauerkrise, juristische Konflikte und persönliches Regiment (1611–1620)

Regieren ohne Parlament

Mit dem Scheitern des Great Contract und des Parlamentes von 1610 (s. o. S. 58 f) waren zunächst alle Aussichten auf eine Gesundung der Staatsfinanzen geschwunden. Die fiskalische Krise, die sich dadurch zugespitzt hatte, sollte Jakob I. bis zu seinem Tode 1625 nicht überwinden, ja in gewisser Hinsicht gelang es erst seinem Nachfolger Karl I. in den 1630er Jahren durch die flächendeckende Erhebung neuer, vom Parlament nicht bewilligter Abgaben vorübergehend – in Friedenszeiten – ausreichende Einnahmen zu erzielen. Ein solcher Erfolg blieb Jakob I. trotz einer vorübergehenden Verbesserung oder zumindest Stabilisierung der finanziellen Lage nach 1617 verwehrt.

Während die Finanzprobleme sich verschärften, änderte sich auch der Regierungsstil des Königs (vergl. oben S. 95 f). Nach dem Tode Robert Cecils 1612 trat kein anderer Amtsinhaber von vergleichbarem Format an seine Stelle, vielmehr verschob sich das Machtzentrum vom Privy Council zum Hof und zu den höfischen Favoriten, wie wir gesehen haben. Zugleich wurde es immer deutlicher, dass das Scheitern der Zusammenarbeit mit dem Parlament im Jahre 1610 mehr als nur eine Episode war. Zwar trat im Frühjahr 1614 die Ständeversammlung noch einmal zusammen, aber mehr noch als das Parlament von 1610 zeigte dieses so genannte „Addled Parliament“, also das fruchtlose Parlament, wie groß der Abstand war zwischen den Erwartungen des Königs und den Forderungen der Abgeordneten des Unterhauses.[289] Namentlich die so genannten impositions, die Zollaufschläge, die seit 1606 kraft königlicher Prärogativgewalt erhoben wurden und einen erheblichen Anteil des Einkommens der

Krone ausmachten, blieben unpopulär, da sie Importgüter verteuerten und den Handel, wie es zumindest vielen Kaufleuten schien, behinderten. Für nicht wenige Parlamentsmitglieder waren die impositions der Anfang einer Steuererhebung ohne parlamentarische Mitwirkung. Umgekehrt sah der König recht deutlich, dass das Parlament weder gewillt noch dazu wirklich in der Lage war, der Krone eine adäquate Gegenleistung für die Abschaffung der impositions zu bieten. Freilich gibt es auch Indizien, dass einflussreiche Berater des Königs, wie namentlich der Earl of Northampton, ohnehin an einem Scheitern des Parlaments interessiert waren, oder doch zumindest nicht mehr auf einen Erfolg der Verhandlungen setzten. Möglicherweise schürten sie sogar über ihre Agenten die Unzufriedenheit im House of Commons zusätzlich, wohl wissend, dass allzu kritische Reden ausreichen konnten, den König zu provozieren und zu einer vorzeitigen Auflösung zu bewegen.[290] Dies trat dann in der Tat ein, als neben dem brisanten Thema der impositions auch die starke Präsenz der Schotten am Hof noch einmal angesprochen wurde und einzelne Abgeordnete taktlose Anspielungen auf die Sizilianische Vesper des späten 13. Jahrhunderts gemacht hatten. Damals waren die Franzosen, die dort das Erbe der Staufer angetreten hatten, auf Sizilien von der aufgebrachten Bevölkerung umgebracht worden. Als ob das noch nicht genug gewesen wäre, sprachen einige Mitglieder des Unterhauses auch davon, dass es ja genug Beispiele für tyrannische Herrscher gäbe, die zu Fall gekommen oder ermordet worden seien, und die willkürliche Erhebung von Steuern wurde offenbar als ein Beispiel für ein solch tyrannisches Verhalten gesehen. Die Anspielung auf Jakob I. war deutlich genug.[291]

Der zu erwartende Effekt trat ein. Jakob I. löste das Parlament in einem Zornesanfall auf. Northampton, der eine pro-spanische Politik verfolgte und überdies als Kryptokatholik auf mehr Toleranz für seine Glaubensgenossen hoffte, musste dieses Ergebnis mit Befriedigung betrachten, selbst wenn er es möglicherweise nicht bewusst herbeigeführt hatte, denn das Parlament, jedenfalls das Unterhaus, war gewohnheitsgemäß genauso antispanisch wie antikatholisch. Northampton selbst starb zwar schon eine Woche später, und der Triumph seiner mit ihm im Übrigen zum Teil zerstrittenen Familie, der Howards, die mit dem neuen Favoriten, dem Earl of Somerset, verbunden waren, war nicht von langer Dauer,[292] da Somerset schon 1615 stürzte, aber das Parlament verschwand dennoch für lange Zeit von der politischen Bühne. Angesichts der kritischen Finanzlage gab es zwar immer wieder Pläne, die Ständeversammlung einzuberufen, aber erst der Ausbruch des Dreißigjährigen Krieges 1618 zwang den

König nach einigen Jahren, sich 1621 wirklich wieder an das Parlament mit der Bitte um Steuerbewilligungen zu wenden. Ähnliche Motive lagen dann der Einberufung des Parlamentes im Jahre 1624 zu Grunde.

Nun war es an sich nicht gar so ungewöhnlich, dass über Jahre hinweg kein Parlament zusammentrat, auch die Tudors hatten die Ständeversammlung in der Regel nur einberufen, wenn kriegsbedingte oder anderweitig entstandene finanzielle Defizite oder eine politische Ausnahmesituation – wie etwa ein Konfessionswechsel – sie dazu genötigt hatten. Die Notwendigkeit, die Herrschaft Elisabeths, die sich als Frau nach einer potentiell kontroversen Thronfolge in einer Ausnahmesituation befand, zu legitimieren und die Tatsache, dass England in die militärischen Auseinandersetzungen auf dem Kontinent hineingezogen wurde, hatten allerdings dazu geführt, dass unter Elisabeth das Parlament dann doch zumindest alle vier bis fünf Jahre, zusammentrat. Es war daher bemerkenswert, dass die Ständeversammlung von 1614 an sieben Jahre lang gar nicht tagte, und faktisch sogar zwischen 1610 und 1621 keine wirkliche Sitzung, die irgendwelche Gesetze verabschiedete, stattfand, denn dazu war das Addled Parliament ja nicht mehr gekommen. Dass der König die Beratungen des Parlamentes nach den Erfahrungen der Jahre 1610 und 1614 mit großer Skepsis betrachtete, daran kann kein Zweifel bestehen. So machte er keinen Hehl daraus, dass er das Prozedere namentlich des Unterhauses für chaotisch hielt. Wildes Geschrei und Unordnung kennzeichnete diese Versammlungen, und er wundere sich, dass seine Vorgänger es überhaupt zugelassen hatten, dass das Parlament ein Mitspracherecht für sich beanspruche, so äußerte er sich gegenüber dem spanischen Botschafter.[293] Er war mit diesem Urteil nicht allein, so urteilte ein Zeitgenosse, John Chamberlain, dessen Briefe eine fast vollständige Chronik der politischen Ereignisse der Epoche bilden, mit Blick auf das Addled Parliament, „*there was never knowne a more disorderly House, and that yt was many times more like a cockpit* [eine Arena für einen Hahnenkampf] *than a grave counsaile*".[294]

Allerdings, auch dies muss betont werden, dem König fehlte, anders vielleicht als nach 1629 seinem Sohn, eine klare Politik, die eine Aussicht geboten hätte, ihn finanziell vom Parlament unabhängig zu machen. Schon deshalb ist es problematisch, für die Jahre nach 1614 von einem königlichen Absolutismus zu sprechen. Weder war Jakob I. bereit, konsequent Einsparungen vorzunehmen, noch versuchte er wirklich systematisch und mit Aussicht auf Erfolg, neue Einnahmequellen zu erschließen, die ertragreich genug waren, um auf Dauer die parlamentarische Steuer vollständig zu ersetzen. Umgekehrt, auch dies darf nicht vergessen werden, nur wenige der Abgeordneten, die 1614 so lautstark die Politik des Königs kritisiert hatten, lehnten wirklich grundsätzlich eine Zusammenarbeit mit ihm ab, zumal viele nur allzu sehr nach Ämtern und Auszeichnungen am Hofe strebten.

So schuf denn auch die veränderte politische Konstellation der frühen 1620er Jahre zwar politische Probleme anderer Art, ließ aber die Konflikte, die 1614 im Vordergrund gestanden hatten, doch zumindest für den Moment zurücktreten, und führte manche Wortführer der damaligen Opposition ins Lager des Königs oder doch zumindest – 1624 – des Thronfolgers (siehe unten, S. 196 ff). Grundsätzlich bestand also durchaus eine Möglichkeit, unter veränderten Bedingungen dort wieder anzuknüpfen, wo 1610 und 1614 die Zusammenarbeit mit dem Parlament gescheitert war, zumal der König und seine Berater unter Umständen vielleicht damit rechnen konnten, dass die umstrittenen Zollerhöhungen, die sie vorgenommen hatten, im Laufe der Jahre durch die normative Kraft des Faktischen dann doch akzeptiert werden würden. Die Rechnung ging zwar nicht ganz auf, aber es war auffällig, wie sehr sich 1621 das Parlament in dieser Frage tatsächlich zurückhielt.[295]

Nach 1614 verfolgte Jakob I. freilich eine Politik der finanziellen Notbehelfe, die eigentlich schon, als Cecil noch lebte, begonnen hatte. 1616 wurden die Garnisonsstädte in Holland und Seeland, die die Republik der Niederlande England pfandweise im Gegenzug für die im Krieg gegen Spanien gewährte militärische und finanzielle Unterstützung überlassen hatte, wieder an die Niederlande abgetreten, für eine Summe von rund £ 250 000. Das verschuf den öffentlichen Kassen für den Moment eine gewisse Erleichterung. Für die Zukunft hoffte Jakob I. überdies immer noch auf eine Heirat des Thronfolgers mit einer spanischen oder bourbonischen Prinzessin. Eine solche Heiratsverbindung, so glaubte man zumindest, würde mindestens weitere £ 250 000, wenn nicht sogar weitaus mehr, als Mitgift einbringen und damit zum Schuldenabbau beitragen. Indes, dies blieben einstweilen Luftschlösser, es mussten andere Wege gefunden werden, die Ausgaben zu decken, denn die Schulden des Königs beliefen sich nach 1614 zeitweilig auf über £ 700 000 mit steigender Tendenz; angesichts eines jährlichen Defizits von fast regelmäßig an die £ 160 000 wenig überraschend, wobei man freilich berücksichtigen muss, dass diverse Schuldner, u. a. frühere Amtsträger oder ihre Erben, der Krone ebenfalls erhebliche Summen schuldeten. 1619 beliefen sich diese Außenstände immerhin auf £ 1 624 523.[296] Die Lage, in der sich England unter Jakob I. befand, ähnelt in manchem durchaus derjenigen heutiger Regierungen. Durch eine über Jahre hinweg betriebene wenig solide und verschwenderische Haushaltsführung war bei allen, die von der Patronage der Krone profitierten, eine Erwartungshaltung entstanden, die es sehr schwer machte, Einschränkungen vorzunehmen. Gleichzeitig ließen sich die Einnahmen der Krone auf den üblichen und normalen Wegen, vor allem durch Steuern, aus politischen, aber zum Teil auch aus administrativen Gründen nicht steigern. Die Schulden wuchsen ins Unermessliche.[297] Der einzige Ausweg schien zu sein, Hoheitsrechte der Krone stärker als bisher fiskalisch zu nutzen oder – gegen Geldzahlungen – zu privatisieren, denn die englische Krone war „cash poor but asset rich".[298] An die Stelle fehlender Steuern mussten – oft von privaten Pächtern eingezogene – Gebühren treten, eine Situation, die in manchem dann doch an die Gegenwart erinnert.[299]

Schon Salisbury hatte vor 1612 die Einnahmen des Court of Wards, der die Rechte des Königs als Vormund unmündiger oder weiblicher Erben von Lehensleuten der Krone wahrnahm, erheblich gesteigert, indem er die Vormundschaftsrechte zu immer höheren Preisen verkaufte. Nach 1610 traten nun noch ganz andere Projekte in den Vordergrund. Polizeiliche Vorschriften, etwa gegen den Bau neuer Häuser in den Londoner Vorstädten, sollten strenger durchgesetzt werden, respektive diejenigen, die diese Vorschriften übertraten, sollten stärker zur Kasse gebeten werden. Die Inhaber und Pächter von Wirtshäusern, inns und alehouses, sollten genötigt werden, für ihre Schanklizenzen Abgaben zu zahlen. Ursprünglich galt das zwar nur für Wirtshäuser, in denen Unregelmäßigkeiten vorgekommen waren, aber die Monopolisten, unter ihnen der berüchtigte Sir Giles Mompesson, ein Klient Buckinghams, forderten von immer mehr Wirten exzessive Abgaben – obgleich juristisch eigentlich in erster Linie die Friedensrichter für die Vergabe von Schanklizenzen zuständig waren. Es handelte sich, wenn man so will, um eine Form der staatlich autorisierten Schutzgelderpressung, die naturgemäß extrem unpopulär war.[300]

Aber auch Handels- und Gewerbemonopole wurden diskutiert und zum Teil auch im Laufe der Jahre – vor allem nach 1614, als es hier kein Halten mehr gab – verwirklicht, wie etwa ein Monopol für den Import von Tabak. Zwar war Jakob I. ein engagierter Gegner dieser Droge, aber wie heutige Finanzpolitiker hatte auch er am Ende doch keine Hemmungen, mit ihrem Handel Geld zu machen, wenn er seine Untertanen schon nicht von ihrem Genuss abbringen

Abbildung 7: Eine karikierende Darstellung der Karriere von Sir Giles Mompesson, des Monopolisten und Projektemachers, 1621. Mompesson bedroht die Wirtin eines Gasthauses und sucht sie zu nötigen, eine teure Lizenz von ihm zu erwerben, wird vom Parlament 1621 ins Exil geschickt und wird von Sir Mompesson zu „poor lame Giles". *(British Museum, London)*

konnte. Das Tabakprojekt, das 1619 realisiert wurde, war wie viele andere nicht unumstritten, da es die Virginia Company, eine Kolonialgesellschaft, die vor allem mit dem Verkauf von Tabak Geld verdienen wollte, stark benachteiligte.[301] Noch kontroverser war ein älteres Projekt, das darauf abzielte, den Export unbearbeiteten und ungefärbten Tuches aus England zu verbieten. Der Sinn dieser Maßnahme war es eigentlich, England aus der Abhängigkeit von niederländischen Tuchmachern, die unbearbeitete englische Tuche veredelten und färbten, zu befreien, um damit höhere Gewinne aus der Textilproduktion zu erzielen. Im Juli 1614 wurde der Export unbearbeiteten Tuches verboten. Ein Londoner Ratsherr namens Cockayne übernahm mit einem Konsortium aus Kaufleuten und Finanziers die Aufgabe, das gefärbte und veredelte Tuch im Ausland abzusetzen. Auf diese Weise gelang es, die mittelalterliche Handelsgesellschaft der Merchant Adventurers, die vom Tuchhandel lebte, auszuschalten. Dem König versprach Cockayne Einnahmen von jährlich bis zu £ 300 000 aus dem neuen Handelsmonopol. Indes, er hatte – wenn er denn je an den eigenen Erfolg glaubte und nicht einfach nur persönlich Gewinn durch die Ausschaltung von Konkurrenten machen wollte – seine Rechnung ohne die Niederländer gemacht, die das veredelte und gefärbte englische Tuch boykottierten. Das Projekt endete in einem kompletten Desaster und die Merchant Adventurers erhielten 1617 ihre Privilegien zu einem großen Teil zurück. Zuvor allerdings war es zu einer dramatischen Absatzkrise im englischen Tuchhandel gekommen, mit gefährlichen Folgen für die vielen Weber, die in East Anglia oder in den südlichen Midlands die Tuche herstellten.[302] John Donne, der große Prediger und metaphysische Dichter, der Jahre später für Cockayne die Trauerrede hielt, sollte über ihn sagen: „*The Lord was with him in all these steps, with him in his life, with him in his death [...] God was with him all the way, in a pillar of fire, in the brightness of prosperity, and in the pillar of Clouds too, in many dark, and sad, and heavy crosses.*" Cockayne habe eine Beredsamkeit besessen, wie sonst nur die besten Prediger, wie auch der König „*the greatest Master of Language and Judgement*" bestätigt habe.[303] Nicht alle Zeitgenossen werden das so wie Donne gesehen haben, für sie verkörperte Cockayne, der vielleicht wirklich ein sehr beredter, ja begnadeter Vermarkter seiner Ideen war, zusammen mit manch anderen betrügerischen Finanzleuten, wie dem aus Yorkshire stammenden Kaufmann Sir Arthur Ingram, der ein fragwürdiges Alaun-Monopol verwaltete, oder dem hochstaplerischen Sir Giles Mompesson, der in das berüchtigte Monopol für Gold- und Silberdraht und viele andere Projekte verwickelt war, jene maßlose Korruption, die für viele zum entscheidenden Charakteristikum der königlichen Finanzverwaltung geworden war.

In der Tat stellten die Jahre zwischen 1614 und 1617 einen absoluten Tiefpunkt in der königlichen Patronagepolitik und im Umgang mit den finanziellen Ressourcen der Krone dar. Der in diesen Jahren (bis 1619) amtierende Schatzmeister, der Earl of Suffolk, der Erbauer des palastartigen Schlosses in Audley End, mag nicht ganz so kriminell gewesen sein, wie seine Gegner später behaupteten, aber ineffizient und recht skrupellos war er sicherlich. Eine gewisse Wende zum Besseren trat erst ein, als seit etwa 1617 der Einfluss eines Londoner Kaufmanns, Lionel Cranfield, auf die Finanzverwaltung und den Hofstaat des Königs schrittweise zunahm. Cranfield (geb. 1575), der seinerseits der Sohn eines Kaufmanns war, und nicht studiert hatte, sondern in seiner Jugend Lehrling und Geselle gewesen war, hatte als Tuchhändler und Fernhandelskaufmann ein großes Vermögen gemacht. Er hatte sich aber auch an dem Handel mit Kronland und königlichen Hoheitsrechten beteiligt.

Wegen der permanenten Finanzkrise der Krone konnte man solche Rechte und Besitzungen billig erwerben und dann unter Umständen sehr viel teurer wieder verkaufen. Weil Cranfield alle Tricks, die die Pächter von Abgaben und Zöllen, und die Finanziers, die mit der Krone Geschäfte machten, aus eigener Erfahrung kannte, war er in gewisser Weise ideal dafür geeignet, diesen Praktiken entgegen zu wirken. Er war der Fall des Wilderers, der Wildhüter wurde, des „poacher turned gamekeeper".[304]

Schon Northampton hatte vor seinem Tod seinen Rat gesucht, aber seinen eigentlichen Aufstieg verdankte er dem Herzog von Buckingham, der zwar einerseits eng mit Projektemachern wie Sir Giles Mompesson zusammenarbeitete, andererseits aber auch bemüht war, als Anwalt einer Reformpolitik aufzutreten, nicht nur deshalb, weil sonst der vollständige Zusammenbruch der königlichen Finanzen drohte, sondern wohl auch mit Blick auf ein zukünftiges Parlament, von dem kaum Steuern zu erwarten waren, wenn die Verschwendung am Hof so ungebrochen fortgesetzt wurde wie in der Vergangenheit. Überdies bot ein solches Reformprogramm unter Umständen den Vorteil, dass man politische Gegner, wie den Schatzmeister Suffolk, ausschalten, und die eigenen Verbündeten und Klienten in Schlüsselstellungen plazieren konnte.[305] Cranfield gelang es tatsächlich, seit etwa 1617 im Hofstaat, namentlich in der Kleiderkammer (Great Wardrobe), deren Vorsteher er 1618 wurde, und in anderen Bereichen erhebliche Einsparungen zu erzielen, zum Teil einfach nur dadurch, dass er dafür sorgte, dass alle Rechnungen pünktlich in bar bezahlt wurden, so dass keine kostspieligen Verzugszinsen an die Lieferanten gezahlt werden mussten. Freilich kam er dabei auch selber auf seine Kosten. Sein Einkommen als Master of the Great Wardrobe (er hatte das Amt seit 1618 inne), war etwa doppelt so hoch wie das seines Vorgängers.[306] Cranfield kümmerte sich auch um die Marineverwaltung und die Flotte, und wurde 1619 Master of the Court of Wards, Vorsteher des königlichen Vormundschafshofes, der die Rechte des Monarchen als Oberlehensherr der großen Landbesitzer verwaltete. Dies war ein erheblicher Aufstieg für einen Kaufmannssohn, und nicht alle Adligen waren glücklich, einen Emporkömmling wie Cranfield, dem die höfischen Umgangsformen fremd waren, jetzt in einem so hohen Amt zu sehen. Cranfield gelang es, den völligen Zusammenbruch der Kronfinanzen, der sich 1617, als der König eine teure Reise nach Schottland unternahm, abgezeichnet hatte, zu verhindern. Das normale Einkommen der Krone lag 1619 bei etwa £ 490 000 gegenüber £ 370 000 vor Beginn der Reformpolitik. Dennoch wuchsen die Schulden rasch wieder auf £ 800 000 an. Schon allein die Tatsache, dass es keine Kasseneinheit gab, also keineswegs alle Zahlungen über den Exchequer, das Schatzamt, abgewickelt wurden, und dass viele Abgaben und Einkünfte schon auf Jahre hinaus verpfändet oder anderweitig zweckentfremdet waren, machte eine rationale Buchführung und Finanzplanung nahezu unmöglich.[307] Als Cranfield 1621 Lord Schatzmeister wurde, besserte sich die Lage nicht wirklich, denn die Zuspitzung der außenpolitischen Situation machte Einsparungen jetzt vollends unmöglich, selbst vor einem offiziellen Eintritt Englands in den Dreißigjährigen Krieg.

Das Bild, das die königliche Finanzpolitik bietet, scheint daher ein durchweg düsteres zu sein. Allerdings muss man berücksichtigen, dass auch andere europäische Monarchen in dieser Epoche über Jahrzehnte hinweg mit enormen Schulden lebten, Spanien etwa stolperte im frühen 17. Jahrhundert von einem Staatsbankrott zum nächsten und blieb dennoch bis zum Pyrenäenfrieden von 1659 eine europäische Großmacht, bis etwa 1640 wohl sogar die eigentliche Hegemonialmacht Westeuropas. Freilich führte Spanien, anders als England, mit partieller Unterbrechung der Jahre 1609 bis 1620 fast permanent Krieg und verfügte überdies über ein hoch entwickeltes staatliches Kreditsystem, das es erlaubte, einen großen Teil der Schulden in Form von relativ niedrig verzinsten Staatsanleihen aufzunehmen. Entsprechende Institutionen fehlten in England vollständig.[308]

Englands Problem bestand zum Teil darin, dass es zwar – in guten Jahren – über relativ hohe Zolleinnahmen, aber, anders als etwa Frankreich, Spanien oder die Niederlande, über keine inländischen Verbrauchssteuern im Sinne etwa der heutigen Mehrwertsteuer verfügte, die den Vorteil hatten, dass man sich ihnen nur schwer durch Steuerbetrug entziehen konnte, was bei den direkten Steuern in England durch eine zu geringe Selbstveranlagung relativ leicht möglich war. Die zahlreichen Projekte und Monopole, die nach 1610 verstärkt genutzt wurden, um höhere Einnahmen zu erzielen, müssen auch als Ersatz für eine solche Verbrauchssteuer, im damaligen Sprachgebrauch eine Akzise, gesehen werden. Die 1630er Jahre sollten zeigen, dass eine solche Politik, mochte sie auch mit sehr hohen, letztlich zu hohen politischen Kosten verbunden sein, rein fiskalisch durchaus Erfolg versprechend war. Unter Jakob I. war allerdings zu offensichtlich, dass es vorwiegend die Höflinge des Königs und ihre Klienten waren, die von den vielen Projekten profitierten, so dass fiskalisch nie mehr erreicht werden konnte, als ein knappes Überleben mit fragwürdigen Methoden und ein üppiges Einkommen für diejenigen, die dem König als Amtsträger und Höflinge dienten, denn diese Leute, dafür sind Suffolk, Buckingham oder Cranfield selbst hervorragende Beispiele, schnitten ja in der Tat recht gut ab. Das Problem blieb freilich, dass damit, wie zum Teil auch bei heutigen Privatisierungen staatlicher Aufgaben, das öffentliche Interesse von Personen definiert wurde – den Finanziers, Steuerpächtern und Projektemachern, die immer mehr die Grundlinien der königlichen Politik durch ihre Vorschläge bestimmten, so wie heute manche hoch bezahlte Beraterfirmen –, denen es in erster Linie um ihren eigenen Gewinn ging, oder wie John Cramsie es formuliert hat: „The crux is that projects, like privatisation, predefined the public good: a projector's public good was indissolubly linked with his standards of private gain or was simply a cover for it. There was no other possible definition of the public good when the devices came from the hands of those who looked to their own gain in the process.“ [309]

Politik und Common Law: Der Kampf mit Sir Edward Coke

Die Durchsetzung der neuen fiskalischen Projekte und Monopolprivilegien warf naturgemäß auch juristische Probleme auf, denn es war zweifelhaft, ob solche Privilegien mit dem Common Law vereinbar waren. In einem Prozess im Court of King's Bench, einem der drei höchsten Common Law Gerichtshöfe (die anderen waren Common Pleas und der Court of Exchequer) war 1602 noch unter Elisabeth entschieden worden, dass Monopole zugunsten einer Privatperson grundsätzlich illegal seien.[310] Es war der Lord Chief Justice of King's Bench, Sir Edward Coke, der dieses Urteil 1615 noch einmal in Erinnerung gerufen hatte, indem er seinen Bericht über den Prozess an prominenter Stelle im 11. Teil seiner Law Reports veröffentlichte. Die Reports Cokes, die sukzessive seit dem Jahr 1600 im Druck erschienen, enthielten noch manch andere Passagen, die einen Monarchen, der wie Jakob I. eine hohe Meinung von seiner Prärogativgewalt hatte, kaum erfreuen konnten, denn seitdem Coke 1606 zum Lord Chief Justice of Common Pleas ernannt worden war, hatte er in seinen Urteilen und Publikationen stets den Standpunkt verfochten, dass das Common Law über dem König stehe und damit auch der Prärogative, jener Herrschaftsgewalt, die der König nach eigenem Ermessen ohne das Parlament und – im Not- und Ausnahmefall – unter partieller Suspension der üblichen juristischen Normen ausüben könnte, enge Grenzen gezogen seien. Vor 1606 hatte Coke als oberster Kronanwalt zum Teil durchaus andere Positionen vertreten. Die Gegner der Krone oder Personen, die einfach nur das Missfallen des Herrschers erregt hatten, wie 1603 Sir Walter Raleigh, hatte er mit geradezu fanatischem Eifer verfolgt und auch sonst wenig Skrupel gezeigt; doch nach der Übertragung des hohen Richteramtes war er offenbar zu der Überzeugung gelangt, er müsse dem schottischen König eine Lehre erteilen und ihn zum Respekt vor dem englischen Common Law, jenem Gewohnheitsrecht, dessen Grundprinzipien nach Coke's Ansicht sich schon lange Zeit vor der normannischen Eroberung Englands verfestigt hatten, nötigen. Erwartungsgemäß war es daher auch schon frühzeitig zu einem Zusammenstoß mit dem König gekommen. Im November 1608 hatte Coke Jakob I. mit seinen kontinuierlichen Angriffen auf rivalisierende, vor allem kirchliche Gerichtshöfe und auf die königliche Prärogativgewalt so provoziert, dass der König bei einer offiziellen Unterredung kurz davor stand, den Richter mit der Faust ins Gesichts zu schlagen, nachdem dieser in einer hochtönenden Rede einmal mehr versucht hatte ihm klar zu machen, dass er, der Monarch, nur der Diener des Rechts sei, und von diesem ohnehin nichts verstehe.[311] Der Zorn des Königs verfehlte seine Wirkung nicht. Coke fiel vor dem Herrscher buchstäblich auf den Bauch und flehte ihn um Gnade an. So vermied er den Verlust seines Amtes und einen längeren Aufenthalt im Tower, musste allerdings einige Jahre später, im Oktober 1613, auf Vorschlag Bacons den Vorsitz im Court of Common Pleas aufgeben und stattdessen das ehrenvollere, aber weniger einträgliche, und, wie man meinte, politisch weniger wichtige Amt des Chief Justice of King's Bench (das Gericht war eigentlich für Strafrechtsfälle zuständig) übernehmen.

1616 spitzten sich die Spannungen zwischen Coke und Jakob I. dennoch erneut zu. Auch von der Richterbank des Court of King's Bench aus ging Coke rigoros gegen rivalisierende Gerichtshöfe vor, unter denen die kirchlichen Gerichte, die nach dem römischen und dem kanonischen Recht urteilten, mehr denn je seinen besonderen Ärger erregten. So griff er relativ willkürlich in kirchliche Fragen ein, indem er dem Bischof von Coventry und Lichfield 1616 trotz der Intervention des Königs untersagte, eine Pfründe „in commendam", also als eine Art Sinekure, neben seinem Amt als Bischof zu verwalten, obwohl der König ihm diese Pfarrei selbst übertragen hatte. Er provozierte auf diese Weise den König zu einer persönlichen Intervention. Die Einwände Cokes und seiner Kollegen wies Jakob I. mit den Worten zurück *„Wee never studied the law of Englaunde, yet are wee not ignoraunt of anie pointes which belonnge to a kinge to know"*. Es sei nicht länger zu dulden, dass die Richter seine Prärogative angriffen, *„wee will noe longer endure that popular and unlawfull libertie"*.[312]

Allerdings speiste sich der Zorn des Königs keineswegs nur aus dem Ärger über den aktuellen Fall, auch die Angriffe Coke's auf den Court of Chancery sah Jakob I. mit Missfallen. Coke, der sich im Übrigen auch durch seinen gefährlichen Übereifer im Prozess gegen den gestürzten Favoriten Somerset und dessen verführerische Gattin unbeliebt machte,[313] hatte versucht, mittelalterliche Strafgesetze, die englischen Untertanen die Anrufung fremder Gerichte (gemeint waren damals kirchliche Gerichte, besonders aber päpstliche in Rom) verboten, gegen den Court of Chancery, der seine Sitzungen im selben Raum, Westminster Hall, wie Coke's eigenes Gericht abhielt, anzuwenden. Anders als in den Common Law-Gerichtshöfen liefen Prozesse in Chancery unter Leitung des Lord Kanzlers nach Verfahrensregeln ab, die sich auch am Römischen Recht orientierten. Die Urteile des Kanzleigerichtes sollten ursprünglich einen Notbehelf für Fälle darstellen, in denen die formalen Prinzipien des Common Law den Grundsätzen der Billigkeit (equity) im Sinne einer eher moralischen als rein juristischen Gerechtigkeit zuwiderliefen. Daher war im Mittelalter der Kanzler auch stets ein hoher Kleriker in seiner Eigenschaft als „Keeper of the King's Conscience". Im frühen 17. Jahrhundert war es jedoch zunehmend schwieriger geworden, die unterschiedlichen Jurisdiktionen voneinander abzugrenzen. Der Lordkanzler Jakobs I., Ellesmere, hatte versucht, die Zuständigkeit seines Gerichtes immer weiter auszudehnen, ohne die daraus resultierende Arbeitslast angesichts seines fortgeschrittenen Alters und seiner labilen Gesundheit – manche hielten ihn für weitgehend senil – freilich wirklich bewältigen zu können. Coke hingegen ging es darum, seine eigene Suprematie und die der Common Law-Gerichtshöfe gegen die Konkurrenz der Chancery und anderer Gerichte, die zum Teil, wie im Falle der Star Chamber, in dem alle Privy Councillor Sitz und Stimme hatten, ihre Existenz nur der königlichen Prärogative verdankten, abzusichern.

Coke sah offenbar das Common Law durch die rivalisierenden Gerichtshöfe, deren Verfahrensrecht zum Teil einfacher und effizienter war als das der altertümlichen Common Law Courts, ebenso bedroht, wie durch die Prärogativgewalt der Krone. Dabei erscheint er im Rückblick als der Held eines Kampfes gegen das Römische Recht und die königliche Autorität, ja gegen einen tyrannischen Absolutismus für Englands ererbte Freiheiten, und so versuchte er sich ja auch selber darzustellen.[314] Die Realität war sicherlich komplizierter, denn Coke, dessen Ehrgeiz, Eitelkeit und maßlose Arroganz sprichwörtlich waren,[315] gab selbst nach schwersten Konflikten mit dem König nie die Hoffnung auf eine profitable Karriere in den Diensten der Krone auf. Gar so radikal, wie sie erscheinen mag, war seine Opposition also nicht. Freilich befand sich das Recht in der Zeit seines Wirkens in einem tiefen Umbruch; einerseits nahm die Zahl der Prozesse vor den Londoner Gerichten seit Mitte des 16. Jahrhunderts sprunghaft zu – kaum eine Epoche war so prozessfreudig wie das Jahrhundert zwischen 1560 und 1660 – zugleich stellte sich aber auch die Frage, ob das traditionelle Common Law den Herausforderungen einer neuen Zeit überhaupt noch gewachsen war. Konnte ein Rechtssystem, das geschaffen worden war, um Streitigkeiten über Landbesitz oder lehensrechtliche Ansprüche beizulegen, auch Konflikte, in denen es überwiegend um komplizierte Geldgeschäfte, Kredite und die Lieferung von Waren ging, effizient lösen? Oder musste man sich zu diesem Zwecke eher an Gerichte wenden, die, wie der Court of Chancery oder die Admiralitätsgerichte auch bereit waren, andere Rechtsysteme als das Common Law zu berücksichtigen? Zugleich hatte sich das Common Law dadurch gewandelt, dass seit der elisabethanischen Zeit die Law Reports, die von Anwälten und Richtern verfassten Aufzeichnungen über Prozesse, zunehmend ausführliche Begründungen für die Urteile, die sie protokollierten, enthielten. Coke selber sollte diese Form der Berichterstattung nach 1600 ja perfektionieren. Erst mit diesen neuen Aufzeichnungen, die bis dahin in den Reports und den älteren sog. Year Books gefehlt hatten, entwickelte sich wirklich ein Case Law im eigentlich Sinne, das sich an Präzedenzfällen orientierte. In der Vergangenheit hatte man sich zwar an den formalen Verfahrensentscheidungen älterer Fälle orientiert, aber weitaus weniger an den Urteilen, deren Begründungen eben meist nicht überliefert waren.[316] Das Common Law wurde damit wissenschaftlicher, erfuhr eine stärkere Systematisierung, wurde aber auch weniger flexibel, da der informelle Konsens der in den Inns of Court zusammengeschlossenen Juristen nicht mehr ausreichte, neue Lehrmeinungen stillschweigend durchzusetzen. Die Widersprüche zwischen den unterschiedlichen Präzedenzfällen, aber auch zwischen den vielen Parlamentsgesetzen, die seit dem Hohen Mittelalter verabschiedet worden waren, oft ohne dass man ältere Gesetze aufgehoben hätte, waren jetzt, da man sich ein klareres Bild von der Vergangenheit machen konnte, kaum zu übersehen. Coke glaubte nun, es sei Aufgabe der Richter, durch eine zugleich konservative und kreative Interpretation der Tradition das Common Law den Erfordernissen der Zeit anzupassen. Für ihn war die Jurisprudenz des Common Law eine *„scientia copiosa"*, eine Disziplin, die eine Antwort auf jede Frage, mochte sie noch so neu erscheinen, hatte, ohne deshalb Anleihen beim Naturrecht, dem Römischen Recht, oder gar den Maximen der Staatsräson zu machen.[317] Das sahen Coke's Rivalen, allen voran der Lordkanzler Ellesmere, der nie viel von Coke gehalten hatte, und Coke's alter Rivale und Intimfeind Francis Bacon, der seit 1613 oberster Kronanwalt war, ganz anders. Bacon wollte eine Sammlung aller geltenden Gesetze schaffen, in der obsolete Statuten aussortiert worden wären. Parallel dazu sollte auch ein rationalisierter und systematisierter Überblick wichtiger älterer Prozesse geschaffen werden. Diese offiziellen Law Reports, die von einem Ausschuss, den der König zu benennen hatte, redigiert worden wären, hätten die älteren Rechtsaufzeichnungen geordnet und bereinigt, im Sinne einer kohärenten inneren Logik, aber unter Umständen durchaus auch im Sinne einer Anpassung an die Interessen der Krone und die juristischen Erfordernisse der Gegenwart. Letztlich schwebte Bacon, zumindest als Fernziel, eine umfassende Sammlung des englischen Rechtes vor, für die der König und nicht etwa das Parlament die Verantwortung übernommen hätte. An die Stelle des von Richtern aus den Quellen der Tradition im Kontext einzelner Prozesse ad hoc geschaffenen Rechtes – dies war Coke's Ideal – sollte eine in sich stimmige Kodifikation im Namen der Krone treten.[318]

Bacon's Pläne verkörperten all das, was Coke verabscheute, eine Rationalisierung des Common Law nach den Prinzipien der Logik und der Staatsräson ebenso wie eine Relativierung der Autorität der Richter. Die Vehemenz, mit der Coke die ausschließliche Herrschaft des angeblich in seinem Kern unwandelbaren und in seinem Ursprung gewissermaßen jenseits der bekannten Geschichte verwurzelten Gewohnheitsrechtes ebenso verteidigte wie das Interpretationsmonopol des Juristenstandes für dieses Recht, muss daher auch als Abwehr möglicher Reformpläne – für die es durchaus gute Gründe gegeben hätte – gesehen werden. Durch sein kompromissloses Auftreten und die Rücksichtslosigkeit in der Wahl seiner Mittel schwächte er freilich seine Stellung, und Jakob I., dessen Sympathien ohnehin eher Ellesmere und Bacon galten, wies ihn im Juni 1616 nicht nur vor dem versammelten Privy Council zurecht, sondern forderte ihn auch auf, seine Law Reports zu korrigieren, besonders in den Passagen, die als Angriff auf die Autorität der Krone gedeutet werden konnten. Als Coke sich weigerte, wurde er im November 1616 seines Amtes als Richter und als Privy Councillor enthoben.

Das war ein drastischer Schritt, kein Zweifel, und ein später Sieg für Coke's Gegner Ellesmere, den damals schon schwerkranken Kanzler, der bald darauf starb, und noch mehr für Francis Bacon, der 1617 Ellesmere's Nachfolger wurde. Bacon hatte dem König die Argumente für seine Attacke geliefert und wollte den Chief Justice sichtlich demütigen, auch wenn er betont hatte, man könne den Sachverstand Coke's vor allem in Finanzfragen kaum entbehren.[319]

Jakob I. hatte den Vorfall schon vor der endgültigen Entlassung Cokes zum Anlass für eine große öffentliche Rede in der Star Chamber genommen, in der er seine eigene Haltung zum Common Law ausführlich erläuterte. Was immer diese Rede sein mag, ein Manifest des Absolutismus, wie oft behauptet, ist sie nicht, und in der Tat gelang es dem König, trotz seiner auch bei dieser Gelegenheit stark hervortretenden Neigung zu pedantischen Belehrungen, den rechten Ton zu treffen, indem er ein Bekenntnis zum Common Law mit einer Verteidigung der Prärogative verband. Jakob betonte zwar in der für ihn charakteristischen Weise, dass Könige die Stellvertreter Gottes auf Erden seien und in seinem Namen Recht sprächen, aber anders noch als in seinem ursprünglichen Konflikt mit Coke acht Jahre zuvor versuchte er für sich nicht die Kompetenz in Anspruch zu nehmen, nun wirklich selbst Urteile in Prozessen zu fällen. In Staaten mit einer gefestigten Verfassung, also auch in England, hätten Könige diese Aufgabe an ihre Richter delegiert und beschränkten sich darauf, juristische Leitlinien vorzugeben und die Zuständigkeiten ihrer unterschiedlichen Gerichte voneinander abzugrenzen, so Jakob I. Freilich blieben die Richter dennoch die Diener des Königs, von dem sie ihre Vollmachten hätten, und es sei daher auch nicht ihre Aufgabe, Recht zu schaffen, sondern zu interpretieren: *„You are no makers of Law, but interpretours of Law"* rief er den versammelten Richtern zu.[320] Jakobs implizite Kritik an Coke, dass er versucht habe, durch seine Urteile und seine oft eigenwilligen Reports durchaus auch Recht zu schaffen, war nicht ganz unberechtigt, zumal Coke in anderen Fällen zu erkennen gegeben hatte, dass er den Richtern die Kompetenz zumaß, notfalls auch Parlamentsgesetze kritisch zu prüfen. Damit wurde er freilich eher zum Vater der amerikanischen als der englischen Rechtstradition, wie sie bis zur Unterwerfung Englands unter das Recht der EU Bestand hatte, denn in England gab es bis dahin keinen „judicial review" von Parlamentsgesetzen.[321] Jakob verlangte aber von seinen Richtern, auch ihre

Interpretationen müssten den Prinzipien von *„common sense"* und *„naturall reason"* untergeordnet sein.[322] Gerade dies hatte Coke schon 1608 in seinem Streit mit dem König zurückgewiesen, als er betont hatte, das Common Law habe seine eigene Vernunft, aber dies sei eine *„artificial reason"*, die dem Laien nicht zugänglich sei.[323] Diese Doktrin hatte Jakob I. 1608 nicht akzeptiert und er akzeptierte sie auch jetzt nicht, denn sie hätte ihn tatsächlich in allen juristisch bedeutsamen Fragen zum Schweigen verurteilt, und Rechtsgelehrten wie Coke die Kompetenz zugestanden, auf eigene Faust das englische Verfassungsrecht zu definieren oder vielmehr aus sorgfältig ausgesuchten Präzedenzfällen zu konstruieren.

Schließlich forderte der König seine Richter nicht nur dazu auf, die eigenständigen Rechtstraditionen des kirchlichen Rechts und der equity (der Billigkeitsrechtsprechung des Court of Chancery) zu respektieren, sondern auch Grundsatzfragen, die die königliche Prärogative berührten, aus ihren Überlegungen auszuklammern: *„That which concernes the mysterie of the Kings power, is not lawfull to be disputed: for that is to wade into the weaknesses of Princes, and to take away the mysticall reverence, that belongs unto them that sit in the Throne of God"*.[324] Jakob I. ging es in seinem Kampf gegen Coke nicht darum, eine unbegrenzte, das Eigentumsrecht seiner Untertanen faktisch negierende Prärogativgewalt für sich in Anspruch zu nehmen, wohl aber darum, eine juristisch klare, abschließende Definition dieser Prärogative, die sie auf eine Reihe aufzählbarer Einzelrechte beschränkt hätte, zu vermeiden. Damit stand er eigentlich durchaus in der Tradition seiner Vorgänger, eine radikale Innovation war dies nicht. In einer Epoche freilich, in der zunehmend das gesamte politische Denken stark durch juristische Kategorien geprägt war, und seine eigenen Anwälte jedes überlieferte Hoheitsrecht der Krone und jede Rechtslücke nutzten, um damit Geld zu machen, war es schwer, grundsätzliche juristische Diskussionen über die Prärogativgewalt und ihre Grenzen ganz zu vermeiden, wie der König es wollte. Durch die Entlassung Coke's hatte er immerhin erreicht, dass solche Diskussionen nun von den Richtern eher im Sinne einer Stärkung der königlichen Autorität und nicht ihrer Schwächung geführt wurden, ein Punkt, der auch für das finanzielle Überleben in parlamentslosen Zeiten von großer Bedeutung war.

Coke's Fall kann man als schwere Erschütterung der Herrschaft des Rechtes und als Auftakt einer dauerhaften Konfrontation zwischen dem König und den Verteidigern der Souveränität des Common Law sehen, und oft sind die Dinge so dargestellt worden. Allerdings sollte man dabei nicht aus den Augen verlieren, dass die

Konflikte zwischen den Common Law Courts und ihren Rivalen, die unter dem Chief Justice Coke und unter dem Kanzler Ellesmere so heftig getobt hatten, nach dem Verschwinden dieser beiden Protagonisten von der Bühne stark in den Hintergrund traten. Bacon mochte hochfliegende Pläne für die Reform des Common Law entwickeln, in seiner Rechtsprechung als Kanzler vermied er Konflikte mit den Common Law Courts viel stärker als Ellesmere.[325] Coke selber versuchte schon bald nach seinem Sturz wieder die königliche Gunst oder doch zumindest ein wenig von dieser Gunst zu erlangen, indem er seine vierzehnjährige Tochter an John Villiers, einen Bruder des königlichen Favoriten, verschacherte. John Villiers galt als geistig behindert, oder, wie Coke's Biographin es in unübertrefflicher Weise formuliert hat, „subject to unexplained attacks of vagueness in the head",[326] aber dies war aus Coke's Sicht kein Problem. Diese Pläne ließen Coke's turbulente Ehe mit seiner eigenen Frau, Lady Hatton, freilich endgültig scheitern. Lady Hatton versuchte, die Zwangsehe ihrer Tochter zu verhindern, aber Coke, der große Anwalt der Herrschaft des Rechtes, ließ das Haus, in das sie sich mit dem jungen Mädchen geflüchtet hatte, von bewaffneten Schlägern stürmen, führte trotz der Opposition des neuen Kanzlers Bacon, aber mit ausdrücklicher Billigung des Königs, seine Tochter John Villiers zu und wurde im September 1617 tatsächlich wieder in den Geheimen Rat aufgenommen. Zwar erhielt er nie wieder ein Richteramt und gehörte auch nicht zum inneren Kreis der königlichen Ratgeber, aber ausgerechnet in der Star Chamber, dem Prerogative Court, den er einst bekämpft hatte, übte er mit seinem überragenden Sachverstand zeitweilig erheblichen Einfluss aus, und konnte dabei nicht zuletzt seiner größten Leidenschaft nachgehen, politische Rivalen und Gegner zu vernichten, eine Neigung, von der er sich auch im Parlament von 1621 erneut leiten ließ, als er endlich Bacon, der seit Jahrzehnten sein Feind und Rivale war – Bacon hatte einst sogar um dieselbe Frau geworben, Lady Hatton, wie er selber, und stand ihr jetzt gegen Coke bei – zu Fall brachte.[327]

Dass Jakob I. Coke wieder in den Geheimen Rat aufnahm – mochte seine Stellung dort auch prekär bleiben – zeigt letztlich ebenso wie seine geschickt ausbalancierte Rede in der Star Chamber vom Juni 1616, dass er, trotz seines Beharrens auf dem Gottesgnadentum, in wichtigen politischen Fragen doch einen gewissen Sinn für das rechte Maß besaß, solange er sich nicht allzu stark provoziert fühlte. Das behutsame Vorgehen des neuen Kanzlers Bacon trug ebenfalls dazu bei, die Wogen, die 1616 so hochgegangen waren, zu glätten, auch wenn die Amtseinsetzung Coke's und die gelegentlich recht phantasievolle Auslegung des Common Law durch die auf fiskalische Innovationen bedachten Juristen des König viele Common Lawyers sicherlich irritierte und beunruhigte.

Die Außenpolitik des Königs

Einen Sinn für das rechte Maß zeigte Jakob I. trotz mancher Fehlkalkulationen prinzipiell vor 1620 auch in der Außenpolitik, die man so oft als schwächlich kritisiert hat, die jedoch durch ihre Vorsicht vor allem auch der Tatsache Rechnung trug, dass England einem großen Krieg kaum gewachsen war. Im Übrigen konnte der Kurs des Königs gerade in den Jahren zwischen 1613 und 1618 durchaus Erfolge vorweisen, die erst mit dem Ausbruch des Dreißigjährigen Krieges in Frage gestellt wurden, dies dann allerdings in nachhaltiger Weise. Mit dem Waffenstillstand zwischen Spanien und den Niederlanden von 1609 war im Vergleich zu den vorhergehenden Jahrzehnten eine neue Situation entstanden, Spanien zog sich partiell aus Nordwesteuropa zurück – die spanischen Niederlande wurden von den Regenten Albrecht und Isabelle in relativer Autonomie regiert – und konzentrierte sich stärker auf den Mittelmeerraum, war jedenfalls an einem Ausgleich mit alten Gegnern, insbesondere mit England, sichtbar interessiert. Frankreich war bis 1610 von Heinrich IV. regiert worden, der eine aktive und kriegsbereite Außenpolitik betrieb und damit auch Jakob I. zu einem stärkeren Engagement auf dem Kontinent veranlasste, denn ganz wollte der Stuartherrscher das Feld seinem Rivalen nicht überlassen.[328] Nach der Ermordung Heinrichs IV. fiel Frankreich hingegen für lange Jahre als aktiver Faktor der europäischen Politik aus. Dies eröffnete Jakob I. neue Chancen, trotz begrenzter militärischer und finanzieller Mittel in der europäischen Politik eine größere Rolle zu spielen, die etwa 1613 in seiner Vermittlung im Konflikt zwischen Dänemark und Schweden ihren Ausdruck fand. Schon 1610 hatte er sich entschlossen, im Erbstreit um die niederrheinischen Herzogtümer zu intervenieren. Dieser Komplex von Territorien umfasste die Herzogtümer Jülich, Kleve und Berg, sowie die Grafschaft Mark am Niederrhein respektive in der Nähe zu den Niederlanden, also in strategisch wichtiger Lage, und die Grafschaft Ravensberg in Ostwestfalen. Beansprucht wurden diese Herrschaften – deren Dynastie

1609 ausgestorben war – vor allem vom Kurfürsten von Brandenburg, der im Laufe des Erbstreites Calvinist wurde, und vom Fürsten von Neuburg, dessen Sohn zur gleichen Zeit vom Luthertum zum Katholizismus übertrat. Zunächst ging es jedoch darum, einen Zugriff des Kaisers und Spaniens auf die Herzogtümer abzuwehren. Heinrich IV. war vor seinem Tode entschlossen gewesen, für dieses Ziel Krieg zu führen, doch auch Jakob I. entschied sich 1610, 4 000 Mann an den Niederrhein zu entsenden. Ein solches Unternehmen war kostengünstig, denn der König lieh sich einfach von den Niederlanden englische Truppen aus, die dort seit vielen Jahren in den Diensten der Republik standen, und die daher nur für die Dauer des Feldzuges von England bezahlt werden mussten. Gut ausgerüstet und ausgebildet waren die englischen Regimenter in der niederländischen Armee bereits, denn das niederländische Heer war damals neben dem spanischen das beste Europas. Diese Option, auf im Ausland stehende englische Truppen zurückzugreifen (1610 standen 5 000 Mann englischer Truppen in niederländischen Diensten, 1621 waren es schon 13 000!), bot England trotz seiner relativen militärischen Schwäche die Möglichkeit, in kleineren Konflikten zumindest ein gewisses Drohpotential zu entfalten.[329] Der Erbstreit wurde zwar 1614 für den Moment (unter der Oberfläche schwelte er weiter) durch einen Kompromiss zwischen Brandenburg und Neuburg, ohne stärkere englische Beteiligung, leidlich beigelegt, aber England hatte doch dazu beigetragen, den Ausbruch eines politischen Flächenbrandes zu verhindern.

In den Jahren 1610 bis 1614 hatte sich Jakob I. zunehmend dem protestantischen Lager auf dem Kontinent angenähert. Im Frühjahr 1612 hatte er ein formelles Bündnis mit der protestantischen Union, der Allianz protestantischer Stände im Reich, die 1608 unter der Führung der Kurpfalz gegründet worden war, abgeschlossen. Zwar handelte es sich bei der Kooperation zwischen der Union und England lediglich um ein rein defensives Bündnis, das überdies zunächst auf sechs Jahre begrenzt war, und England im Ernstfall nur zu einer Truppenhilfe von 4 000 Mann verpflichtete, aber ein politisches Signal, das eine gewisse Wirkung hatte – wohl sogar stärker als es den Intentionen Jakobs I. entsprach – war dieser Vertrag, über den seit 1610 verhandelt worden war, dennoch.[330] Das Bündnis wurde besiegelt durch eine Heirat zwischen Jakobs Tochter Elisabeth und dem jungen pfälzischen Kurfürsten Friedrich V. Der Ehevertrag wurde im Dezember 1612 geschlossen, die Hochzeit selbst fand im Februar 1613 statt. Jakob I. war an sich kein Freund einer kämpferischen, konfessionell legitimierten Außenpolitik, wie sie in Heidelberg von Friedrich V. und seinen Beratern verfolgt wurde, aber er sah die Hochzeit und das Bündnis auch als ein Mittel, seine Position in Verhandlungen mit Spanien über eine mögliche Zusammenarbeit zu stärken und zugleich zwischen den verfeindeten Lagern in Europa zu vermitteln. Überdies zeichnete sich in den Jahren nach 1610 eine Kooperation zwischen der französischen Regentin Maria von Medici und Spanien ab; diese Kooperation kulminierte im November 1615 in einer Doppelhochzeit zwischen Ludwig XIII. von Frankreich und der spanischen Prinzessin Anna von Österreich einerseits, und dem späteren Philip IV. von Spanien und der Bourbonin Isabella von Frankreich andererseits. Gegen solche Allianzen galt es ein Gegengewicht zu schaffen, und auch diesem Zweck diente die pfälzische Heirat.

Allerdings schon 1614 zeichnete sich ein erneuter Schwenk in der Außenpolitik Jakobs I. ab, der jetzt wieder verstärkt selber einen Ausgleich mit Spanien suchte. Das Scheitern des Addled Parliaments und die starke Position der eher pro-katholischen Howards am Hof spielten hier eine gewisse Rolle. Auch hatte Spanien 1613 einen Botschafter nach England gesandt, den Grafen Gondomar, Don Diego Sarmiento, dem es gelang, die Freundschaft Jakobs I. zu gewinnen. Gondomar war sicherlich ein überaus geschickter Diplomat, aber es weist alles darauf hin, dass er wirklich fest davon überzeugt war, in einer Zusammenarbeit mit England den Schlüssel für eine Lösung der Probleme gefunden zu haben, mit denen sich Spanien in Nordwesteuropa konfrontiert sah. In seiner Heimat galt er im Übrigen als übertrieben anglophil.[331] Für Jakob I. bot eine Zusammenarbeit mit Spanien nicht nur den Vorteil, dass sie den europäischen Frieden sichern konnte, stärker als jede andere Allianz, sondern man konnte damit eventuell auch eine allzu enge Kooperation zwischen Frankreich und den Habsburgern, die 1614 durchaus drohte, verhindern und überdies den Aufstieg der Niederlande, die immer mehr zu gefährlichen Konkurrenten Englands als Seemacht und im Handel wurden, eindämmen. Dies war ein durchaus rationales Kalkül. Problematischer war der Gedanke, der seit 1614 immer stärker in den Vordergrund trat, einen Ausgleich mit Spanien durch eine dynastische Heirat zwischen dem englischen Thronfolger und einer spanischen Infantin abzusichern. Sicherlich hätte eine solche Heirat mit der mächtigsten europäischen Dynastie den Status der Stuarts, die ja bis 1603 eher ein Fürstenhaus zweiten Ranges gewesen waren, unter den europäischen Königshäusern gestärkt, aber es war von Anfang an klar, dass Spanien für eine solche Eheverbindung einen hohen Preis verlangen würde. Weitgehende, zumindest stillschweigende, wenn nicht sogar rechtlich abgesicherte Toleranz für die englischen Katholiken war eine Minimalbedingung, außerdem stellte sich die Frage nach der konfessionellen Erziehung von Kindern aus einer solchen Ehe.[332] Für Spanien, das war klar, war eine Heirat einer spanischen Prinzessin mit einem zukünftigen englischen König letztlich doch der Auftakt zur Konversion des Hauses Stuart zum Katholizismus. Gerade diese offensichtliche Möglichkeit musste in der englischen Öffentlichkeit die stärksten Befürchtungen auslösen, denn die „blutrünstige" Herrschaft Marias der Katholischen (1553–1558), die ja mit Philip II. verheiratet gewesen war, aber auch der Angriff der Armada gehörten gewissermaßen zu den identitätsstiftenden, englischen Geschichtsmythen. Jakob I., der sicherlich keineswegs die Absicht hatte, das protestantische Bekenntnis seiner Familie und seiner Nachkommen in Frage zu stellen, und eigentlich auch nicht bereit war, seinen katholischen Untertanen sehr viel mehr als eine stillschweigende Nicht-Verfolgung wegen ihres privaten Bekenntnisses zu bieten, verfolgte dennoch die Heiratspläne weiter. Sicherlich spielte hier auch die Aussicht auf eine große Mitgift – in den frühen 1620er Jahren war von mehreren hunderttausend ja sogar von bis zu £ 600 000 die Rede[333] – eine gewisse Rolle. Damit hätte man die Staatsfinanzen für einige Jahre sanieren können.

Dabei darf auch nicht vergessen werden, dass die Verhandlungen mit Spanien nicht gerade mit großer Energie verfolgt wurden, es dauerte bis 1618, bis der vollständige Entwurf eines Ehevertrages vorlag, und letztlich wurde die Möglichkeit einer dynastischen Heirat erst 1621–23, nach Ausbruch des Dreißigjährigen Krieges, akut. Vorher war die spanische Heirat eine politische Option neben anderen, mehr aber auch nicht. Grundsätzlich war die Einschätzung des Königs, dass man mit Spanien in vielen Bereichen zum gegenseitigen Vorteil kooperieren könne, vor 1618 sicherlich nicht ganz falsch, so wenig sie in England auch verstanden wurde, und so sehr man dort zum Beispiel daran Anstoß nahm, dass der König 1616 Sir Walter Raleigh hinrichten ließ, weil er auf einer Expedition in die Neue Welt gegen sein Versprechen spanische Besitzungen attackiert hatte.[334]

Die leitenden spanischen Amtsträger waren sich in dieser Epoche jedoch nur allzu bewusst, wie schwach das Großreich geworden war, das man regierte, und wie sehr es galt, einen Mehrfrontenkrieg zu vermeiden, mit dem man sich unter Philipp II. konfrontiert gesehen hatte. Überdies wurden die Angriffe der Niederländer auf das mit Spanien verbundene Portugal, respektive dessen Kolonialreich in Asien, immer bedrohlicher. Es ist im Übrigen für die vorherrschende

Einstellung in Spanien bezeichnend, dass selbst nach Ausbruch des Dreißigjährigen Krieges im politisch einflussreichen Jesuitenorden die vehementesten Befürworter eines Heiligen Krieges gegen die Protestanten sich eher in Deutschland oder der römischen Ordenszentrale befanden, als in Spanien, wo man mit solchen Kreuzzügen zu viele schlechte Erfahrungen gemacht hatte.[335] Ein genuines Streben nach einem dauerhaften Ausgleich mit England gab es also, und das nicht nur bei dem von dieser Möglichkeit geradezu besessenen Grafen Gondomar. Die Jahre nach 1618 sollten dennoch zeigen, dass Jakob I. letztlich die Möglichkeit überschätzte, mit dynastischen Heiratsallianzen erfolgreich Politik zu machen, ja dass solche Allianzen gefährliche Nebenwirkungen haben konnten, indem sie zusätzliche politische Verwicklungen schufen, innen- ebenso wie außenpolitisch.

Dies galt natürlich in ganz besonderer Weise für die Heirat der Tochter Jakobs I. mit dem Kurfürsten Friedrich V. von der Pfalz. Sie fiel in eine Zeit, als England zeitweilig, zumindest nach außen hin, eine stärker konfessionell geprägte Außenpolitik betrieb, aber der König hatte nie die Absicht gehabt, sich dauerhaft auf eine Unterstützung der pfälzischen Politik festzulegen. Da es trotz der Heiratsverbindung jedoch auch nach 1613 keine engen, dauerhaften Kontakte mit dem Pfälzer Hof gab, war man auch nicht dazu in der Lage, die Pfälzer Politik zu kontrollieren.[336] Diese steuerte in den Krisenjahren des Heiligen Römischen Reiches immer stärker auf eine Konfrontation mit dem Haus Habsburg zu. Insbesondere einer der wichtigsten Berater und Amtsträger des pfälzischen Kurfürsten, Christian von Anhalt, der Statthalter in der Oberpfalz, betrieb vor 1618 eine Politik, die die Gunst der Stunde – die relative Schwäche der durch innere Zwistigkeiten und Konflikte mit ihren Ständen gelähmten Habsburger, und die zeitweilig eher unentschlossene Haltung Spaniens gegenüber den Problemen Mitteleuropas – ausnutzen wollte, um damit der für die Zukunft zu befürchtenden Offensive der radikalen Katholiken im Reich zuvorzukommen. Im Mai 1618 kam der Moment, auf den Anhalt gewartet hatte, die böhmische Ständeopposition erhob sich gegen das kaiserliche Regiment. Böhmen und bald auch Mähren und Schlesien, sowie große Teile Ungarns und Ober- sowie zeitweilig auch Niederösterreich, befanden sich nun nicht mehr unter der Kontrolle des Kaisers Mathias. Mathias starb schon bald darauf 1619, sein designierter und schon 1617 gekrönter Nachfolger als böhmischer König, Ferdinand II., wurde von den Ständen in Prag, die schon 1611 Rudolf II. seines Amtes als König enthoben hatten, kurzerhand abgesetzt. Auf der Suche nach einem neuen König von Böhmen fiel der Blick der Führer der Stände nicht ohne das Zutun Christians von Anhalt auf den pfälzischen Kurfürsten, im Reich sicherlich der einzige Fürst, der für eine solche Rolle überhaupt ernsthaft in Frage kam, da der Kurfürst des benachbarten Sachsen eher eine habsburgfreundliche Politik verfolgte.

Friedrich entschloss sich in der Tat, die ihm angebotene böhmische Krone im September 1619 anzunehmen, obwohl kurz zuvor der Erzherzog Ferdinand in Frankfurt mangels eines glaubwürdigen Gegenkandidaten einstimmig zum Kaiser gewählt worden war, und sich damit rechtlich in einer starken Ausgangsposition befand. Damit war klar, dass sich Friedrich auf einen Kampf mit dem Hause Habsburg eingelassen hatte, bei dem er alle seine Lande und seinen Status als Fürst, wenn nicht sogar seine Freiheit und sein Leben verlieren, andererseits aber auch ein Königreich für seine Dynastie gewinnen und die bedrohlichen Erfolge der Gegenreformation in Mitteleuropa zunichte machen konnte. Dass sein Schwiegervater dieses Abenteuer nicht geneigt war zu unterstützen, musste ihm klar sein, denn das hatte ihm Jakob I. bereits im Februar 1619 zu verstehen gegeben. Für Jakob I., der stets auf dem sakralen Charakter monarchischer Herrschaft bestanden hatte, waren die Böhmen Rebellen, gegen die alle Monarchen gemeinsam kämpfen mussten, nicht mehr und nicht weniger, denn auch wenn Böhmen eine Wahlmonarchie war, so konnte dies doch die Absetzung eines einmal gewählten Königs nicht rechtfertigen. Allerdings hatten einzelne Mitglieder des englischen Privy Council, wie insbesonders der militant protestantische Erzbischof Abbot, soweit rekonstruierbar, die Pfälzer in ihrer Politik eher ermutigt. Abbot, dessen Position vom Lord Chamberlain Pembroke und anderen Mitgliedern des Privy Council geteilt wurde, scheint Friedrich über seine Frau Elisabeth geraten zu haben, er solle sich der Konfrontation mit den Mächten der Finsternis – den katholischen Fürsten – stellen, dann werde Jakob I. am Ende gar nichts anderes übrig bleiben, als ihm zu helfen, er könne ihn, seinen Schwiegersohn, dann nicht mehr fallen lassen.[337] Gegenüber dem Staatssekretär Naunton äußerte sich Abbot jedenfalls enthusiastisch über das bömische Unternehmen;

„*I am satisfied in my conscience that the cause is just, wherefore they have rejected that Proud and Bloudy Man [Ferdinand II:]; … and methinks I do in this, and that of Hungary, foresee the work of God, that by piece and piece, the Kings of the Earth, that gave their power unto the Beast (all the word of God must be fulfilled) shall now tear the 'Whore and make her desolate', as St. John in his Revelation hath foretold*“. [338] Diese apokalyptische Deutung des Kampfes gegen das Papsttum war auch Jakob I. keineswegs

Abbildung 8: The Double Deliverance, Kupferstich von 1621: Die Vereitelung der Pulververschwörung von 1605 wird in Parallele gesetzt zum Sieg über die Armada 1588. In der Mitte beraten der Teufel und der Papst zusammen mit ihren Helfern über die Vernichtung des Protestantismus. Der Stich erschien kurz nach Beginn des Dreißigjährigen Krieges als erneut das Schicksal der Protestanten in ganz Europa auf dem Spiel zu stehen schien. *(British Museum, London)*

ganz fremd (siehe oben S. 119), ihre politischen Konsequenzen lehnte er freilich vehement ab, oder sah sie doch ganz anders, da er immer noch auf die Möglichkeit einer Zusammenarbeit mit gemäßigten Katholiken gegen die von Rom anscheinend propagierte Idee eines Heiligen Krieges setzte. Mit seiner Distanzierung vom böhmischen Abenteuer seines Schwiegersohnes konnte er zwar vermeiden, dass England in den Konflikt hineingezogen wurde, aber seine demonstrative Neutralität musste nach außen hin als ein Signal verstanden werden, dass er auch bei einer drastischen Strafaktion gegen Friedrich V., die sich unmittelbar gegen dessen Stammlande richtete, tatenlos zusehen würde. So verstand ihn jedenfalls der Gesandte der protestantischen Union, Benjamin Bouwinghausen, der ihn im März 1620 in London aufsuchte. Er berichtete nach Hause, der König habe ihm gesagt, die Union sei der „agressor, habs alles ad extremitates gerichtet." Die Union habe sich, entgegen ihrem offiziellen Bekenntnis zur Reichstreue, gegen den Kaiser und seine Herrschaft im Reich gewandt, ja habe ihn „ab land und leute" treiben wollen.[339] Jakob sei daher nicht bereit, die Union unter diesen Voraussetzungen zu unterstützen. Da man im protestantischen Deutschland – von Heidelberg aus darin bestärkt, aber in völliger Fehleinschätzung der realen Lage – stark auf den Schutz Englands gesetzt hatte, war diese Nachricht ein Schock und beschleunigte faktisch die weitgehende Auflösung der protestantischen Union, so dass der Pfälzer Kurfürst nun auch im Reich größtenteils ohne Verbündete dastand und in aller Ruhe überwältigt werden konnte, nachdem der Kaiser ihn zuvor mit der Reichsacht belegt hatte.

Man hat daher in der Geschichtsschreibung diese Haltung Jakob I. stark kritisiert.[340] Der König habe faktisch Spanien und Bayern zum Angriff auf die Pfalz ermutigt und damit die Eskalation des Krieges wesentlich begünstigt. Im Rückblick mag diese Kritik berechtigt erscheinen. Für Jakob I. war freilich das Problem, dass Friedrich V. allzu oft gezeigt hatte, dass er trotz deutlicher Warnungen an einer überaus riskanten Politik festhielt, und zu politischen Kompromissen nicht bereit war. Jedes kleinste Hilfsversprechen konnte ihn in dieser Unnachgiebigkeit nur bestärken und war daher aus der Sicht der Königs kontraproduktiv, zumal Jakob I. sich auch noch mit der Notwendigkeit konfrontiert sah, den ermutigenden Äußerungen eines Teils seiner Berater, die England in den Krieg führen wollten, entgegenzuwirken. Sie mussten gewissermaßen ständig dementiert werden, um keine Eigendynamik zu entfalten.

Die Dinge nahmen nun freilich in der Tat eine katastrophale Wendung. Im November 1620 verlor Friedrich V. in Böhmen die Schlacht am Weißen Berge gegen die Truppen des Kaisers, der Bayern, respektive der katholischen Liga und Spaniens. Er musste das Land, das er nur ein Jahr lang regiert hatte, fluchtartig verlassen und ging zusammen mit seiner Frau und seinen Kindern in die Niederlande ins Exil. Seine eigenen Stammlande wurden in den beiden folgenden Jahren von seinen Gegnern erobert, zunächst die Oberpfalz, dann 1622 auch die Rheinpfalz mit Heidelberg, die die Spanier schon im Herbst 1620 angegriffen hatten. Damit war die Friedenspolitik Jakobs I., die schon mit dem Ausbruch der böhmischen Krise 1618, respektive der böhmischen Königswahl von August 1619 deutlich an ihre Grenzen gestoßen war, anscheinend gescheitert. Jakob I. hatte weder die Annahme der böhmischen Krone durch seinen Schwiegersohn, noch die Ausweitung des Krieges auf ganz Deutschland verhindern können. Ganz tatenlos konnte er dem Untergang des Pfälzers nun kaum mehr zusehen, zumal dieser sich unter Umständen entscheiden konnte, selbst nach England zu kommen, wo ihm die Sympathien großer Teile der Bevölkerung sicher gewesen wären. Die letzten Regierungsjahre Jakobs I. sollten daher durch den kriegerischen Konflikt auf dem Kontinent und durch den wachsenden öffentlichen Druck, die bisherige Neutralitätspolitik aufzugeben, überschattet werden.

IX. Im Schatten des Krieges: Letzte Jahre und Tod (1621–1625)

Die außenpolitische Krise und das Parlament von 1621

Im Jahr 1618 erschien in London ein Buch mit dem Titel *The Peace Maker or Great Brittaines Blessing,* das den Eindruck erweckte, ein Werk des Königs selber zu sein, möglicherweise aber auch in seinem Auftrag von dem Dichter Thomas Middleton verfasst worden war.[341] Unabhängig davon, ob die Schrift nun unmittelbar durch Äußerungen des Königs inspiriert war, oder eher als Huldigung an ihn zu verstehen ist, so bringt sie doch recht gut die Ideale der Friedenspolitik auf einen Nenner, die Jakob I. verfolgte. In großen Worten werden die Erfolge, die diese Politik bislang erzielt hatte, angepriesen. Über Irland heißt es: „*Ireland that rebellious Outlaw, that so many yeares cried blood and death … would know no Lord, but grew more stubborne in her chastisement, till this white ensigne was displayed, then shee came running with this hallowed text in her mouth, Beati pacifici*". Ebenso herrsche jetzt Harmonie und Frieden zwischen den alten Feinden England und Spanien: „*Spaine, that great and long-lasting opposite, betwixt whome and England the Ocean ranne with blood not many yeares before …. Yet now [they] shake hands in friendly amity, and speake out blessings with us, Beati pacifici*".[342]

Der britische Salomon habe alle europäischen Fürsten miteinander ausgesöhnt, die zu seinem Thron pilgerten und aus seinem Munde Schiedssprüche wie ein Orakel empfingen, so hätten es die Dänen und Schweden ebenso gehalten wie die Polen, die Klever und die Brandenburger. „*If the members of a naturall body by concord assist one another, if the politicke members of a kingdome helpe one another, and by it support it selfe, why shall not the monarch[ic]all bodies of many Kingdomes, be one mutuall Christendome? If they sinned this blessed lesson taught them, Beati pacifici*".[343] Beati pacifici, gesegnet sind die Friedfertigen, das war in der Tat das Motto Jakobs I. Es hinderte ihn nicht, vor 1620 scharfe polemische Angriffe gegen den Papst und andere konfessionelle Gegner zu verfassen, aber in letzter Instanz, das zeigen auch seine staatstheoretischen Schriften, hielt er an der Idee einer geeinten Christenheit als einer Gemeinschaft aller Fürsten und Monarchen, die bereit waren, sich gegen die klerikalen Feinde der weltlichen, christlichen Obrigkeit zu stellen, fest, und in der Tat schien er 1618 der Realisierung dieser Idee durchaus nahe gekommen zu sein. Trotz der Spannungen, die an den Krisenpunkten der europäischen Politik, wie am Niederrhein oder entlang der Grenze zwischen den südlichen und nördlichen Niederlanden aber auch in Norditalien, bestanden, herrschte vor dem Prager Fenstersturz im Mai 1618 in großen Teilen Europas wirklich Frieden. Es stellte allerdings eine gewisse Ironie dar, dass in dem Moment, in dem der *Peace Maker* erschien, um den britischen Salomon zu preisen, diese Ordnung von heute auf morgen zerfiel und Europa in einen zerstörerischen Konflikt hineingezogen wurde, der erst 30 Jahre später mit dem Westfälischen Frieden, ja in Westeuropa sogar eigentlich erst 41 Jahre später mit dem Pyrenäenfrieden von 1659 zwischen Frankreich und Spanien beendet wurde.

Wir haben im letzten Kapitel bereits gesehen, wie der englische König sich ohne Erfolg bemühte, den 1618 in Böhmen ausgebrochenen Konflikt einzudämmen. Das einstweilige Scheitern dieser Politik, das sich 1620 bereits abzeichnete, brachte ihn jedoch von diesem Kurs der Verständigung mit Spanien nicht wirklich ab, ja er hielt an ihm eigentlich bis zu seinem Tode fest, trotz aller Rückschläge. Man hat darin oft den Beweis dafür gesehen, dass der König sich in seiner Außenpolitik von weitgehend illusionären Vorstellungen leiten ließ, und nicht mehr dazu in der Lage war, sich der veränderten Konstellation der Jahre nach 1618 anzupassen. Richtig daran ist sicherlich, dass man am Hof wenig Verständnis für die Eigendynamik der mitteleuropäischen Krise, in der mittelfristig der Kaiser in Wien, aber auch deutsche Fürsten wie der Herzog respektive Kurfürst Maximilian von Bayern, sehr viel stärker den Gang der Dinge bestimmten als der spanische König und seine Berater aufbrachten. Man gab sich der recht naiven Annahme hin, Philip III. und nach ihm Philip IV. könnten ihrem österreichischen Vetter befehlen, was er zu tun habe, und suchte den Schlüssel für eine bleibende mitteleuropäische Friedensregelung in Madrid. In diesem Sinne war die verfolgte Politik tatsächlich illusionär. Auf der anderen Seite war der Gedanke, man könne in der kritischen Lage, die sich nach 1620 immer mehr zuspitzte, das Überleben des pfälzischen

Wittelsbacher und des Protestantismus in Deutschland am ehesten sicherstellen, indem man mit gemäßigten Kräften auf der Gegenseite einen Kompromiss zu erreichen suchte, nicht notwendigerweise verfehlt, denn Spanien konnte ja in der Tat kaum daran interessiert sein, das gesamte protestantische Europa gegen sich aufzubringen, es musste vielmehr versuchen, nach Wiederausbruch des Krieges mit den Niederlanden 1621 möglichst viele Verbündete, welcher Couleur auch immer, für diesen Kampf zu gewinnen. Dementsprechend suchte man nach 1625 auch eine Zusammenarbeit mit den protestantischen Hansestädten in Deutschland.[344] Überdies sollte später die französische Politik unter Richelieu zeigen, dass eine außenpolitische Zusammenarbeit über die Konfessionsgrenzen hinweg – in diesem Fall vor allem mit Schweden – durchaus funktionsfähig sein konnte, und dass man damit sogar aus einer Position der relativen Schwäche das Überleben der eigenen Glaubensgenossen unter der Herrschaft andersgläubiger Besatzungsmächte sicherstellen konnte, denn zur Duldung des Katholizismus in seinen Herrschaftsgebieten im Reich musste sich Schweden im Bündnis mit Frankreich nach 1630 verpflichten.[345] Was immer die Politik Richelieus war, die oft auf konfessionelle Bindungen wenig Rücksicht nahm (Richelieu hätte freilich nie versucht, einen französischen königlichen Prinzen oder gar den Thronfolger mit einer Protestantin zu verheiraten, ohne deren sofortige Konversion zu verlangen), naiv war sie sicherlich nicht, so dass der Versuch Jakobs I., sich ebenfalls von solchen konfessionellen Bindungen in der Außenpolitik freizumachen, nicht allzu schnell von Anfang an als Ausdruck realitätsferner Friedenssehnsüchte interpretiert werden sollte.[346] Im Übrigen sollte auch nicht vergessen werden, dass Richelieu nur deshalb dazu in der Lage war erfolgreich mit protestantischen Mächten zusammenzuarbeiten, weil in Frankreich die protestantische Minderheit, selbst nach der militärischen Niederlage, die sie 1628 erlitt, weiter offiziell geduldet wurde. Auch die Absicht Jakobs I. mitten in einem europäischen Krieg, der von vielen in England und auf dem Kontinent als Religionskrieg betrachtet wurde, mehr denn je eine tolerante Politik gegenüber seinen katholischen Untertanen zu verfolgen, war daher keineswegs so absurd, wie es auf den ersten Blick erscheinen mochte.[347]

Hochriskant war dieser Kurs allerdings vor allem in innenpolitischer Hinsicht, denn der Ausbruch des Krieges auf dem Kontinent hatte den Antikatholizismus, der in England, Schottland und Irland (unter den Protestanten) von jeher stark war, wieder auf das Äußerste gesteigert; jeder Versuch einer Verständigung mit Spanien musste daher als eine Art Verrat erscheinen. Solche Befürchtungen wurden noch verstärkt durch das Bemühen des Königs, an dem Plan einer dynastischen Verbindung mit Spanien gegen alle Widerstände festzuhalten. Mochte vor 1620 eine Heirat des Prinzen von Wales mit einer spanischen Infantin eine neben mehreren politischen Optionen gewesen sein, so wurde sie jetzt zum Allheilmittel für die außenpolitischen Probleme, mit denen sich Jakob I. konfrontiert sah, ja fast zu einer fixen Idee. Dass diese Politik 1623 auf spektakuläre Weise scheiterte, war fast unvermeidlich, das Debakel wurde freilich dadurch verstärkt, dass der Thronfolger, der spätere Karl I., seinem Vater seit 1622 zunehmend die politische Initiative aus der Hand nahm und auf eigene Faust Politik machte, unter anderem durch seine spektakuläre Reise nach Spanien im Februar 1623.

Der König selbst verlor zumindest zeitweilig die Kontrolle über den Lauf der Dinge, sowohl außenpolitisch als auch in England selbst, und man kann sich bisweilen des Eindrucks nicht erwehren, dass der alternde und unter gesundheitlichen Problemen leidende Herrscher in seinen letzten Jahren ohnmächtig den politischen Ereignissen, die seine Welt zerstörten, gegenüberstand. So äußerte er sich im Mai 1624 gegenüber seiner Umgebung dahingehend, er sei nun ein armer alter Mann, der einst gewusst habe, wie man regieren müsse, der aber nun nichts mehr davon verstünde.[348] Sichtbar wurde die Hilflosigkeit des Königs ansatzweise bereits Ende 1620, als er sich entschloss, das Parlament, das seit 1614 nicht mehr getagt hatte, einzuberufen. Es galt, mit Spanien aus einer Position der Stärke zu verhandeln. Das war nur möglich, wenn der König damit drohen konnte, notfalls doch militärisch auf dem Kontinent zu intervenieren, und dafür brauchte er die Unterstützung des Parlamentes, da sonst ein Krieg vollständig unbezahlbar war. Allerdings war der Zeitpunkt für den Zusammentritt des Parlamentes (es wurde im Januar 1621 eröffnet) eher ungünstig, denn nicht zuletzt auf Grund der Kriegswirren auf dem Kontinent und wegen des Wertverfalls der in Deutschland umlaufenden Münzen im Zuge der so genannten Kipper- und Wipperzeit hatte der englische Export von Textilien stark gelitten. In den Regionen, die von der Textilherstellung dominiert waren wie in Ostengland, zum Teil auch in den südlichen Midlands, herrschte Not. An die Bewilligung von Steuern, in einem Umfang wie es erforderlich gewesen wäre, um einen längeren Krieg zu führen, war unter diesen Umständen daher kaum zu denken. Überdies musste die wirtschaftliche Notlage die Aufmerksamkeit der Abgeordneten noch stärker als dies ohnehin der Fall gewesen wäre auf die Patente und Monopole lenken, die in den vergangenen Jahren zugunsten von Höflingen und ihrer Klienten gewährt worden waren. Dass Monopolisten und Projektemacher wie der berüchtigte Sir Giles Mompesson, wie viele andere ein Klient Buckinghams, (siehe oben S. 161 f) Produkte zu überhöhten Preisen verkaufen und die Untertanen mit immer neuen Abgaben heimsuchen konnten, war ein Ärgernis, das Kritik im Unterhaus hervorrufen musste.

Jakob I. hatte dies im Prinzip vorhergesehen und in seiner Rede, mit der er das Parlament eröffnete, in Aussicht gestellt, besonders anstößige Monopole und Patente zu widerrufen.[349] Er war jedoch nicht dem Ratschlag seines Kanzlers Bacon gefolgt, dies aus eigenem Antrieb schon vor Beginn der Parlamentssitzung zu tun. Die Folge war, dass das Unterhaus sich mit Eifer in den Angriff auf die Monopolisten stürzte. Angespornt wurde es dabei einerseits von Sir Edward Coke, der offenbar die Hoffnung auf eine Karriere bei Hofe endgültig aufgegeben hatte, obwohl er offiziell noch dem Geheimen Rat angehörte, was ihm im Unterhaus im Übrigen zusätzliches Prestige verschaffte. Coke versuchte auch alte Rechnungen mit Bacon, den man indirekt für zahlreiche kontroverse Privilegien und Patente verantwortlich machen konnte, da er sie als Kanzler hatte besiegeln lassen, zu begleichen. Ebenfalls partiell von persönlichen Animositäten und durch Ehrgeiz motiviert war das Verhalten des Finanziers und Verwaltungsreformers Lionel Cranfield. Cranfield scheint gehofft zu haben, gestützt auf das Unterhaus endlich jene Reformen bei Hof und in der Finanzverwaltung durchführen zu können, die in der Vergangenheit stets durch einflussreiche Höflinge blockiert worden waren. Wenn dabei Bacon, den er als Rivalen sah, zu Fall kam, umso besser.[350] Bacon musste sich einem so genannten Impeachmentverfahren stellen, einem Prozess, bei dem das Unterhaus die Anklage übernahm, und das Oberhaus die Rolle des Richters. Ein solches Verfahren war in verwandter Form zuletzt im 15. Jahrhundert, vor mehr als 150 Jahren, durchgeführt worden. Aber es gelang Coke, der sich in der mittelalterlichen Rechtsgeschichte bestens auskannte und keine Skrupel hatte, alte Präzedenzfälle so hinzubiegen, dass sie auch auf die Gegenwart anwendbar zu sein schienen, dieses Verfahren wiederzubeleben. Der König ließ dies zu, wohl auch um Buckingham zu schützen, der jedenfalls seit 1616 die eigentlich treibende Kraft hinter den meisten Monopolen gewesen war. Anfang Mai wurde Bacon verurteilt. Er verlor sein Amt, wurde auf immer vom Hofe verbannt, vorübergehend im Tower eingekerkert und musste eine hohe Geldstrafe zahlen, die freilich nie beglichen wurde, da der König sie ihm erließ.

Jakob I. hatte damit einen wichtigen Berater geopfert und dem Parlament die Möglichkeit gegeben, auch in Zukunft Minister, die sich unbeliebt gemacht hatten, auf den Wegen eines politischen Prozesses aus dem Amt zu treiben. Wie gefährlich diese Waffe war, sollte sich in den kommenden Jahren hinreichend zeigen. Als Gegenleistung erhielt er zunächst nur neue Steuern im Umfang von zwei subsidies, etwa £ 140 000, genug, um den völligen Zusammenbruch der Staatsfinanzen zu verhindern, aber kaum genug, um damit einen Krieg zu finanzieren oder auch nur wirksam vorzubereiten. Immerhin, im Juni verabschiedete das Unterhaus eine Erklärung, in der es verkündete, dass es den König im Kriegsfall rückhaltlos unterstützen werde, und eine Reihe der Abgeordneten bekundeten, dass sie selber in den Krieg ziehen würden, um die Pfalz zu verteidigen respektive die dort besetzten Städte zu befreien. Jakob I. hatte offenbar auf genau diese Erklärung gewartet; er ließ sie jedenfalls in mehrere Sprachen übersetzen und an die ausländischen Gesandten verteilen.[351] Freilich war das alles eher eine Art doppelter Bluff: Weder wollte Jakob I. ernsthaft Krieg führen, noch war das Unterhaus – zumindest zu diesem Zeitpunkt – ernsthaft bereit, jene enormen finanziellen Mittel zu bewilligen, die für einen Krieg zu Land notwendig waren; mit begrenzten Operationen zur See gegen die spanische Küste und die spanischen Kolonien sah es vielleicht anders aus, doch wie sich nach 1624 zeigen sollte, war so die Pfalz kaum zu verteidigen oder zu befreien.

Nach der Loyalitätserklärung des Unterhauses wurde das Parlament vertagt. Jakob I. stand nun allerdings vor einem Problem, er hatte die Kriegsbegeisterung seiner Untertanen geschürt oder schüren lassen, hielt aber faktisch weiter an dem Versuch fest, mit dem Haus Habsburg einen Ausgleich zu erzielen. Diesem Zweck diente auch eine Reise seines Gesandten Digby nach Wien im Sommer 1621. Digby wurde durchaus freundlich aufgenommen, doch gab es gegenüber dem Kaiser wenig Druckmittel die man anwenden konnte, noch weit weniger als gegenüber Spanien, und Ferdinand II. war im Übrigen entschlossen, sich an die weitreichenden Zusagen zu halten, die er seinem wichtigsten Verbündeten in Deutschland, dem Herzog Maximilian von Bayern, gegeben hatte. Noch im September 1621 (der Entschluss dazu war schon im August gefallen), als sich Digby noch in Wien aufhielt, wurde dem Herzog insgeheim die pfälzische Kurwürde übertragen, die Friedrich von der Pfalz, so die Wiener Lesart, auf Grund seiner Rebellion gegen den Kaiser verloren hatte.[352] Friedrich machte es seinen Gegnern freilich leicht, indem er sich jedem Kompromiss und auch jedem

Verzicht auf die faktisch bereits verlorene böhmische Königskrone verweigerte.[353] Sicherlich war der enorme Starrsinn, den Friedrich hier ebenso wie in anderen Fragen zeigte, wenig klug, zumal er damit auch seinen Schwiegervater und nicht wenige – auch protestantische – deutsche Fürsten gegen sich aufbrachte und seinen Gegnern immer wieder juristische Argumente für ein hartes Vorgehen lieferte. Ob ein Verzicht auf Böhmen den Kaiser allerdings wirklich zu einer großzügigen Behandlung des Pfälzers hätte bewegen können, wie eine jüngere Darstellung es behauptet,[354] muss bezweifelt werden, da sowohl in München als auch in Wien der Wille, jetzt ein für alle Mal im Reich „aufzuräumen", den Calvinismus vollständig zu unterdrücken und den Protestantismus zumindest südlich des Mains zurückzudrängen, unverkennbar stark war. Ermuntert wurde Ferdinand II. in dieser Politik im Übrigen immer wieder durch den Papst, der jeden Kompromiss mit den Ketzern strikt ablehnte und darauf bestand, alle Besitzungen Friedrichs V. an katholische Fürsten, wenn schon nicht direkt an Maximilian von Bayern, zu übertragen.[355]

Nach dem Scheitern der Gesandtschaft Digbys nach Wien und angesichts der militärisch immer bedrohlicheren Lage in der Rheinpfalz um Heidelberg blieb Jakob I. kaum etwas anderes übrig, als das im Juni vertagte Parlament erneut einzuberufen, das am 20. November zu seiner ersten Sitzung zusammentrat. Auffälligerweise blieb der König seiner Hauptstadt während dieser zweiten Sitzungsperiode fern, er hielt sich auf dem Lande in Newmarket und Royston auf. Offenbar war er zeitweilig erkrankt, obgleich ein Aufenthalt im sumpfigen und kaltfeuchten Cambridgeshire und seiner Umgebung im Herbst und Winter der Gesundheit kaum zuträglich sein konnte. Denkbar ist jedoch auch, dass der König sich bewusst von den Beratungen des Parlamentes distanzieren wollte, um gegenüber dem spanischen Botschafter Gondomar weiterhin als der beste Anwalt spanischer Interessen in England erscheinen zu können, der freilich nun von den „Puritanern", dem Unterhaus und einer erregten und fanatisierten Bevölkerung bedrängt wurde. Jakob I. scheint jedenfalls Gondomar noch im November zu verstehen gegeben zu haben, dass er durchaus bereit sei, das Parlament aufzulösen, wenn dieses sich allzu feindselig gegenüber Spanien äußere. Eine neuere Darstellung hat diese Äußerung, die uns ausschließlich aus den Berichten Gondomars bekannt ist, als Beweis dafür gedeutet, dass der König nur auf einen Vorwand wartete, das Parlament wieder nach Hause zu schicken, ja dass er selbst über einen agent provocateur entschlossen war, diesen Vorwand zu schaffen.[356] Indes nimmt der Autor dieser Darstellung, Brennan Pursell, allzu leichtfertig an, dass Jakob I.

gegenüber dem Botschafter stets mit offenen Karten spielte, und dass der Botschafter seinerseits in der Lage war, die politische Situation in England stets korrekt einzuschätzen. Beides ist sicher nicht richtig, Jakob I. war daran interessiert, Gondomar glauben zu lassen, er könne sich gegen ein feindseliges, fanatisch antikatholisches Parlament nur behaupten, wenn er der Öffentlichkeit substantielle spanische Konzessionen präsentieren könne, und Gondomar seinerseits verstand so wenig von den Mechanismen der englischen Politik, dass er glaubte, der Prinz von Wales könne das Parlament selber ohne Mitwirkung des Königs auflösen.[357]

Es bleibt freilich unbestreitbar, dass in der zweiten Sitzungsperiode des Parlamentes rasch Probleme auftraten. Anlass für diese Probleme war eine Rede des Abgeordneten Sir George Goring. Goring war ein Höfling und ein Klient des königlichen Favoriten Buckingham. Die Abgeordneten mussten also annehmen, dass er letztlich in Namen des Hofes spreche, als er Ende November aufstand und eine Rede hielt, in der er das Haus aufforderte, den König zu einem Krieg gegen Spanien zu ermuntern, falls die Habsburger nicht bereit waren nachzugeben. Goring hielt seine Rede offenbar auf Anweisung Buckinghams. Es wäre denkbar, dass es nur darum ging, den Druck auf Spanien durch eine weitere kämpferische Resolution des Parlaments – in Verbindung mit der Bewilligung von Steuern – zu verstärken, vorstellbar ist aber auch, dass Buckingham, der als Hintermann der unbeliebten Monopolisten erneut in die Schusslinie des Unterhauses zu geraten drohte, bewusst eine Auflösung des Parlamentes provozieren wollte.[358] Gorings Rede führte jedenfalls dazu, dass das Unterhaus eine Petition an den König verabschiedete, in der er zu einer härteren Haltung gegenüber Madrid aufgefordert wurde, dafür versprachen ihm die Abgeordneten ihre Unterstützung. Dies alles war noch nicht allzu kontrovers, doch die Petition enthielt auch eine Klausel, in der das Unterhaus vor einer dynastischen Verbindung mit Spanien oder einer anderen katholischen Dynastie warnte. Es war dieser Satz, der den Ärger des Königs und vielleicht noch mehr seines Sohnes – des potentiellen Bräutigams der spanischen Infantin – provozierte. Von Newmarket aus richtete Jakob einen wütenden Brief an das Unterhaus, in dem er sich die weitere Erörterung außenpolitischer Probleme, vor allem der dynastischen Heiratspolitik, die er verfolgte, verbat. Zwar besitze das Parlament durchaus Redefreiheit, aber diese sei ihm nur von seinen Vorgängern aus Gnade gewährt worden und könne daher auch notfalls wieder eingeschränkt werden. Das Parlament reagierte auf diesen Brief konsterniert; ohne sich erneut auf eine außenpolitische

Debatte einzulassen, stellte es einfach jede Arbeit ein und weigerte sich auch jene Gesetze zu verabschieden, die notwendig waren, um auslaufende statutes am Leben zu erhalten. Der König suchte nun zwar seine ursprünglichen Äußerungen rhetorisch deutlich abzumildern, aber letztlich war ein Kampf um Prinzipien entstanden, da das Parlament darauf beharrte, die Redefreiheit sei ein Recht, das es von jeher besessen habe und das der König gar nicht einschränken könne, während Jakob I. das Gegenteil behauptete. Für den König war es fast unmöglich, von der Grundsatzposition, dass die Redefreiheit ein bloßes Gnadenrecht sei, wieder abzuweichen, nachdem er sie einmal offen und ohne Einschränkung vertreten hatte, umgekehrt konnte das Unterhaus gerade in einer Situation, in der das protestantische Bekenntnis des Landes durch eine Heirat des Thronfolgers mit einer „Papistin" gefährdet war, kaum auf das Recht verzichten, über diese Gefahr zumindest zu sprechen und zu debattieren. Am Ende entschlossen sich die Abgeordneten, oder diejenigen – sehr viele waren es nicht – die kurz vor Weihnachten noch anwesend waren, eine Protesterklärung, die dem König jedoch nicht vorgelegt wurde, in ihr Journal, das Protokollbuch, einzutragen, in dem sie nochmals auf ihrer Redefreiheit als ihrem ererbten Recht, das kein König einschränken könne, beharrten. Die Reaktion des Königs auf diese Erklärung erfolgte rasch, er löste das Parlament Ende Dezember auf, ließ sich das Protokoll vorlegen und riß die Protestresolution in Gegenwart der höchsten Richter des Landes eigenhändig heraus. Die Gegenwart der Richter zeigt, dass hier kein momentaner Wutanfall vorlag, sondern der Rechtsstandpunkt des Königs durchgesetzt werden sollte. Die „Rädelsführer" des Parlamentes wurden inhaftiert oder wurden nach Irland geschickt, um sich mit den dortigen Missständen in der Verwaltung zu beschäftigen.[359] Das Parlament von 1621 hatte hoffnungsvoll begonnen, auf beiden Seite hatte es Zeichen des guten Willens gegeben, der König hatte Bacon geopfert, das Unterhaus hatte weder an den Impositions Kritik geübt, noch zunächst ein direktes Mitspracherecht in Fragen der Außenpolitik beansprucht. Aber nicht zuletzt die allzu komplizierte und zweideutige Politik des Königs gegenüber Spanien und die mangelnde Geschlossenheit des Hofes und des Privy Council, die durch tiefe Gegensätze gespalten waren, hatten dieses Einvernehmen wieder zerstört.

Die spanische Heirat

Damit befand sich Jakob I. außenpolitisch in einer noch schwierigeren Lage als zuvor, denn seine Möglichkeit, Druck auf Spanien auszuüben, war noch weiter reduziert worden. Dennoch hielt er an dem Plan einer dynastischen Verbindung mit Spanien fest. Da er ohne Parlament kaum eine Chance hatte, mit militärischen Mitteln auf das Geschehen in Mitteleuropa einzuwirken, schien eine dynastische Verbindung mit dem mächtigsten Herrscher Europas immer noch die beste Möglichkeit, überhaupt irgendeinen Einfluss auf den Gang der Dinge auszuüben, um so am Ende doch noch zu einer Friedensregelung zu kommen, die als halbwegs ehrenvoll präsentiert werden konnte, oder doch zumindest eine ungebremste weitere Ausbreitung des Krieges – wie sie sich dann nach 1625 wirklich vollziehen sollte – zu verhindern. Der Zwang zum Handeln wurde jedenfalls im Laufe des Jahres 1622 immer größer, da im Sommer die Verteidigung der Kurpfalz unter dem Ansturm der Truppen der Liga zusammenbrach und damit Jakobs Schwiegersohn endgültig ein landloser Flüchtling war. Allerdings, auch dies ist deutlich, dem König wurde zunehmend das Heft des Handelns aus der Hand genommen. Sein Sohn, der zukünftige Karl I., begann sich für die Heirat mit der Schwester des spanischen Königs zu begeistern. Schon die heftige Reaktion des Königs auf die parlamentarische Kritik an diesem Heiratsprojekt Anfang Dezember 1621 ging vermutlich auch auf seine Initiative zurück und im Januar 1622 begann Karl Spanisch zu lernen.[360] In Spanien selber hingegen wuchsen die Vorbehalte gegen eine Heiratsverbindung mit den Stuarts eher, obgleich man an einem Ausgleich mit England weiterhin interessiert war, ohne dafür freilich unter den gegebenen Umständen allzu viel bieten zu können. Eine Infantin von Spanien mit einem Häretiker zu verheiraten, schien selbst dann, wenn ihr die freie Ausübung ihres Glaubens im Ehevertrag zugesichert wurde, und sie einen katholischen Hofstaat unterhalten konnte, nur schwer denkbar, es sei denn, eine solche Heirat war der Auftakt für eine allgemeine Bekehrung Englands zum wahren, römischen Glauben.[361] Auch politisch blieb unklar, ob sich ein so großer Einsatz lohnte, um Englands dauerhafte Neutralität oder auch offene Unterstützung zu gewinnen, obwohl die geostrategische Lage der britischen Inseln ihnen im Kampf Spaniens gegen die Niederlande naturgemäß eine potentiell wichtige Rolle zuwies. Wichtiger blieb dennoch stets die Zusammenarbeit mit den österreichischen Habsburgern, den eigenen Verwandten. So ist es erklärlich, dass Spanien im Mai 1622 unter der Hand dem Kaiser signalisierte, dass es mit der Übertragung der pfälzischen Kurwürde auf Maximilian von Bayern einverstanden war, obgleich der neue Favorit und Minister, der seit Herbst 1622 die spanische Politik leiten sollte, Olivares, von dieser Position zeitweilig wieder abzurücken versuchte, da man der bayerischen Politik misstraute und nicht an einer weiteren Eskalation des Konfliktes im Reich, die Kräfte binden konnte, die man gegen die Niederlande einzusetzen wünschte, interessiert war.[362]

Trotz der spanischen Vorbehalte gegen eine Heirat der Infantin Maria mit dem Prinzen von Wales schritten im Laufe des Jahres 1622 die Verhandlungen voran. Spanien verlangte vor allem umfangreiche konfessionelle Konzessionen, d. h. Toleranz für die englischen Katholiken, und Jakob I. war in der Tat bereit, eine faktische Suspension der Strafgesetze gegen die Katholiken zu versprechen, womit die spanischen Forderungen, die, wie sich 1623 zeigen sollte, letztlich auf eine Gleichberechtigung der Anhänger Roms mit den Protestanten hinausliefen, zwar nicht vollständig, aber doch partiell erfüllt waren.

Im August 1622 erging eine Anweisung des Lordkanzlers Williams an die Friedensrichter, die Strafgesetze gegen Katholiken nicht mehr anzuwenden. Dieser Befehl rief eine erhebliche Unruhe in England hervor, nicht wenig sahen in ihm einen Auftakt zur Konversion des Königs selber und zur Zerstörung der etablierten Kirche. Jakob I. sah sich genötigt, alle Predigten über politisch kontroverse Themen und damit – mitten in einem kontinentaleuropäischen Religionskrieg – auch alle Predigten mit antikatholischer Tendenz zu untersagen.[363] Die Popularität des Königs erreichte in diesen Monaten sicherlich einen Tiefpunkt. In einem Pamphlet aus diesen Jahren, *Tom Tell Troth,* hieß es, in den Tavernen der Hauptstadt werde kaum je ein Trinkspruch auf den König ausgebracht, wohl aber auf seinen Sohn – in der Hoffnung, dass er besser regieren werde – und vor allem auf den Kurfürsten von der Pfalz, den Schwiegersohn des Königs, und seine Familie. Wenn der König wirklich glaube, mitten im Krieg den Frieden zum höchsten Ideal erklären zu können, dann sei sein Reich wohl nicht mehr von dieser Welt und die Kirche, deren Oberhaupt er sei, sei nicht *„the church triumphant"* oder *„the church militant"* sondern allenfalls *„the church dormant"*.[364] Auf die massive Kritik an seiner Haltung, die in Pamphleten dieser Art ihren Ausdruck fand, reagierte Jakob I. 1622 unter anderem mit einem Gedicht: *King Iames his verses made upon a libell lett fall in court and entitulated The wiper of the peopless teares the dryer upp of doubts and feares.*

Dort hieß es unter anderem in einem Ausbruch der Verzweiflung:[365]

„...but you that knowe mee all soe well
Why doe you push me downe to hell
by making me an infidell"

Er fuhr freilich fort:

"O how grosse is your device
Change to impute to kings as vice
The wise may change, yet free from fault"

Damit reagierte der König auch auf den Vorwurf, seine Verständigungspolitik gegenüber Spanien passe recht schlecht zu seinen früheren Angriffen auf den päpstlichen Antichrist. Bezeichnend war, dass sich Kopien seines Gedichtes in Handschriftensammlungen in denselben Bänden und Faszikeln finden, die auch heftige Angriffe auf den Monarchen enthalten. Der König hatte sich gewissermaßen genötigt gesehen, sich auf dieselbe Argumentationsebene wie seine Angreifer zu begeben, sorgte aber auf diese Weise immerhin dafür, dass seine Stimme in der öffentlichen Diskussion präsent blieb.[366]

Trotz der enormen Opposition in England gegen den spanischen Heiratsvertrag und trotz einer Reihe noch ungelöster diplomatischer Probleme, zu denen auch die entscheidende Pfalzfrage gehörte, schien äußerlich betrachtet Ende 1622 der Abschluss der Heiratsverhandlungen unmittelbar bevorzustehen. In dieser Lage entschloss sich der Konprinz Karl, selber nach Spanien aufzubrechen, um seine Braut heimzuführen. Ein solches abenteuerliches Unternehmen – Karl reiste incognito durch Frankreich, nur in Begleitung Buckinghams und weniger Diener – entsprach bis zu einem gewissen Grade der Familientradition der Stuarts. Jakob I. war selbst von Schottland aus nach Dänemark aufgebrochen, um sich die Hand der dänischen Prinzessin Anna zu sichern (allerdings mit großem Gefolge), und sein eigener Großvater Jakob V. war vor rund 100 Jahren nach Frankreich gereist, um Madeleine Valois zu heiraten. Freilich hatten bei diesen Heiratsverbindungen konfessionelle Probleme keine Rolle gespielt.[367] 1622–23 lagen die Dinge anders, Karl hätte klar sein müssen, dass eine Reise nach Spanien in Madrid, aber auch in England, als Auftakt zu einer Konversion zum Katholizismus verstanden werden musste. Es ist zwar die Ansicht vertreten worden, durch seine Brautfahrt nach Madrid habe er Philip IV. und Olivares nach Jahren fruchtloser Verhandlungen gezwungen, Farbe zu bekennen, so dass England nicht mehr länger durch leere Versprechungen genarrt werden konnte,[368] aber dieses Argument überzeugt nicht. Durch seine Reise nach Spanien, zu der er im Februar 1623 zusammen mit Buckingham aufbrach, machte sich der Kronprinz zur Geisel des spanischen Hofes – es war unklar ob es ihm gelingen würde heimzukehren, sollten die Heiratsverhandlungen endgültig scheitern – und steigerte die Besorgnis über ein Ausscheren Englands aus dem protestantischen Lager in Großbritannien selber bis zum Paroxysmus. Er untergrub damit das Ansehen der Stuarts in England und Schottland sowie bei den irischen Protestanten dauerhaft, auch wenn der Krieg gegen Spanien, den er 1625 begann, ein Versuch war, dieses Ansehen um jeden Preis wieder herzustellen. Dabei kann kein Zweifel sein, dass die Reise seine Idee war, nicht die seines sehr viel vorsichtigeren, wenn auch außenpolitisch zu diesem Zeitpunkt zunehmend hilflos wirkenden Vaters.[369]

Allerdings brachte Jakob I. auch nicht die Kraft auf, die Reise zu verhindern. Dem Druck, den sein Sohn und mit ihm sein eigener Favorit, der sich vielleicht der Risiken der Expedition nach Spanien bewusst war, aber den Kronprinzen und zukünftigen Herrscher durch eine spektakuläre Demonstration seiner Loyalität an sich binden wollte, auf ihn ausübten, zeigte er sich nicht gewachsen und musste tränenreich und unter Protesten dem abenteuerlichen Plan zustimmen.[370]

Es fehlt hier der Raum, im Detail auf die desaströse Spanienfahrt des Kronprinzen einzugehen. Es wurde jedoch nach Ankunft Buckinghams und des Prinzen rasch deutlich, dass eine Heirat mit der Infantin jedenfalls nicht zu einer raschen Lösung der Pfalzfrage führen würde, ja die Tatsache, dass – ohne dass dies schon in England bekannt gewesen wäre – zwei Tage vor dem Aufbruch des Prinzen nach Spanien (17. Febr. A. S., 27. Februar N. S.) der bayerische Herzog auch offiziell vom Kaiser in Regensburg mit der pfälzischen Kurwürde belehnt worden war (25. Februar N. S.), wenn auch zunächst nur ad personam und nicht für seine Erben,[371] machte es fast unmöglich, die Wiedereinsetzung Friedrichs V. in seine alten Besitzungen ohne sehr erhebliche und demütigende Einschränkungen zu erreichen, wenn dies denn überhaupt noch möglich war. Überdies stellte Spanien, das jetzt starken Druck auf den englischen Thronfolger ausüben konnte, konfessionspolitisch immer härtere Bedingungen, respektive ließ es den Papst solche Bedingungen formulieren, so die völlige auch juristische Aufhebung der Strafgesetze gegen die englischen Katholiken, wohl auch mit dem Hintergedanken, auf diese Weise das Eheprojekt selber scheitern zu lassen. Angewandt wurden die antikatholischen Gesetze während der Endphase der Heiratsverhandlungen mit Spanien ohnehin nicht mehr, und in England traten jetzt ganz offen katholische Geistliche, ja sogar im Einzelfall von der Kurie eingesetzte katholische Bischöfe, auf, und gingen ihren Amtsgeschäften nach. Selbst der seit 1621 amtierende Lordkanzler, der Bischof Williams, der eigentlich ein Gefolgsmann Buckinghams war, schrieb im August 1623 warnend an den Favoriten, wenn die Katholiken in England und den beiden anderen Königreichen weiter in dieser Form begünstigt würden, müsse man mit einem allgemeinen Aufstand rechnen. Den katholischen Titularbischof von Chalcedon, der sich in England aufhalte, hätte man eigentlich einfach aufhängen lassen sollen, weil er sich ohne Genehmigung des Königs im Ausland habe weihen lassen, und *„to forbid Judges (against their oaths) and justices of the Peace (sworn likewise) to execute the law of the Land, is a thing unprecedented in this Kingdom, and durus Sermo* [eine harte Rede] *a very harsh and bitter pill to be digested upon a sudden."* [372] Dass ein enger Berater des Königs, der die spanische Heiratspolitik eigentlich befürwortete, die Dinge so sah, macht deutlich, wie riskant der Kurs war, den man während der Verhandlungen mit Spanien eingeschlagen hatte, obwohl Jakob I. wohl zu keinem Zeitpunkt bereit war, den Katholiken wirklich dauerhaft die offene und uneingeschränkte Ausübung ihres Glaubens zuzugestehen, sondern eher darauf setzte, die eigenen Versprechungen widerrufen zu können, wenn die Infantin einmal in England war.

Der Weg in den Krieg: Das Ende einer Epoche

Durch eine Zustimmung zum Ehevertrag und seinen radikalen Bedingungen gelang es dem Prinzen im September 1623 dann immerhin doch, nach langen, letztlich wenig ergiebigen Verhandlungen über die Bedingungen der dynastischen Verbindung zwischen England und Spanien die Genehmigung zur Heimreise zu erhalten. Die Ehezeremonie selber sollte durch einen Stellvertreter in Madrid vollzogen werden, doch hatte Karl heimlich Anweisung gegeben, diesen entscheidenden rechtlichen Akt auf unbestimmte Zeit zu verschieben. Nach der Rückkehr des Prinzen und des Favoriten nach England am 5. Oktober 1623, also mehr als sieben Monate nach ihrer Abreise, wurde bald klar, dass England nun doch auf einen Krieg mit Spanien hinsteuerte, zur Verzweiflung des Königs, der auch jetzt an dem Versuch festhielt, einen Kompromiss mit dem Hause Habsburg zu erreichen. Buckingham und Karl fühlten sich beide von Olivares und den Spaniern gedemütigt, überdies schien ein Krieg der einzige Weg, ihr Ansehen bei der Mehrzahl der englischen Protestanten wiederherzustellen, das schwer gelitten hatte. Die rund anderthalb Jahre zwischen der Rückkehr des Kronprinzen aus Spanien und dem Tode seines Vaters im März 1625 waren durch ein beständiges Tauziehen gekennzeichnet zwischen dem König auf der einen Seite, und seinem Sohn und den Favoriten auf der anderen Seite, bei dem es der kommenden Generation darum ging, möglichst rasch einen Krieg gegen Spanien an allen denkbaren Fronten gleichzeitig zu beginnen, während der alte König eben dieses Ereignis immer wieder hinausschieben wollte. Zeitweilig konnte fast der Eindruck entstehen, der Monarch sei zum Gefangenen seines eigenen Hofes, oder doch seines Sohnes und seines Favoriten geworden.[373] Jedenfalls suchte der spanische Gesandte Jakob I. diesen Eindruck nachdrücklich zu vermitteln.[374] Ohne Zweifel hatten die Kräfte des Königs, der mehr denn je an Arthritis und an Symptomen einer Niereninsuffizienz litt, nachgelassen. Schon im Februar 1623 hatte der venezianische Gesandte berichtet: *„all good sentiments are clearly dead in the king. He is too blind in disordered self love and his wish for quiet and pleasure, too agitated by constant mistrust of everyone, tyrannized over by perpetual fear for his life, … all accidents and causes of his fatal and almost desperate infirmity of mind“.*[375] Allerdings gibt es auch Indizien, dass der König erneut seiner alten Taktik folgte. Er ließ es zu, dass sein Sohn und das im Februar wieder zusammengetretene Parlament Spanien angriffen und einen Krieg forderten, um so Druck auf das Haus Habsburg auszuüben, hielt selber aber die Kontakte mit Madrid aufrecht und vermied es am Ende dann doch, sich unwiderruflich auf einen Krieg festzulegen.

Das Parlament von 1624, das von Februar bis Ende Mai tagte (es wurde offiziell nur vertagt, nicht aufgelöst, trat am Ende aber doch kein zweites Mal mehr zusammen) wurde weitgehend vom Thronfolger und von Buckingham gesteuert, die sich mit antispanischen Gruppierungen am Hof aber auch im Unterhaus verbündet hatten, darunter auch alte Kritiker der Politik Jakobs I. und seines stark die Prärogativgewalt der Krone betonenden Kurses. Dass ein solches Bündnis riskant war, war nicht zu übersehen und der König scheint seinen Sohn daher auch nachdrücklich vor den Implikationen eines solchen Appells an „Patriotismus“ und „Popularität“ („Popularity“ stand in diesem Kontext stets auch für antimonarchische Bestrebungen, jedenfalls in der Sicht des Königs!) gewarnt zu haben.[376]

Immerhin, das Parlament bewilligte Steuern im Wert von gut £ 300 000; sicherlich viel zu wenig, um einen großen Krieg zu führen – der freilich auch noch nicht erklärt worden war – aber doch genug, um die Flotte und die Befestigungen an der Künste in Kriegszustand zu versetzen, und um potentielle Verbündete, wie namentlich die Niederlande, zu unterstützen. Die Bewilligung des Geldes wurde allerdings ausdrücklich an die Bedingung geknüpft, dass diese Mittel nicht zweckentfremdet werden dürften, und das Parlament setzte dafür einen Ausschuss ein, der die eingehenden Steuergelder verwalten sollte, auch nach der Auflösung respektive Vertagung des Unter- und Oberhauses.[377] Die Mehrheit der Abgeordneten war zwar bereit, einen Krieg gegen Spanien zu unterstützen, aber allzu kostspielig sollte dieser Krieg nicht sein und die anfängliche, durchaus realistische Forderung des Königs, ihm rund £ 780 000 an Steuern zu bewilligen, war auf Entsetzen gestoßen. Eher war man dann noch bereit, Subsidien an die Niederlande zu zahlen, respektive auf Kosten der englischen Krone neue Truppen nach Holland zu schicken, wie es dann auch geschah.[378] Kaum Unterstützung gab es im Parlament daher für den Gedanken eines Landkrieges gegen den Kaiser und die katholische Liga in Deutschland selbst, obwohl ein solcher Krieg natürlich noch am ehesten zu einer Befreiung der Pfalz hätte führen können. Jakob I. war hingegen, wenn ein Krieg denn unvermeidbar war, eher geneigt, in Deutschland Krieg zu führen, um eine direkte Konfrontation mit Spanien zu vermeiden. Er gab daher einen Teil des vom Parlament bewilligten Geldes aus, um eine Söldnerarmee durch einen deutschen Militärunternehmer, den Grafen Mansfeld, in England und auf dem Kontinent rekrutieren zu lassen. Mansfeld verlangte nicht allzu viel Geld, denn er rechnete damit, seine Truppen durch Zwangskontributionen und Plünderungen finanzieren zu können, sobald er sich in Feindesland befand. Das entsprach durchaus dem damals Üblichen, auch andere Armeen, wie die Wallensteins, finanzierten sich in den 1620er Jahren so. In diesem Fall war das Problem jedoch, dass es für Mansfeld, der ursprünglich in Frankreich landen sollte, dann aber Anfang Februar 1625 in den Niederlanden an Land ging, anfangs fast unmöglich war, überhaupt auf feindliches Territorium vorzudringen. Infolgedessen starben oder desertierten Mansfelds Soldaten, die ganz unzureichend versorgt wurden und kaum Sold erhielten, nach ihrer Landung an der holländischen Küste im Februar 1625 in Massen, und von seinen 12 000 bis 15 000 Mann waren in kurzer Zeit nur noch 5 000 übrig.

Auch in anderen Bereichen brachte das Parlament von 1624 einen zweifelhaften Ertrag. Um Unterstützung für ihren Krieg zu mobilisieren, hatten Buckingham und Karl Zugeständnisse machen müssen. Eine Reihe von Gesetzen, die 1621 gescheitert waren, wie unter anderem ein Statut, das die Vergabe von Monopolen und verwandter Patente erheblich einschränkte, wurden verabschiedet und der Lordschatzmeister Cranfield, der sich mit seiner Opposition gegen einen Krieg Buckingham zum Feind gemacht hatte, wurde durch ein Impeachment gestürzt, wie vor ihm 1621 Bacon. Sie hatten überdies mit ihrer Kriegsbegeisterung Erwartungen geweckt, die sie, wie sich bald zeigen sollte, nicht erfüllen konnten. Teilweise, weil bis zu seinem Tode Jakob I. ihre Politik weiter blockierte, teilweise aber auch, weil ihre Politik, die auf ein europaweites, überkonfessionelles antihabsburgisches Bündnis unter englischer Führung setzte, von Anfang an unrealistisch gewesen war. So kam es zu einer Heiratsvereinbarung zwischen dem Thronfolger und Henrietta Maria von Frankreich, der Schwester des französischen Königs, die jedoch wiederum mit erheblichen konfessionellen Zugeständnissen Englands verbunden war. Der Thronfolger sah sich mit dem sehr widerwillig gewährten Einverständnis seines Vaters genötigt, heimlich die Duldung des Katholizismus in England zuzusichern. Die Zugeständnisse mochten nicht ganz so weit gehen, wie sie Spanien zuletzt verlangt hatte (es war nicht von der offiziellen Aufhebung der antikatholischen Gesetze durch das Parlament die Rede), obwohl Richelieu sich ausdrücklich auf den spanischen Heiratsvertrag berief, aber als Auftakt für einen Krieg, der in England als antikatholischer Heiliger Krieg erscheinen konnte oder musste, waren sie denkbar ungeeignet, wie sich bald genug zeigen sollte, zumal ab Dezember in Vorwegnahme der Bestimmungen des Ehepaktes die Gesetze gegen Katholiken tatsächlich erneut außer Kraft gesetzt wurden, was eine erhebliche Unruhe in den Ländern der Stuart-Monarchie hervorrief. Erfolgreicher war der Versuch, Christian IV. von Dänemark für den Kampf gegen den Kaiser zu gewinnen, auch wenn man ihm im Gegenzug umfangreiche Subsidien vesprechen musste, die man faktisch ohne massive neue Steuerbewilligungen des Parlamentes kaum bezahlen konnte. Das dänische Bündnisangebot war aber immer noch preiswerter als das schwedische, das Jakob I. aus diesem Grunde auch verwarf.

Ende 1624 litt Jakob I. immer mehr unter unterschiedlichen Krankheitssymptomen, die die Zeitgenossen als Gicht kennzeichneten, eine Form der Arthritis. Er war immerhin trotz aller Rückschläge noch stark genug, um einen Einsatz der Truppen Mansfelds, die England Ende Januar verließen, gegen die Spanier bei der Belagerung der niederländischen Festung Breda zu verbieten, und auch um in der Kirchenpolitik seine schützende Hand über die Anticalvinisten zu halten, deren Positionen in Zeiten eines Krieges gegen

Abbildung 9: Jakob I. im Jahre 1619. Kupferstich von Ed. Pierson. *(British Museum, London)*

die Vormacht des katholischen Europa und für die Befreiung der unterdrückten Protestanten eigentlich kaum zeitgemäß waren, die aber anders als die strikten Calvinisten zuverlässige Anhänger der Monarchie und des Gottesgnadentums zu sein schienen (siehe oben S. 154 f). Trotz der Spannungen, die zwischen ihm und Buckingham seit Herbst 1623 immer wieder aufgetreten waren, und in Gerüchten, er sehne sich nach dem Sturz des Favoriten, ihren Ausdruck fanden,[379] scheint seine emotionale Abhängigkeit von seinem Günstling in den letzten Monaten vor seinem Tod größer denn je gewesen zu sein. In einem Brief, der vermutlich im Dezember 1624 geschrieben wurde, redete er Buckingham als *„my only sweet and dear child"* an und nannte sich selber *„your dear dad and husband"*; lieber wolle er zusammen mit Buckingham als Verbannter in einem fernen Winkel der Erde leben *„than live a sorrowful widow's life without you"*. Jetzt zu Weihnachten wolle er seinen Ehebund mit Buckingham erneuern *(„that we may make at this Cristmasse a new marriage ever to be kept herafter")*.[380] Der König war am Ende seines Lebens in der Tat vereinsamt, und offenbar mehr denn je von der Loyalität und Zuneigung seines Favoriten abhängig, obgleich er selbst in dieser Situation nicht bedingungslos seinen Ratschlägen folgte, sondern weiter der Lehrer und Meister blieb, der gelegentlich auch mit der eigenen Schwäche kokettierte, wie seine bis zuletzt hartnäckige Opposition gegen einen Krieg mit Spanien hinreichend zeigt.

Anfang 1625 starb einer seiner alten schottischen Höflinge, der Herzog von Lennox, und bald darauf folgte ihm ein weiterer schottischer Kammerherr, der Marquess of Hamilton, ins Grab. Anfang März 1625 erkrankte der König selber während eines Aufenthaltes in einem seiner Lieblingsschlösser, Theobalds, schwer. Gegenüber den schweren Fieberanfällen, die im Abstand von wenigen Tagen immer wiederkehrten und am Ende mit einer Darmerkrankung einhergingen, zeigten sich die Ärzte, deren Ratschläge der König ohnehin gern verwarf, ratlos. Buckinghams Mutter und der Favorit selber ließen dem König diverse Mittel verabreichen, die vermutlich harmlos waren, aber später zu dem im frühen 17. Jahrhundert fast unvermeidlichen Verdacht führten, der König sei vergiftet worden, ein Verdacht, den einer der Ärzte, der sich offenbar darüber geärgert hatte, dass seine Ratschläge ignoriert worden waren, später schürte. Als der König sein Ende nahen sah, rief er Bischof Williams, den Lordkanzler, zu sich, da Andrewes, der Bischof von Winchester, selber krank war. Williams reichte dem König die Eucharistie und sprach mit ihm das Glaubensbekenntnis. Obwohl geschwächt betonte Jakob, dass er als Protestant und nicht als Katholik sterbe und verwarf ausdrücklich die katholische Buß- und Beichtpraxis, als Williams die Formel für die Vergebung seiner Sünden mit den Worten des Book of Common Prayer sprach. Am 27. März 1625 starb er. Die Trauerfeier fand am 7. Mai in der Westminster Abtei statt. Bischof Williams hielt die Predigt, in der er den König noch einmal mit dem biblischen König Salomon, dem Dichter und Herrscher des Friedens, verglich.[381] Ansonsten verlief die Beerdigung, für die

Abbildung 10: Jakob I. im Kreise seiner Familie, Kupferstich 1622. Dargestellt sind auch die bereits verstorbenen Familienangehörigen sowie recht prominent Elisabeth Stuart mit ihrem Gemahl, Friedrich V. von der Pfalz mit ihren zahlreichen Kindern, während der links im Bild stehende Kronprinz Karl noch unverheiratet ist und keine Kinder hat. Das verweist somit auch auf einen möglichen Anspruch Elisabeths und ihrer Nachkommen auf die englische Krone, der in radikal protestantischen Kreisen als attraktive Alternative zur Herrschaft der Hauptlinie des Hauses Stuart galt. *(British Museum, London)*

9 000 Personen Trauerkleidung erhielten und die an die £ 50 000 kostete, so chaotisch, wie es dem höfischen Leben unter Jakob I. entsprochen hatte.[382] Am 26. April hatte John Donne, der Dichter und Dekan von St. Paul's, eine andere Predigt in der Kapelle von Denmark House gehalten, bevor der aufgebahrte Leichnam des Königs von dort zur Westminster Abtei gebracht wurde. Donne war dafür bekannt, dass er es verstand, mit drastischen Worten seinen Hörern und Lesern ihre Sterblichkeit vor Augen zu führen. Aus seinen Gedichten und Meditationen spricht nicht selten eine frühbarocke Morbidität. So sagte er in der Leichenpredigt, die er kurz

vor seinem Tode auf sich selber hielt: *„This whole world is but an universall churchyard, but one common grave, and the life and motion that the greatest persons have in it, is but as the shaking of buried bodies in the grave, by an earth-quake"*.[383] In diesem Sinne hielt er auch seine Predigt am Sarge des toten Königs. Wie Williams verglich er Jakob I. mit Salomon, aber stellte ihn zugleich dem eigentlichen Erben der Krone Salomons, Christus, gegenüber, so wie einst Andrew Melville das Königtum Christi dem Königtum Jakobs VI. gegenübergestellt hatte, wenn auch Donne die politischen Intentionen des schottischen Presbyterianers in diesem Moment sicherlich fern lagen. In diesen beiden Spiegeln, in Christus und im toten König, so Donne, erkenne der Mensch sich selber, aber nur im Schicksal des Königs erkenne er sich ohne Einschränkung und nichts anderes *(„a glasse that reflects thy selfe, and nothing but thy selfe")*, denn Christus sei dazu zu vollkommen. Nur ein Kristall, das auf der Rückseite geschwärzt sei, spiegele das Antlitz des Menschen wider und dieser Spiegel sei das Leben des Königs, *„steeled, darkened with our humane nature"*, geschwärzt von Sünde. Gerade in seiner Unvollkommenheit und in seinem Tod mahne der König den Menschen an seine eigene Sünde und die Vergänglichkeit aller irdischen Dinge.

Jakob I. hatte in seinen Schriften oft genug die Macht der Könige auf Erden als Abbild der Macht Gottes, des Königs der Könige, *„the only ruler of princes"*,[384] hingestellt. An diesen Gedanken knüpfte auch Donne in seiner Predigt an, aber dort, wo der Herrscher die gottgleiche Majestät des Königtums betont hatte, hob Donne, der Höfling, Dichter und Theologe, die Hinfälligkeit der Macht hervor, die im politischen Scheitern, dem sich Jakob I. in seinen letzten Jahren nicht hatte entziehen können, in der Tat einen sinnfälligen Ausdruck fand.[385]

X. Resümee: Ein Europäer auf dem britischen Thron

Jakob I. starb am Vorabend eines Krieges, den er mit aller Macht versucht hatte zu verhindern, bis zum letzten Moment. Sein Sohn, der diesen Krieg dann führen sollte, musste erkennen, dass England einer militärischen Auseinandersetzung mit den Mächten des Kontinents, erst mit Spanien, dann, ab 1627, zusätzlich mit Frankreich, nicht wirklich gewachsen war. Er zog sich daher 1629/30 wieder aus den kontinentaleuropäischen Verwicklungen zurück, aber erst, nachdem die Folgen des Krieges die innere Stabilität Englands dauerhaft unterminiert hatten. Sicherlich war die Friedenspolitik, die Jakob I. verfolgte hatte, vor allem nach 1618 immer weniger erfolgreich, aber immerhin blieb sich der König stets der enormen Risiken, die besonders mit einem Krieg gegen das Haus Habsburg verbunden waren, bewusst. Man wird aus heutiger Perspektive im Übrigen zögern, die Politik Jakobs schon in ihren Intentionen zu verurteilen, wie dies der Perspektive des den Krieg als Mittel der Politik nicht in Frage stellenden 19. oder frühen 20. Jahrhunderts sicherlich sehr viel eher entsprach. Ein Problem war es, dass Jakob I. um überhaupt außenpolitisch handlungsfähig zu sein, an die Bereitschaft seiner Untertanen, Krieg zu führen, appellieren musste, ohne diese Kriegsbegeisterung dann wirklich hinreichend kanalisieren zu können. Die Tatsache, dass er zur Lösung außenpolitischer Probleme sehr stark auf das traditionelle Mittel der dynastischen Heiratspolitik setzte – ein Mittel, mit dessen Einsatz seine Vorgängerin zwar gespielt, das sie klugerweise aber nie eingesetzt hatte, – erwies sich als zusätzliche Belastung, denn mit den Plänen für eine katholische Heirat des Thronfolgers stellte er letztlich in den Augen seiner Untertanen das protestantische Bekenntnis seiner Länder fundamental in Frage. Sicherlich mag hier neben dem Wunsch, die Mitglieder der großen Familie der europäischen Monarchen durch Heiratsbande stärker aneinander zu binden, die Tatsache eine Rolle gespielt haben, dass die Stuarts, eine Dynastie am Rande Europas, ein besonders starkes Bedürfnis empfanden, ihre Zugehörigkeit zur Gemeinschaft der europäischen Könige und Fürsten auf diesem Wege sichtbar werden zu lassen. Aber diese Politik war in einer politischen Kultur, die zutiefst von konfessionellen Werten geprägt war, nicht hinreichend legitimierbar. Hinzu trat, dass die begrenzten Konflikte, die die europäische Ordnung vor 1618/20 kennzeichneten, vielleicht noch auf dem Wege einer dynastischen Verständigung regulierbar waren, für die fundamentalen Gegensätze, die nach Ausbruch des Dreißigjährigen Krieges sichtbar wurden, galt dies jedoch nicht mehr.

Die Aussicht auf eine mögliche militärische Konfrontation mit dem Haus Habsburg, die sich seit 1618–20 konkretisierte, schuf einerseits ganz neue Herausforderungen, ließ andererseits aber auch alte Streitpunkte in den Hintergrund treten, wie die Parlamente von 1621 und 1624 zeigen sollten. Diese letzten Regierungsjahre Jakobs I. von 1621 bis 1625 mögen tatsächlich als Vorspiel der gravierenderen politischen und konstitutionellen, aber auch konfessionellen Konflikte der späten 1620er Jahre, erscheinen. Während der letzten Lebensjahre Jakobs I., als sich zeitweilig – jedenfalls in den Augen der radikaleren Protestanten – eine Abkehr der regierenden Dynastie vom protestantischen Bekenntnis abzuzeichnen schien, nahm auch die offene und versteckte Kritik am Monarchen deutlich zu. Diese Kritik, die wesentlich dazu beitrug, den König in einem zweifelhaften Licht erscheinen zu lassen und seine Autorität zu mindern, erwies sich für das Ansehen der Monarchie als eine dauerhafte Hypothek. Schon Zeitgenossen erkannten dieses Problem und stellten es mit der langen Friedenszeit nach 1604 in einen engen Zusammenhang. So schrieb Arthur Wilson in seiner Geschichte der Regierungszeit Jakobs I.: „*Peace got plenty, and plenty got ease and wantonnesse, and ease and wantonnesse begot poetry, and poetry welled to that bulk in his time that it begot strange monstrous satyrs, against the King's own person, that haunted both court and country, … and the tongues of those times more fluent than my pen, made every little miscarriage … grow up, and spread into such exuberant branches, that evil report did often pearch upon them.*“[386] Es war wohl nicht unbedingt der Frieden, der eine politisierte Dichtung und Literatur entstehen ließ, wie Arthur Wilson meinte. Eher waren es Faktoren wie das Wachstum Londons als gewaltiges Kommunikationszentrum und die durch einen stark auf Predigt, theologische Polemik und Schriftauslegung zentrierten Protestantismus über Jahrzehnte hinweg geförderte wachsende Bereitschaft auch breiterer Schichten zur grundsätzlichen Auseinandersetzung über kirchliche und politische Fragen, die eine neue Form von Öffentlichkeit konstituierte.[387] Sicher jedoch ist, dass es Jakob I. schwerer als seiner Vorgängerin fiel, jene öffentliche Debatte zu kontrollieren und zu steuern, die nicht nur durch Druckschriften, sondern auch durch Predigten und in Manuskriptform verbreitete

Texte vielfältig gespeist wurde. Indem er sich selber als Autor und Schriftsteller und politischer Polemiker betätigte, versucht Jakob I. zwar seinerseits meinungsbildend zu wirken, aber auf eine gewisse Weise verstärkte er die Probleme nur noch, denn der König begab sich damit auf ein Feld, auf dem seine monarchische Autorität ihn kaum vor Angriffen schützen konnte und wo er letztlich als Gleicher gegen Gleiche focht. Überdies legte er sich damit auf grundsätzliche Positionen fest, die selbst dann nicht mehr revidierbar waren, wenn taktische Gesichtspunkte dies nahe gelegt hätten, und schließlich musste der König die Interpretation seiner schriftlichen und mündlichen Äußerungen – die wie jeder Text am Ende vieldeutig waren – seinen Untertanen überlassen und konnte diesen Prozess nur begrenzt lenken.[388]

Jakob I. trat dennoch selber als politischer Theoretiker auf. Wohl auch deshalb, weil er sich Zeit seines Lebens der Gefährdung seiner Position als Monarch bewusst blieb. Auf den Thron gelangt war er durch die Absetzung seiner Mutter. Die englische Krone hatte er auch deshalb ohne größere Schwierigkeiten geerbt, weil er gegen die Hinrichtung eben dieser Mutter nur recht leise protestiert und auf alle wirklichen Drohungen, um dieses Ereignis abzuwenden, verzichtet hatte. Wenn Jakob I. so heftig den Königsmord verurteilte und alle Widerstandslehren, die einen solchen Königsmord auch nur potentiell rechtfertigen konnten, dann vielleicht auch deshalb, weil er selber von einem Königsmord indirekt profitiert hatte. Man könnte, wenn dies nicht Spekulation wäre, fast von einem psychologischen Komplex in diesem Kontext sprechen.

Umgeben war der König in England von einem Hof, der auch nach den Maßstäben der Zeit in besonders auffälliger Weise durch Korruption – so vieldeutig dieser Begriff auch sein mag – und Habgier, aber auch durch Skandale oder einfach nur durch Chaos geprägt war, ohne dass die überwältigende ästhetische Kraft einer glänzenden Hofkultur diese Schwächen hätte überdecken können. Dennoch wird auch hinter dieser nicht immer sehr appetitlichen Fassade das Streben des Königs deutlich, die sakrale Würde des Königtums zu verteidigen, oder wie es in einer jüngeren Darstellung der Epoche heißt:

„But there was another side to James which breathed dignity and richness: a desire for wholeness and consensus, for inclusion and breadth, for a kind of majestic grace, lit by the clarity of a probing intelligence, rich with the love of dependable substance, for a reality that went beyond show, that was not duplicitous, that stood outside all the corruption and rot that glimmered around him“.[389]

Dabei lässt das Leben des ersten Stuarts auf dem englischen Thron exemplarisch Möglichkeiten und Grenzen monarchischer Politik am Ende des 16. und zu Beginn des 17. Jahrhunderts deutlich werden, nicht nur in England und Schottland, sondern auch insgesamt in Europa. Jakob I. war kein Ferdinand II., der nach einer ständischen Revolte 1620 seine Gegner massenweise hinrichten ließ oder von ihren Besitzungen vertrieb, aber er war auch kein Rudolf II., der sein Leben 1612 in einem Palast beschloss, dessen Mauern faktisch auch die Grenzen seiner Herrschaft darstellten. Ebenso wenig fiel er wie Heinrich IV. einem Mordanschlag zum Opfer oder wurde wie Philip III. und IV. von Spanien von allmächtigen Favoriten gänzlich an den Rand gedrängt, mochte sein Günstling auch gerade gegen Ende seines Lebens eine gefährlich dominante Rolle spielen. Doch letztlich war Jakob I. vor allem eines, ein Monarch, der seine Herrschaft viel mehr als seine Vorgänger und Nachfolger in einem gesamteuropäischen Kontext sah, der sich vor einer europäischen Öffentlichkeit – und nicht primär vor seinen leicht fanatisierbaren englischen, schottischen und irischen Untertanen – rechtfertigen wollte, und für den die überkonfessionelle Einheit Europas und seiner Fürsten und Könige von entscheidender Bedeutung war. Jakob I. war ein Europäer auf dem britischen Thron, vielleicht der erste – jedenfalls in der Neuzeit – und fast der letzte, sieht man von dem Oranier Wilhelm III. ab, und hierin lag vielleicht auch der tiefste Grund für seine Konflikte mit seinen englischen Untertanen.

Abkürzungen

Ashton, Contemporaries	Ashton, Robert (Hrsg.), James I by his Contemporaries, London 1969.
Cabala	Cabala sive scrinia sacra: Mysteries of State and Government in Letters of ... Great Ministers of State, London 1691.
ChLtt	The Letters of John Chamberlain, hrsg. v. N. E. McClure, 2 Bde. Philadelphia 1939.
Croft, King James	Croft, Pauline, King James, Basingstoke 2003.
Fischlin, Writings	Fischlin, Daniel und Mark Fortier (Hrsg.), Royal Subjects: Essays on the Writings of James VI and I, Detroit 2002.
Gardiner, History	Gardiner, Samuel R., History of England from the Accession of James I to the Outbreak of the Civil War, 1603–1642, 10 Bde. , 2. Aufl., London 1883/84.
Hacket, Scrinia	Hacket, John, Scrinia reserata: A Memorial Offer'd to the Great Deservings of John Williams D. D., 2 Teile, London1693.
Houston, James I	Houston, S. J., James I, 2 Aufl. London 1995.
JLtt	Letters of Kings James VI and I, hrsg. von G. P. V. Akrigg, Berkeley, Cal. 1984.
JPW 1918	James I, Political Works of James I, hrsg. v. Charles H. McIlwain, Cambridge, Mass. 1918, Neudruck New York 1965.
JPW 1994	King James VI and I., Political Writings, hrsg. von Johann P. Sommerville, Cambridge 1994.
JW 1616	James I, The Workes, London 1616, Nachdruck Hildesheim 1971.
Larkin, Proclamations	Stuart Royal Proclamations: Royal Proclamations of King James I, 1603-1625, hrsg. von James F. Larkin und Paul L. Hughes, Oxford 1973.
Lee, Solomon	Lee, Maurice Jr., Great Britain's Solomon. James VI and I in His Three Kingdoms, Urbana Ill. 1990.
Melville, Autobiography	The Autobiography and Diary of Mr. James Melvill, ...with a Continuation of the Diary, hrsg. von Robert Pitcairn, 2 Teile. Edinburgh 1842.

ODNB	Oxford Dictionary of National Biography, 60 Bde, Oxford 2004 (Internetversion: www.oxforddnb.com).
Peck, Mental World	Peck, Linda Levy (Hrsg.), The Mental World of the Jacobean Court, Cambridge 1991.
Stewart, Cradle King	Stewart, Alan, The Cradle King. A Life of James VI and I, London 2004 (1. Aufl. 2003).
TCD	Tanner, J. R. (Hrsg.), Constitutional Documents of the Reign of James I, Cambridge 1930.
Weldon, Court	Weldon, Sir Anthony, the Court and Character of King James, London 1650.
Willson, James VI and I	Willson, D. Harris, King James VI and I, London 1956.
Wilson, History	Wilson, Arthur, The History of Great Britain, Being the Life and Reign of King James the First, London 1653.

Anmerkungen

Anmerkungen zu Kapitel I

1 Das klassische Bild findet sich bei Sir Anthony Weldon, The Court and Character of James I, London 1650, etwa S. 178 f, wo Weldon allerdings auch betonte, dass der König eher wenig wenn auch oft Alkohol trinke, was dem Vorwurf der Trunksucht widersprach.

2 Siehe etwa die pseudonyme katholische Druckschrift Is. Casauboni corona regni, [o. O.] 1615.

3 Siehe Weldon, The Court and Character, Vorrede des Verlegers (unpaginiert). Der Untergang der Stuarts wird hier als gerechte Strafe für permanente Gotteslästerung durch diese Familie, nicht zuletzt auch schon durch Jakob I., dargestellt. Zu den Freveln des Königs werden auch die wöchentlichen Predigten zur Feier der Errettung aus der imaginierten Gowrie Conspiracy (unten S. 34–35) gerechnet.

4 Das negative Bild des Königs hat seinen klassischen Niederschlag in der Biographie von D. H. Willson gefunden, (Willson, James VI and I), die dennoch erheblichen wissenschaftlichen Wert besitzt. Um eine positivere Einschätzung haben sich hingegen vor allem Historiker bemüht, die eher die Herrschaft des Königs in Schottland untersucht haben wie Jenny Wormald und Maurice Lee (siehe Literaturverzeichnis, Teil I b). Die jüngsten Biographien von englischen Autoren zeichnen wieder eher ein kritisches Bild, wenn auch mit weitaus mehr Zurückhaltung als Willson, dies gilt jedenfalls für Alan Stewart und Pauline Croft. Eine gute knappe sehr problembewusste Einführung ist die kurze Darstellung von S. J. Houston, James I, 2 Aufl., London 1995.

5 Wegweisend war seinerzeit der Aufsatz von Jenny Wormald, James VI and I – Two Kings or One, in: History 68 (1983), S. 187–20.

6 A Remonstrance for the Right of Kings 1615, JPW 1918, S. 245.

7 Geoffrey R. Elton, A High Road to Cicil War?, in: Ders., Studies in Tudor and Stuart Politics and Government, 4 Bde., Cambridge 1974–1989, II, S. 164–182, hier S. 166.

8 Dies war seinerzeit die Position von Lawrence Stone, The Causes of the English Revolution, London 1972, hier heißt es über Jakob I. „As a hated Scot, James was suspect to the English from the beginning, and his ungainly presence, mumbling speech and dirty ways did not inspire respect. Reports of his blatantly homosexual attachments and his alcoholic excesses were diligently spread back to a horrified countryside". (S. 89).

9 Jakob Stuart trug in Schottland den Namen Jakob VI., in England firmierte er hingegen als Jakob I., da es vor ihm keinen anderen englischen König gleichen Namens gegeben hatte.
10 Schottische Historiker ziehen oft die Schreibweise „Stewart“ vor, schon deshalb, weil es nicht die englische ist. Ich folge jedoch John Guy und Alan Stewart in der Schreibweise „Stuart“, die im späten 16. Jahrhundert meist auch von der Dynastie selber verwandt wurde.
11 Zum Attentat siehe John Guy, „My Heart is my own“: The Life of Mary Queen of Scots, London 2004, S. 248–253.
12 Ich folge hier der Darstellung von Guy, Mary Queen of Scots (wie Anm. 11), S. 297 ff.
13 Zu Schottland zu Beginn der Regierungszeit Jakobs VI. siehe Gordon Donaldson, Scotland: the Making of the Kingdom, James V – James VII, Edinburgh 1987, S. 157 ff.
14 Julian Goodare und Michael Lynch, Introduction, in: dies., (Hrsg.), The Reign of James VI, East Linton 2000, S. 1–31, hier S. 11.
15 Donaldson, Scotland (wie Anm. 13), S. 132 ff; vgl. Jenny Wormald, Court, Kirk and Community: Scotland 1470–1625, London 1981, S. 75–142.
16 Zur Erziehung des Königs siehe Willson, James VI and I, S. 18–27.
17 Guy, Mary Queen of Scots (wie Anm. 11), S. 386.
18 Willson, James VI and I, S. 22.
19 Ebd., S. 21.
20 Stewart, Cradle King, S. 51–71.
21 Ebd., S. 62.
22 Stewart, Cradle King, S. 70.
23 Alan R. MacDonald, The Jacobean Kirk, 1567–1625: Sovereignty, Polity and Liturgy, Aldershot 1998, S. 25–29.
24 Für den schottischen Adel in dieser Epoche ist grundlegend Keith M. Brown, Noble Society in Scotland: Wealth, Family and Culture from Reformation to Revolution, Edinburgh 2000. Brown konzentriert sich hier allerdings auf die Sozial- und Kulturgeschichte. Vgl. jedoch auch Julian Goodare, State and Society in Early Modern Scotland, Oxford 1999, S. 75–84.
25 Zur Selbstdarstellung des Monarchen siehe Michael Lynch, Court Ceremony and Ritual during the Personal Reign of James VI, in: Goodare/Lynch, Reign (wie Anm. 14), S. 71–92.
26 Stewart, Cradle King, S. 103.
27 Ashton, Contemporaries, S. 2–3.
28 Stewart, Cradle King, S. 111 ff.
29 Maureen M. Meikle, A Meddlesome Princess: Anna of Denmark and Scottish Court Politics, 1589–1603, in: Goodare/Lynch, Reign (wie Anm. 14), S. 126–140.
30 Zu Maitlands Politik siehe Lee, Solomon, S. 67–77.
31 Besonders ausgeprägt ist diese Tendenz in den Werken von Julian Goodare, so zuletzt, The Government of Scotland 1560–1625, Oxford 2004,

S. 74 f und S. 307–309, und ders., State and Society (wie Anm. 24), S. 66–101, und S. 325–330.

32 Goodare, State and Society (wie Anm. 24), S. 74; zum schottischen Parlament, dessen Gesetze durch ein Kommittee, die Lords of the Articles vorbereitet wurde, in dem der König selbst und, zumindest seit den 1590er Jahren, auch etliche seiner Berater Sitz und Stimme hatten, siehe auch Croft, King James, S. 36–42, und Goodare, Government (wie Anm. 31), S. 103 f, mit weiterer Literatur. Zu späteren Entwicklungen siehe auch John R. Young, The Scottish Parliament and National Identity from the Union of the Crowns to the Union of Parliaments, 1605–1707, in: David Brown et al. (Hrsg.), Image and Identity: The Making and Re-Making of Scotland through the Ages, 1998, S. 105–142.

33 Goodare, Government (wie Anm. 31), S. 98–105.

34 Ebd., Government (wie Anm. 31), S. 288.

35 Zur Finanzlage Lee, Solomon, 133–136.

36 Goodare, Government (wie Anm. 31), S. 146–150.

37 Goodare, State and Society (wie Anm. 24), S. 75 f.

38 Michael F. Graham, The Uses of Reform: Godly Discipline and Popular Behaviour in Scotland and Beyond, 1560–1610, Leiden 1996, Kap. 7: „Equality before the Kirk?“, bes. S. 268–279, und ders., Social Discipline in Scotland 1560–1610, in: Raymond Mentzer (Hrsg.), Sin and the Calvinists. Morals Control and the Consistory in the Reformed Tradition, Kirksville (Miss.) 1994, 129–158, sowie Keith M. Brown, Bloodfeud in Scotland, 1573–1625: Violence, Justice and Politics in Early Modern Scotland, Edinburgh 1986, 184–206.

39 Lee, Solomon, S. 73.

40 Stewart, Cradle King, S. 125–127; Croft, King James, S. 25–27.

41 Stewart, Cradle King, S. 135.

42 Zu Bothwell, siehe jetzt auch Rob Macpherson, Art. Stewart, Francis, first Earl of Bothwell (1562–1612), in: ODNB, www.oxforddnb.com, Article 12999.

43 Stewart, Cradle King, S. 135.

44 Lee, Solomon, S. 74 f.

45 Stewart, Cradle King, S. 130.

46 Ebd., S. 144 und Lee, Solomon, S. 79 f.

47 Keith M. Brown, In Search of the Godly Magistrate in Reformation Scotland, in: Journal of Ecclesiastical History 40 (1989), 551–581, hier S. 580–581.

48 Dies nach MacDonald, Kirk, S. 80–100.

49 Zur Gowrie House Conspiracy siehe Willson, James VI and I, S. 126–130, eine leidlich ausgewogene Darstellung; vgl. auch Stewart, Cradle King, S. 150–156, und Amy L. Juhala, Art. Ruthven, John, third Earl of Gowrie in: ODNB, Internetversion www.oxforddnb.com, article 24371, und M. Lee, The Gowrie Conspiracy Revisited, in: ders., The Inevitable Union and Other Essays on Early Modern Scotland, East Linton 2003.

50 Lee, Solomon, S. 101 f.

51 Ebd., S. 103.

52 Michael Lynch, Scotland: A New History, Edinburgh 1991, S. 236 f.

53 Ebd., S. 244: „James was one of Scotland's most successful feudal kings, but he was also the first failure amongst Stewart absolute monarchs of the seventeenth century."

Anmerkungen zu Kapitel III

54 Howard Nenner, The Right to be King. The Succession to the Crown of England, 1603–1714, Basingstoke 1995, S. 55–71.

55 Nenner, Right to be King (wie Anm. 54), S. 61 f, nach Statutes of the Realm. Hrsg. v. T. E. Tomlins u. a., 11 Bde., London 1810–28, Bd. IV, S. 1018: A most joyfull and juste Recognition of the immediate lawfull and undoubted Descent and Righte of the Crowne.

56 Jenny Wormald, James VI and I – two Kings or one, in: History 68 (1983), S. 187–209, hier S. 190, nach Anthony Weldon, A perfect Description of the People and Country of Scotland, London 1659, S. 1.

57 Ich folge hier Wormald, Two Kings (wie Anm. 56). Die Bedeutung der Lords of the Articles ist allerdings in jüngster Zeit von der Forschung eher relativiert und das Eigengewicht des schottischen Parlamentes stärker betont worden. Siehe etwa Julian Goodare, The Government of Scotland, 1560–1625, Oxford 2004, S. 103 f.

58 Siehe dazu jüngst Susan Doran and Thomas S. Freeman (Hrsg.), The Myth of Elizabeth, Basingstoke 2003.

59 Siehe Mark Nicholls und Penry Williams, Art. Ralegh, Walter, in: ODNB, Bd. 45, S. 842–859, hier S. 851–853.

60 Siehe dazu R. C. Munden, James I and the „growth of mutual distrust". King, Commons and Reform 1603–1604, in: Kevin Sharpe (Hrsg.), Faction and Parliament. Essays on Early Stuart History, Oxford 1978, S. 43–72.

61 Dazu vor allem die Biographie von Christopher Haigh, Elizabeth I, London 1988.

62 Paul E. J. Hammer, Elizabeth's Wars: War, Government and Society in Tudor England, 1544–1604, Basingstoke 2003, S. 238–240.

63 C. G. A. Clay, Economic Expansion and Social Change: England 1500–1700, 2 Bde., Cambridge 1984, I, S. 40–42.

64 Zahlen nach Michael J. Braddick, The Nerves of the State: Taxation and the Financing of the English State, 1558–1714, Manchester 1996, S. 10–12 und 28.

65 Croft, King James, S. 71. Nach Frederick C. Dietz, English Public Finance 1558–1641, New York 1932, 2. Aufl. 1964, S. 113, der sich auf eine Berechung von 1610 stützt, hinterließ Elisabeth ihrem Nachfolger Schulden in Höhe von £ 422 749 von denen jedoch ein erheblicher Teil – insbesondere bei den Untertanen 1597–99 aufgenommene Zwangsanleihen – nie wirklich bezahlt wurden. Dazu muss berücksichtigt werden,

dass von diesen Schulden Barguthaben von rund £ 60 000 abgezogen werden müssen.

66 Paul E. J. Hammer, The Polarisation of Elizabethan Politics: The Political Career of Robert Devereux, 2nd Earl of Essex, 1585–1597, Cambridge 1999.

67 Simon Adams, The Patronage of the Crown in Elizabethan Politics: the 1590s in perspective, in: John Guy (Hrsg.), The Reign of Elizabeth I: Court and Culture in the Last Decade, Cambridge 1995, S. 20–45.

68 Joel Hurstfield, The Queen's Wards, London 1958.

69 Dies betont Munden, James I (wie Anm. 60).

70 Dietz, Public Finance (wie Anm. 65), S. 101.

71 Braddick, Nerves (wie Anm. 64), S. 26, vgl. Dietz, Public Finance (wie Anm. 12), S. 398–424.

72 John Cramsie, Kingship and Crown Finance under James VI and I, 1603–1625, Woodbridge 2002, S. 69, nennt für das Jahr 1605 (nach einer zeitgenössischen Quelle) Kosten des königlichen Haushalts – ohne den der Königin – von £ 93 000 (ohne Ausgaben für die Wardrobe, die Chamber und ähnliche Posten) während Elisabeth dafür weniger als die Hälfte ausgegeben habe.

73 Lawrence Stone, The Crisis of the Aristocracy, Oxford 1965, S. 419.

74 Dietz, Public Finance (wie Anm. 65), S. 35, die Pensionen beliefen sich danach um 1585 nur auf £ 23 000 pro Jahr.

75 Braddick, Nerves (wie Anm. 64), S. 94. Wie Braddick bemerkt, ging auch die Zahl der Steuerzahler in den Grafschaften nach 1560/70 immer mehr zurück, und die Belastung durch die Steuer, die eigentlich eine Vermögenssteuer war, wurde durch den „Steuerbetrug" der Oberschicht zunehmend regressiv, so dass eine immer kleinere Gruppe von Personen mit einem bescheidenen Wohlstand (die Mittelschicht wenn man so will) die Hauptlast trug. Das trug dazu bei, dass auch eigentlich eher begrenzte Steuerlasten als drückend empfunden wurden, mit entsprechenden Folgen für die im Parlament geäußerte politische Unzufriedenheit.

76 Diesen Gesichtspunkt hat Conrad Russell in seinen Veröffentlichungen stark betont. Siehe Conrad Russell, Unrevolutionary England, 1603–1642, London 1990, und ders., The Causes of the English Civil War, Oxford 1990, bes. S. 161–185.

77 Zu den Zahlen Braddick, Nerves (wie Anm. 64), S. 12 f. Unter Elisabeth machten die vom Parlament bewilligten direkten Steuern ca. 16,38 % der Einkünfte der Krone aus, unter Jakob I. nur 9,28 %, dazu kamen freilich noch die vom Parlament bewilligten Zölle hinzu – unter Elisabeth 10,70 %, unter Jakob 17,84 %, aber diese Bewilligung vollzog sich in der Regel in einem einmaligen Akt zu Beginn der Regierungszeit eines Monarchen.

78 Elizabeth I, Collected Works, hrsg. von Leah S. Marcus, Janel Mueller and Mary Beth Rose, Chicago 2000, S. 52. „I am but one body naturally considered, though by His permission a body politic to govern." Helen Hackett, Virgin Mother, Maiden Queen: Elizabeth I and the Cult of the Virgin Mary, Basingstoke 1995, S. 51; A. N. McLaren, Political Culture

in the Reign of Elizabeth I: Queen and Commonwealth 1558–1585, Cambridge 1999, S.102–3 und S. 242.

79 Patrick Collinson, The Monarchical Republic of Queen Elizabeth I, in: John Guy (Hrsg.), The Tudor Monarchy, London 1997, S. 110–134, S. 123–4, und ders. The Elizabethan Exclusion Crisis and the Elizabethan Polity, in: Proceedings of the British Academy 84 (1993), S. 51–92; vergl. Markku Peltonen, Citizenship and Republicanism in Elizabethan England, in: Martin van Gelderen and Quentin Skinner (Hrsg.), Republicanism: A Shared European Heritage, 2 Bde., Cambridge 2002, Bd. I, S. 85–106.

80 John Guy, Monarchy and Counsel: Models of the State, in: Patrick Collinson (Hrsg.), The Sixteenth Century (The Short Oxford History of the British Isles), Oxford 2002, S. 113–144, hier S. 138–141. Zur Tacitusrezeption siehe auch Malcolm Smuts, Court-Centred Politics and the Uses of Roman Historians, ca. 1590–1640, in: Kevin Sharpe und Peter Lake (Hrsg.), Culture and Politics in Early Stuart England, Basingstoke 1994, S. 24–43, und J. H. M. Salmon, Seneca and Tacitus in Jacobean England, in: Peck, Mental World, S. 169–188. Vgl. zum Kontext auch unten Kap. VI.

81 Theodore R. Rabb, Jacobean Gentleman: Sir Edwin Sandys, 1561–1629, Princeton 1998.

82 Rabb, Sandys (wie Anm. 81), S. 75 f, Rabb spielt diese Dinge herunter, aber da Sandys seine Wahl seinem Onkel Lord Sandys, der von Elisabeth wegen seiner Verbindung zu Essex inhaftiert worden war, verdankte, hatten solche Allianzen offenbar doch eine erhebliche Bedeutung.

83 Dazu unten Kap. VI S. 165 ff, und Glenn Burgess, The Politics of the Ancient Constitution. An Introduction to English Political Thought, 1603–1642, Basingstoke 1992.

84 Elizabeth Read Foster (Hrsg.), Proceedings in Parliament 1610, 2 Bde., New Haven 1966, I, S. 88.

85 Rabb, Sandys (wie Anm. 81), S. 74–86.

86 TCD, S. 220, und S. 217–239, der Gesamttext der Protestresolution.

87 Rabb, Sandys (wie Anm. 81), S. 102–108.

88 Gardiner, History, I, S. 141.

89 Jenny Wormald, Gunpowder, Treason and Scots, Journal of British Studies 25 (1985), S. 141–168.

90 Croft, King James, S. 74, Rabb, Sandys (wie Anm. 81), S. 114 nennt die Zahl von £ 390 000 ebenso Dietz, Public Finance (wie Anm. 65), S. 121.

91 Braddick, Nerves (wie Anm. 11), S. 53–55.

92 TCD, S. 339 und S. 340–341; vgl. Pauline Croft, Fresh Light on Bate's Case, in: Historical Journal 30 (1987), S. 523–539.

93 Glenn Burgess, Civil Law, Sovereignty and Absolutism, in: ders., Absolute Monarchy and the Stuart Constitution, New Haven 1996, S. 63–90, hier S. 80–86.

94 Braddick, Nerves (wie Anm. 64), S. 53.

95 Dietz, Public Finance (wie Anm. 65), S. 121.

96 Pauline Croft (Hrsg.), A Collection of Treatises and Speeches of the Late Lord Treasurer Cecil, in: Camden Miscellany 29 (1987), S. 273–318, hier S. 293 und 277.

97 Dietz, Public Finance (wie Anm. 65), S. 368–9.

98 Zu Cecils Haltung, Croft, Introduction zu dies. A Collection (wie Anm. 96), S. 260 f.

99 Cramsie, Kingship (wie Anm. 72), S. 109, insgesamt zum Great Contract, dort S. 95–115, vgl. aber Eric Lindquist, The Failure of the Great Contract, in: Journal of Modern History 57 (1985), S. 617–651, sowie A. G. R. Smith, Crown, Parliament and Finance. The Great Contract of 1610, in: Peter Clark u. a. (Hrsg.), The English Commonwealth 1547–1640, Leicester 1979, S. 111–128.

100 Cramsie, Kingship (wie Anm. 72), S. 108, Dietz, Public Finance (wie Anm. 65), S. 137.

101 Foster, Proceedings 1610 (wie Anm. 84), 2 Bde., New Haven 1966, I, S. 88 f: *„If ever I have occasions to raise impositons I am resolved never to do it but in parliament, though I will not tie my prerogative in point of glory. Though I will not bind myself, yet shall I be willing to do things in parliament that I may do without"*. In derselben Rede sagte er aber auch: *„a king cannot debar his heir of that which is regal in point of sovereignty"*. (S. 88).

102 Foster, Proceedings 1610 (wie Anm. 84), II, S. 102 und 103 f.

103 Ebd., S. 106.

104 Jakob an Cecil, [6.?] Dezember 1610, JLtt, S. 317: *„...there is no more trust to be laid upon this rotten reed of Egypt, for your greatest error hath been that ye ever expected to draw honey out of gall, being a little blinded with the self love of your own counsel"*.

Anmerkungen zu Kapitel IV

105 *„Faciam eos in gentem unam"* war die Inschrift auf den Münzen, die Jakob I. 1604 prägen ließ, nach Ezechiel Kap. 37, V. 22. Der Bibelvers endet mit den Worten „und ein einziger König soll sie regieren und nicht mehr sollen sie zwei Völker bilden und nicht mehr in zwei Königreiche geteilt sein." (siehe dazu Keith M. Brown, The Vanishing Emperor: British Kingship and its Decline, 1603–1707, in: Roger A. Mason (Hrsg.), Scots and Britons. Scottish Political thought and the Union of 1603, Cambridge 1994, S. 58–87, hier S. 79).

106 Zur Politik Jakobs I. jüngst Andrew D. Nicholls. The Jacobean Union. A Reconsideration of British Civil Policies Under the Early Stuarts, Westport Conn. 1999, und Jenny Wormald , The Union of 1603, in: Mason, Scots and Britons (wie Anm. 1), S. 17–40, sowie dies., James VI, James I and the Identity of Britain, in: Brendan Bradshaw und John Morrill (Hrsg.), The British Problem 1534–1707, Basingstoke 1996, S. 148–171.

107 Rede vom 19. März 1604, JPW 1994, S. 135.

108 Ebd., S. 136.

109 Brian P. Levack, The Formation of the British State: England, Scotland and the Union, 1603–1707, Oxford 1987, S. 35–42.

110 Jakob I. kommentierte dies 1616 so, die Richter hätten ihm 1604 eingeredet, der Name seines Reiches könne in offiziellen Dokumenten nicht geändert werden, ohne die bestehenden Gesetze ungültig werden zu lassen. Mittlerweile habe er erkannt, dass das Unsinn sei, denn schon Elisabeths Schatzmeister, Lord Burghley, habe gesagt *„Hee knew not what an Act of Parliament could not doe in England"*. Überdies sei es immer seine Absicht gewesen, eine Union zu erreichen *„by unititing Scotland to England, and not England to Scotland."* (Rede vom 20. Juni 1616, JPW 1994, S. 209).

111 Brown, Emperor (wie Anm. 105), S. 79; vgl. auch Keith M. Brown, Kingdom or Province? Scotland and the Regal Union, Basingstoke 1992, S. 86–111.

112 Bruce Galloway, The Union of England and Scotland, 1603–1608, Edinburgh 1986, S. 104.

113 Ebd., S. 106–107.

114 Rede vom 31. März 1607, JPW 1994, S. 170.

115 Galloway, Union (wie Anm. 112), S. 73.

116 JPW 1994, S. 171.

117 Zu Sandys vgl. oben Kapitel III.

118 Galloway, Union (wie Anm. 112), S. 138–40.

119 Ebd., S. 148–160, hier S. 160, bes. Anm. 90. Zu dem Prozess siehe auch William Cobbett und Thomas Bayly Howell (Hrsg.), Complete Collection of State Trials, 34 Bde., London 1809–1828, II, Sp. 567 ff.

120 Galloway, Union (wie Anm. 112), S. 151.

121 Ebd., S. 151–152.

122 Zur Position des Lordkanzlers, siehe: Louis A. Knafla (Hrsg.), Law and Politics in Jacobean England. The Tracts of Lord Chancellor Ellesmere, Cambridge 1977, S. 244–246.

123 Steve Shepard (Hrsg.), The Selected Writings and Speeches of Sir Edward Coke, 3 Bde., Indianapolis 2003, I, S. 166–232, Calvin's Case, hier bes. S. 175–177.

124 „The Argument of Sir Francis Bacon, Knight … in the Case of the Post-Natio of Scotland in the Exchequer Chamber", in: James Spedding (Hrsg.), The Works of Sir Francis Bacon, 14 Bde., London 1857–75, VII, S. 641–679, hier S. 647.

125 Dazu Linda Colley, Britons: Forging the Nation 1707–1837, New Haven, Conn. 1992.

126 The Honest Informer or Tom tell Troth's Observations upon Abuses of Government to his Maiesty by way of an humble Advertisement, London 1642, S. 23. Dieses Pamphlet stammt ursprünglich aus den frühen 1620er Jahren. Vgl. dazu Thomas Cogswell, The Blessed Revolution: English Politics and the Coming of War 1621–1624, Cambridge 1989, S. 24 f.

127 Jane H. Ohlmeyer, 'Civilizinge of those Rude Partes': Colonization in Britain and Ireland, 1580–1640s, in: Nicholas Canny (Hrsg.), The Origins of Empire. British Overseas Enterprise to the Close of the Seven-

teenth Century (Oxford History of the British Empire Bd. I), Oxford 1998, S. 124–147, hier S. 128.

128 JPW 1994, S. 24 (Basilikon Doron).

129 Lee, Solomon, S. 211 f.

130 Siehe hierzu Michael Lynch, James VI and the 'Highland Problem', in: Julian Goodare und Michael Lynch (Hrsg.), The Reign of James VI, East Lynton 1999, S. 208–227, bes. S. 211, 218–225. Vgl. auch Julian Goodare, State and Society in Early Modern Scotland, Oxford 1999, S. 254–285.

131 Lee, Solomon, S. 216–218.

132 Nicholas Canny, Making Ireland British, 1580–1650, Oxford 2001, S. 1–58.

133 Siehe hierzu Paul E. Hammer, Elizabeth's Wars, Basingstoke 2003, S. 240–245 und Ciaran Brady, The Captains' Games: Army and Society in Elizabethan Ireland, in: Thomas Bartlett und Keith Jeffrey (Hrsg.), A Military History of Ireland, Cambridge 1996, S. 136–159, hier bes. S. 146–156.

134 Siehe dazu Lee, Solomon, S. 218–223.

135 Canny, Making Ireland British (wie Anm. 28), S. 187–242, und John McCavitt, The Political Background to the Ulster Plantation, 1607–1620, in: Brian MacCuarta SJ (Hrsg.), Ulster 1641. Aspects of the Rising, Belfast, 1993, S. 7–24.

136 JLtt, S. 333, Jakob I an Lord Chichester, 25. März 1615.

137 Aidan Clarke, unter Mitarbeit von R. Dudley Edwards, Pacification, Plantation and the Catholic Question, 1603–1623, in: Theodore W. Moody u. a. (Hrsg.), The New History of Ireland, Bd. III, Early Modern Ireland, Oxford 1976, S. 187–232 hier S. 223; Lee, Solomon, S. 219.

138 Ohlmeyer, Colonization (wie Anm. 127), S. 144: „Without doubt, the pacification of the Borders – together with the fairly painless assimilation of the Northern Isles – ranks as one of the greatest achievements of the early Stuarts. This occurred in part because of the character of James VI and I. While he never developed a comprehensive strategy for civilizing his kingdoms … he nevertheless maximized fortuitous opportunities to demilitarize and bring to bring law and order to Ulster and the Borders". Ohlmeyer räumt allerdings im Folgenden ein, dass um 1630 das Ausmaß an gewalttätigen Auseinandersetzungen in den Highlands schon fast wieder so groß war wie um 1590 und dass die „fighting and feasting culture" in den Highlands nicht verschwunden war, (ebd.).

139 Ciaran Brady, England's Defence and Ireland's Reform: The Dilemma of the Irish Viceroys, 1541–1641, in: Bradshaw/Morrill, British Problem (wie Anm. 106), S. 89–117, bes. S. 103–12.

140 Zu Cork siehe Nicholas Canny, The Upstart Earl. A Study of the Social and Mental World of Richard Boyle, First Earl of Cork, 1566–1643, Cambridge 1982.

141 Zu Buckingham und Irland siehe Victor Treadwell, Buckingham and Ireland, 1661–1628, Dublin 1998, hier bes. S. 186–211.

142 Ute Lotz-Heumann, Die Doppelte Konfessionalisierung in Irland. Konflikt und Koexistenz im 16. und in der ersten Hälfte des 17. Jahrhunderts, Tübingen 2000, S. 171.

143 Zitiert bei Clarke, Pacification (wie Anm. 137), S. 217.

144 Ebd., S. 219.

145 Siehe dazu Lotz-Heumann, Konfessionalisierung (wie Anm. 142), S. 149–184, und Patrick J. Corish, The Catholic Community in the Seventeenth and Eighteenth Centuries, Dublin 1981, S. 20–26.

146 Zitat aus Rede vom 31. März 1607 „*This I must say for Scotland, and I may trewly vaunt it; Here I sit and gouverne it with my Pen, I write and it is done, and by a Clerke of the Councell I gouverne Scotland now, which others could not doe by the sword.*" (JPW 1994, S. 173).

147 Maurice Lee, Government by Pen: Scotland under James VI and I, Urbana, Illinois 1981, S. 61–111.

148 Zum Parlament in Schottland siehe jetzt John R. Young, The Scottish Parliament in the Seventeenth Century: European Perspectives, in: I. Allan, Thomas Riis und Frederick Pedersen (Hrsg.), Ships, Guns and Bibles in the North Sea and Baltic States c. 1350–1700. East Linton 2000, S. 139–172.

149 Alan R. MacDonald, The Jacobean Kirk, 1567–1625: Sovereignty, Polity and Liturgy, Brookfield, Vermont 1998, Kap. 5.

150 Melville, Autobiogaphy, S. 667.

151 Ebd., S. 679.

152 Siehe John Morrill, A British Patriarchy: Ecclesiastical Imperialism under the Early Stuarts, in: Anthony Fletcher und P. Roberts (Hrsg.), Religion, Culture and Society in Early Modern Britain, Cambridge 1994, S. 209–237.

153 JLtt, S. 364, Jakob I an Spottiswood, 11. Dez. 1617.

154 Macdonald, Kirk (wie Anm. 149), S. 124–5, Melville, Autobiography, S. 667.

155 Gordon Donaldson, Scotland: James V-James VI, Edinburgh 1987, S. 204–206. Zum Gesamtkontext auch D. G. Mullan, Episcopacy in Scotland: the History of an Idea, 1560–1638, Edinburgh 1986.

156 Lee, Government by Pen, 185.

157 Macdonald, Kirk (wie Anm. 149), S. 160–170.

158 Zu Spottiswood, A. S. Wayne Pearce, Art. Spottiswoode, John in: ODNB. Bezeichnend war die Äußerung des Erzbischofs über den König nach dessen Tod 1625 „posteritie wil admire both the workes and the persone [of James VI] and looking back into ages past for the lyk pattern, sal not be able to find any thing to be compared with it". (ebd.).

Anmerkungen zu Kapitel V

159 Generell zu diesen Fragen Simon Adams, The Patronage of the Crown in Elizabethan Politics: the 1590s in Perspective, in: John Guy (Hrsg.), The Reign of Elizabeth I. Court and Culture in the Last Decade, Cam-

bridge 1995, S. 20–45. Vgl. Linda Levy Peck, Court Patronage and Corruption in Early Stuart England, Boston 1990.

160 Neil Cuddy, The Revival of the Entourage: the Bedchamber of James I, 1603–1625, in: David Starkey (Hrsg.), The English Court from the Wars of the Roses to the Civil War, London 1987, S. 173–225, bes. S. 201.

161 Cuddy, Revival (wie Anm. 2).

162 Siehe Weldon, Court, S. 180: *„He was very constant in all things, his favourites excepted, in which he loved change, yet never cast down any (he once raised) from the height of greatnesse, … from their wonted nearnesse and privacy, unless by their own default"*.

163 Ronald G. Asch, Schlußbetrachtung: Höfische Gunst und Höfische Günstlinge zwischen Mittelalter und Früher Neuzeit, in: J. Hirschbiegel u. W. Paravicini (Hrsg.), Der Fall des Günstlings. Hofparteien in Europa vom 13. bis zum 17. Jahrhundert, Ostfildern 2004, S. 515–531.

164 Hacket, Scrinia, S. 190; vgl. allerdings Michael B. Young, King James VI and the Politics of Homosexuality, Iowa 1999, S. 103–105, zur kritischen Sicht Buckinghams als unmännlicher „Ganymede".

165 Young, Homosexuality (wie Anm. 164), bes. S. 36–50, und Alan Bray, Homosexuality and the Signs of male Friendship in Elizabethan England, in: History Workshop Journal 29 (1990), S. 1–19.

166 Young, Homosexuality (wie Anm. 164), S. 48, nach Sir Henry Wotton, Reliquiae Wottonianae, London 1651.

167 Young, Homosexuality (wie Anm. 164), S. 62–68.

168 Matteo Pellegrini, Che al savio è covenenvole il corteggiare, Bologna 1624, S. 62 f, zitiert nach Mario Biagioli, Galilei. Der Höfling, Frankfurt a. M. 1999, S. 346 f.

169 John Cosidine, Art. Overbury, Thomas, in: ODNB, Bd. 42, S. 152–155, hier S. 152, nach The Journal of Sir Roger Wilbraham, 1593–1616, Camden Miscellany 19 (1902), S. 116.

170 Wilson, History, S. 68. Zum Gesamtkontext siehe jetzt vor allem Alastair Bellany, The Politics of Court Scandal in Early Modern England: News Culture and the Overbury Affair, 1603–1660, Cambridge 2002, und David Lindley, The Trials of Frances Howard: Fact and Fiction at the Court of James I, London 1993.

171 Vgl. dazu Neil Cuddy, Anglo-Scottish Union and the Court of James I, 1603–1625, in: Transactions of the Royal Historical Society, 5th Ser., 39 (1989), S. 107–124.

172 JLtt, no. 159, S. 337, 338 f, Anfang 1615, kein genaues Datum.

173 Bellany, Scandal (wie Anm. 170), S. 74–135, vgl. Harold Love, Scribal Publication in Seventeenth-Century England, Oxford 1993.

174 Siehe Cosidine, Overbury (wie Anm. 169).

175 Bellany, Scandal (wie Anm. 170), S. 102. „Widow" ist allgemein im Sinne einer Frau zu verstehen, die ihren Mann verloren hat, in diesem Fall durch Scheidung.

176 Über den Sturz des Favoriten schreibt Mario Biagioli in seiner exzellenten Studie über Galilei zutreffend: „Nur wenn der Sturz absolut war, konnte er als Beweis der absoluten Macht gelten, mit der die Fürsten

über das Schicksal ihrer Höflinge entschieden". (Biagoli, Galilei (wie Anm. 168), S. 349).

177 Bellany, Scandal (wie Anm. 170), S. 181 und 255.

178 Ebd., S. 217, 229, 237– 239, 255–257.

179 Roger Lockyer, Buckingham. The Life and Political Career of George Villiers, First Duke of Buckingham 1592–1628, London 1981, S. 29.

180 Thomas Cogswell, The People's Love: The Duke of Buckingham and Popularity, in: Thomas Cogswell u.a. (Hrsg.), Politics Religion and Popularity in Early Stuart Britain [Festschrift Conrad Russell], Cambridge 2002, S. 211–234, hier S. 211.

181 Vgl. dazu Ld. Keeper Williams an Buckingham, 2. März 1624, Cabala, S. 280–281, zu den möglichen Nachteilen des Amtes als Admiral.

182 David D. Hebb, Profiting from Misfortune: Corruption and the Admiralty under the Early Stuarts, in: Cogswell, Politics (wie Anm. 180), S. 103–123, hier S. 105–111.

183 Lockyer, Buckingham, S. 112, Zitat aus einem Brief des Kanzler Williams an Buckingham.

184 Seianus war der Prätorianerpräfekt des Kaisers Tiberius gewesen, der diesen zeitweilig ganz beherrscht hatte, Ganymedes der schöne Mundschenk und Liebhaber des Zeus. Zu den Anklagen gegen Buckingham Ronald G. Asch, Der Hof Karls I., Köln 1994, S. 52, mit Bezug auf Vorwürfe im Parliament von 1626. Vgl. auch Bellany, Scandal (wie Anm. 170), S. 248 ff.

185 JLtt, S. 438–441.

186 John Watkins, 'Out of her Ashes May a Second Phoenix Rise'. James I and the Legacy of Elizabethan Anti-Catholicism, in: Arthur F. Marotti (Hrsg.), Catholicism and Anti-Catholicism in Early Modern English Texts, Basingstoke 1999, S. 116–136, hier S. 132. Vgl. Nigel Llewellyn, Funeral Monuments in Post-Reformation England, Cambridge 2000, S. 312, und Julia M. Walker, Reading the Tombs of Elizabeth I, in: English Literary History 26 (1996), S. 510–530.

187 Weldon, Character, S. 177.

188 Curtis Perry, The Making of Jacobean Culture: James I and the Negotiation of Elizabethan Literary Practice, Cambridge 1997, S. 162.

189 Perry, Making of Jacobean Culture (wie Anm. 188), S. 164.

190 Jonathan Goldberg, James I and the Politics of Literature. Jonson, Shakespeare, Donne and their Contemporaries, Baltimore 1983, hier bes. das Kapitel „The Style of Gods", S. 28–54.

191 Graham Parry, The Golden Age Restored, Manchester 1981, S. 28–29; vgl. John N. King, 'The Royal Image', in: Dale Hoak (Hrsg.), Tudor Political Culture Cambridge 1995, S. 204–32; ders., Tudor Royal Iconography: Literature and Art in an Age of Religious Crisis, Princeton, New Jersey 1989.

192 Parry, Golden Age (wie Anm. 191), ebd.

193 James Doleman, King James I and the Religious Culture of England, Cambridge 2000, S. 80, Zitat nach John Adamson, Τα των μουσων εισωδια: the Muses Welcome, Edinburgh 1618, S. 138. Mit „the Strum-

pet of Rome“ war die Hure Babylon, also das Papsttum gemeint, der Adler konnte als Symbol des Hauses Habsburg gedeutet werden.

194 John Watkins, Representing Elizabeth in Stuart England: Literature, History, Sovereignty, Cambridge 2002, S. 56–75.

195 Leeds Barroll, Anna of Denmark, Queen of England. A Cultural Biography, Philadelphia, 2001, S. 74–116.

196 Roy Strong, Henry Prince of Wales and England's Lost Renaissance, London 1986.

197 Perry, The Making of Jacobean Culture (wie Anm. 188), S. 165–172 u. 184–185.

198 Malcolm Smuts, Cultural Diversity and Cultural Change at the Court of James I, in: Peck, Mental World, S. 99–112.

199 Colin Platt, The Great Rebuildings of Tudor and Stuart England, London 1994, S. 70–75.

200 Zu den Masques siehe etwa David Bevington und Peter Holbrook (Hrsg.), The Politics of the Stuart Court Masque, Cambridge 1998. Zum Kontext der Masques jetzt auch Gottfried Scholz, Tanzfeste der Könige, Köln 2005.

201 Martin Butler, Ben Jonson and the Limits of Courtly Panegyric, in: Kevin Sharpe und Peter Lake (Hrsg.), Culture and Politics in Early Stuart England, Basingstoke 1994, S. 91–116, hier S. 108–111.

202 R. Malcolm Smuts, Culture and Power in England 1585–1685, Basingstoke 1999, S. 53–55.

Anmerkungen zu Kapitel VI

203 So Jakob in Oxford 1605 Willson, James VI and I, S. 290.

204 Dies hat nachdrücklich betont Jenny Wormald in ihrem wichtigen Beitrag James VI and I, Basilikon Doron and the Trew Law of Free Monarchies: The Scottish Context and the English Translation, in: Peck, Mental World, S. 36–54.

205 James Melville, The Autobiography and Diary of Mr. James Melville, hrsg. von Robert Pitcairn, Edinburgh 1842, S. 279.

206 Dies betont zu Recht Johann P. Sommerville, James I and the Divine Rivght of Kings: English Politics and Continental Theory, in: Peck, Mental World, S. 55–71 hier S. 59–63, und ders., King James VI and I and John Selden: Two Voices History and the Constitution, in: Fischlin/Fortier, Writings, S. 290–322. Vgl. auch Louis A Knafla, Britain's Solomon. King James and the Law, in: Fischlin/Fortier, Writings, S. 235–264, mit der Feststellung „James I was above all, a European“ (S. 235).

207 Die klassische Darstellung der „common law mind“ bleibt John G. A. Pocock, The Ancient Constitution and the Feudal Law, 2. Aufl., Cambridge 1987, bes. S. 30–69. Zu Coke jetzt auch Allen D. Boyer, Sir Edward Coke and the Elizabethan Age, Stanford, Cal. 2003.

208 So noch jüngst Sommerville, King James VI and I (wie Anm. 206), vgl. dagegen Glenn Burgess, 'Absolutism' and Monarchy in Early Stuart

England, in: ders., Absolute Monarchy and the Stuart Constitution, New Haven 1996, S. 17–62, und The Divine Right of Kings Reconsidered, ebd., S. 91–124.

209 D. G. Mullan, Episcopacy in Scotland: The History of an Idea 1560–1638, Edinburgh 1986, S. 62–63 und S. 76.

210 Der König verfasste die Schrift, als er kaum 20 war, wohl um 1585/85, sie wurde jedoch erstmals 1616 veröffentlicht Willson, James VI and I, S. 81–82.

211 James VI and I, A Paraphrase upon the Revelation, in: JW1616, S. 55.

212 JW 1616, S. 78.

213 Arthur H. Williamson, Scottish National Consciousness in the Age of James VI, Edinburgh 1979, S. 32; JW 1616, S. 571 und 576, A Meditation upon the Lord's Prayer.

214 JPW 1918, S. 110–168, hier bes. S. 129–150.

215 James I, A Premonition, JPW 1918, S. 152 f.

216 Yves-Marie Bercé, La naissance dramatique de l'absolutisme, 1598–1661, Paris 1992, S. 66.

217 JW 1994, S. 66–71, hier S. 71.

218 Ebd., S. 75, vgl. 73–74.

219 Ebd., S. 81–84.

220 JPW 1994, S. 26 f.

221 Ebd., S. 6 f.

222 Ebd., S. 21.

223 Ronald G. Asch, No bishop no king oder cuius regio eius religio. Die Deutung und Legitimation des fürstlichen Kirchenregiments und ihre Implikationen für die Genese des „Absolutismus" in England und im protestantischen Deutschland, in: ders. und Heinz Duchhardt (Hrsg.), Der Absolutismus – ein Mythos? Strukturwandel monarchischer Herrschaft ca. 1550–1700, Köln 1996, S. 79–124, hier S. 99–101.

224 Willson, James VI and I, S. 241 f.

225 JPW 1918, S. 218.

226 Zu Mischverfassungslehren im 16. Jahrhundert siehe Michael Mendle, Dangerous Positions: Mixed Government, the Estates of the Realm and the Answer to the XIX Propositions, Tuscaloosa, Alab. 1985, S. 38–62.

227 Meville, Autobiography (wie Anm. 205), S. 215.

228 Thomas Bilson, The True Difference between Christian Subjection and Unchristian Rebellion, London 1585, Nachdruck Amsterdam 1972, bes. S. 518–521. Zu Bilson vgl. Robert von Friedeburg, Self-Defence and Religious Strife in Early Modern Europe. England and Germany, 1530–1680, Aldershot 2002, S. 171–176.

229 Thomas Bilson, a Sermon Preached at Westminster before the Kings and Queenes Maiestis, at their Coronations on Saint James his Day being the 28 of July 1603, London 1603, keine Pagination, sign. A 4v, B1 r, B 6r und C 1 r und v.

230 Peter Lake, Anglicans and Puritans: Presbyterianism and English Conformist Thought from Whitgift to Hooker, London 1988, S. 132–135, vgl. Friedeburg, Self-defence (wie Anm. 228).

231 Siehe dazu jetzt John Guy, Monarchy and Counsel: Models of the State, in: Patrick Collinson (Hrsg.), The Sixteenth Century (Short Oxford History of the British Isles), Oxford 2002, S. 113–144, hier S. 126–132.

232 Zum Wandel nach 1590 Mendle, Positions (wie Anm. 226), S. 63–96 und Lake, Anglicans (wie Anm. 230), S. 135–139, besonders zu Hadrian Saravia und dessen Werk De Imperandi Autoritate, das 1593 erschien.

233 Zur Unterscheidung zwischen unterschiedlichen Diskurskontexten, siehe Glenn Burgess, The Politics of the Ancient Constitution. An Introduction to English Political Thought, 1603–1642, Basingstoke 1992.

234 John Neale Elizabeth I and her Parliaments, 2 Bde., London 1957, II, S. 172 f, vgl. S. 164 f, 255 f, 260–267.

235 Sommerville, James IV and I (wie Anm. 4).

236 Brief des Königs vom 11. Dezember 1621, TCD , S. 286.

237 Ebd., S. 287.

238 JPW 1994, S. 181.

239 Ebd., S. 184 f.

240 Ebd., S. 184. Zu dieser Rede siehe auch Paul Christianson, Royal and Parliamentary Voices on the Ancient Constitution, in: Peck, Mental World, S. 71–95, bes. 76–78.

241 Sommerville, James VI and I (wie Anm. 4) und ders., Politics and Ideology in England, 1603–1640, London 1986, S. 115–141, vgl. S. 9–50 zum Divine Right of Kings. Siehe jetzt auch die zweite Auflage dieses Werkes von Sommerville.

242 Zu diesen Entwicklungen siehe Burgess, Ancient Constitution (wie Anm. 233), S. 194–211, Burgess meint allerdings, solche Entwicklungen erst nach 1625 erkennen zu können, während unter Jakob I. noch weitgehend der politische Konsens vorgeherrscht habe. Diese Einschätzung scheint mir zu optimistisch. Schon Jakob I. hatte ohne Zweifel eine Neigung „to use the theological or … civil law languages of absolute prerogative to answer questions of a common law nature“, eine Tendenz, die Burgess erst ab 1627 zu erkennen glaubt (S. 194).

243 „On close analysis the speech [1610, RGA] dissolves into little more than pleasantries. […] So James's speech lives on in the history of propaganda. But its effects in reconciling differences of opinion were nugatory“. Sommerville, Politics (wie Anm. 241), S. 134.

244 King Iames his verses made upon a libell let fall in court and entitulated. The wiper of the peopless teares the dryer upp of doubts and feares, in: The Poems of James VI of Scotland, hrsg. von J. Craigie, 2 Bde., Edinburgh 1955, II, S. 190, Vers 157 ff.

245 Stewart, Cradle King, S. 191, nach William Barlow, The Summe and Substance of the Conference, London 1605, sign. M 2 r-v.

246 Siehe etwa das pseudonyme katholische Pamphlet Is. Casauboni corona regni, [o. O.] 1615, wo es heißt: *„Christo vox erat sinite parvulos venire ad me tu pueros, eosque formosissimos vocas et in his naturae beneficia et miracula aestimas. […] Alcibiadem habes, et philosophari potes, rex es et Socratem agis, amas et pius es.“* (S. 105, zu Deutsch: „Christus sprach das Wort lasset die Kindlein zu mir kommen. Du rufst die Knaben und gerade die hübschesten zu Dir und schätzt in ihnen die Wohltaten der Natur und ihre Wunder. … Du hast Deinen Alkibiades und kannst philosophieren, Du bist ein König und spielst doch die Rolle des Sokrates, Du liebst und bist doch fromm.“

247 Grundlegend hierfür sind Lori A. Ferrell, Government by Polemic. James I, the King's Preachers and the Rhetoric of Conformity, Stanford Cal. 1998, und W. Brown Patterson, King James VI and I and the Reunion of Christendom, Cambridge 1997. Patterson hat sein Buch allerdings von einem stark anglo-katholischen Standpunkt aus geschrieben, das ist auffällig.

248 Peter E. McCulloch, Sermons at Court: Politics and Religion in Elizabethan and Jacobean Preaching, Cambridge 1998, S. 125–132.

249 Zur Lage der englischen Kirche um 1600 siehe Kennth Fincham (Hrsg.), The Early Stuart Church, 1603–1642, Basingstoke 1993; wichtig sind insbesondere der gemeinsame Beitrag von Kenneth Fincham und Peter Lake (The Ecclesiastical Policies of James I and Charles I, S. 23–50) und der Aufsatz von Peter White, The via media in the Early Stuart Church (S. 211–230). Eine hilfreiche Einführung für die vorhergehende elisabethanische Epoche ist Diarmaid McCulloch. The Later Reformation in England 1547–1603, Basingstoke 1990.

250 Patrick Collinson, Archbishop Grindal, 1519–83: The Struggle for a Reformed Church, Berkeley, Cal. 1979; vgl. ders., If Constantine then also Theodosius: St. Ambrose and the Integrity of the Elizabethan Ecclesia Anglicana, in: ders., Godly People, Essays on English Protestantism and Puritanism, London 1983, S. 109–134.

251 Siehe dazu auch P. Collinson, England and International Calvinism, 1558–1640, in: Menna Prestwich (Hrsg.), International Calvinism, Oxford 1985, S. 197–223. Siehe ferner Caroline. Litzenberger, Defining the Church of England: Religious Change in the 1570s, in: S. Wabuda und Caroline Litzenberger (Hrsg.), Belief and Practice in Reformation England. A Tribute to Patrick Collinson from his Students, Aldershot 1998, S. 137–153.

252 Zur Geschichte des Puritanismus ist immer noch grundlegend Patrick Collinson, The Elizabethan Puritan Movement, Oxford 1967; sowie ders., The Religion of Protestants. The Church in English Society, Oxford 1982; vgl. auch die zahlreichen Schriften von Peter Lake zu diesem Thema.

253 Zu diesen Feindbildern siehe jetzt Peter Lake und Michael Questier, Antichrist's Lewd Hat: Protestants, Papists and Players in Post-Reformation England, New Haven, Conn. 2002, und Peter Lake, 'A Charitable Christian Hatred': The Godly and Their Enemies in the 1630s, in: Christopher Durston und Jacqueline Eales (Hrsg.), The Culture of English Puritanism, 1560–700, Basingstoke 1996, S. 145–183.

254 Siehe dazu etwa John T. Cliffe, The Puritan Gentry: The Great Puritan Families of Early Stuart England, London 1984.

255 Jenny Wormald, Ecclesiastical Vitriol: The Kirk, The Puritans and the Future King of England, in: John Guy (Hrsg.), The Reign of Elizabeth I: Court and Culture in the Last Decade, Cambridge 1995, S. 171–191.

256 Zur Definition des Papstes als „Antichrist" durch militante englische Protestanten siehe unter anderem Anthony Milton, Catholic and Reformed. The Roman and Protestant Churches in English Protestant Thought, 1600–1640, Cambridge 1995.

257 Grundlegend für die Geschichte des Arminianismus in England bleibt Nicholas Tyacke, Anti-Calvinists. The Rise of English Arminianism, c. 1590–1640, Oxford 1987, auch wenn manche seiner Thesen mittlerweile in Frage gestellt worden sind.

258 Johann P. Sommerville, Richard Hooker and his Contemporaries on Episcopacy: an Elizabethan Consensus, in: Journal of Ecclesiastical History 35 (1984), S. 177–187, und ders., The Royal Supremacy and Epicopacy „Iure Divino", in: Journal of Ecclesiastical History 34 (1983), S. 548–558.

259 Zu den Konformisten siehe Peter Lake, Lancelot Andrewes, John Buckeridge and Avant-garde Conformity at the Court of James I, in: Peck, Mental World, S. 113–133, und generell Ferrell, Government (wie Anm. 247).

260 Adam Nicolson, Power and Glory: Jacobean England and the Making of the King James Bible, London 2003, S. 31–33; Ferrell, Government (wie Anm. 247), S. 172–173, und McCulloch, Sermons (wie Anm. 248), S. 147–155.

261 Zum Episkopat siehe K. Fincham, Prelate as Pastor, The Episcopate of James I., Oxford 1990.

262 *„I lived amongst them, yet since I had abilitie to iudge I was never of them"*, William Barlow, The Summe and Substance of the Conference, London 1605, S. 73; vgl. Nicolson, Power (wie Anm. 260), S. 52, und generell zur Hampton Court Conference Peter White, Predestination, Policy and Polemic: Conflict and Consensus in the English Church from the Reformation to the Civil War, Cambridge 1992, S. 140–147, sowie Patrick Collinson, The Jacobean Religious Settlement: The Hampton Court Conference, in: Howard Tomlinson (Hrsg.), Before the English Civil War, Basingstoke 1983, S. 27–52.

263 Barlow, Summe, S. 79; vgl. TCD, S. 67. Le roi s'avisera, war die Formel, mit der Gesetzesvorschläge im Parlament durch ein königliches Veto zurückgewiesen wurden („der König wird es sich noch einmal überlegen").

264 An Henry Howard, Jan. 1604, JLtt, 221.

265 Nicolson, Power (wie Anm. 260), S. 54: „But James was freewheeling through their points as though dancing in a king of theological party".

266 Fincham/Lake, Policies (wie Anm. 249), S. 27.

267 Fincham, Prelate (wie Anm. 261), S. 213–231 und S. 323–326.

268 Nicolson, Power, S. 61.

269 Brief vom 24. März 1603, Holyroodhouse, JLtt, S. 207.

270 Oaths Act von 1610, TCD, S. 105–109.

271 Proklamation vom 2. Juni 1610, Larkin, Proclamations, S. 246.

272 Houston, James I, S. 64.

273 Christopher Haigh, Reformation and Resistance in Tudor Lancashire, Cambridge 1975, 276–282; vgl. Hugh Aveling, Northern Catholics: the Catholics Recusants in the North Riding of Yorkshire, 1585–1790, London 1966, und Michael A. Mullett, Catholics in Britain and Ireland, 1558–1829, Basingstoke 1998, S. 18–20.

274 Das Buch erschien ursprünglich unter dem Titel Les trophées du Roi Jacques I, À Eleutherée 1609, und war dem Prinzen von Wales gewidmet, siehe Brown Patterson, Reunion (wie Anm. 247), S. 119. Marcelline hob sehr stark hervor, dass der König absoluter Herrscher in geistlichen ebenso wie in weltlichen Dingen sei, ebenso *„comme furent jadis les caliphes"* (sic!) und dass auf ihn das Dichterwort zutreffe *„rex idem hominum phoebique sacerdos"* (derselbe ist zugleich König der Menschen und Priester des Apoll"). Siehe Le Trophées, S. 8–9.

275 Dazu Ferrell, Government (wie Anm. 247), S. 129–130.

276 Roger A. Mason, George Buchanan, James VI and the Presbyterians, in: ders. (Hrsg.), Scots and Britons, Scottish political thought and the union of 1603, Cambridge 1994, S. 112–137, hier S. 134, mit Bezug auf eine Schrift von 1597.

277 Brown Patterson, Reunion (wie Anm. 247), S. 129–140 und 147 f.

278 Brown Patterson, Reunion, S. 137–139, vgl. Milton, Catholic and Reformed (wie Anm. 256), S. 444 zu Calixt und den englischen Anglikanern.

279 Zu de Dominis siehe Norman Malcolm, De Dominis (1560–1624): Venetian, Anglican, Ecumenist and Relapsed Heretic, London 1984, sowie Brown Patterson, Reunion, S. 220–259.

280 Hugh Trevor-Roper, Laudianism and Political Power, in: ders., Catholics, Anglicans and Puritans: Seventeenth-Century Essays, London, 1987, S. 40–119, bes. S. 51–60, vgl. die Einleitung ebd., S. VII-XIII, hier S. IX.

281 Dazu Milton, Catholic and Reformed (wie Anm. 256), S. 237–238, der allerdings betont, dass Jakob I. die Schriften katholischer Ireniker, auch und gerade der gallikanischen Autoren, vor allem als Steinbruch für eine scharfe anti-päpstliche Polemik nutzen ließ.

282 Ferrell, Government (wie Anm. 247), S. 138, vgl. dazu auch S. 119.

283 Anlässlich der Ermordung Heinrichs III. von Frankreich (1589) erschien in Paris ein Buch eines Theologen der Sorbonne unter diesem Titel, das diese Tat theologisch rechtfertigte.

284 Lancelot Andrewes, A Sermon preached before the King's Majesty, at Holdenby on the fifth of August, A. D. MDCX, in: ders., The Works, hrsg. von J. P. Wilson und J. Bliss, 11 Bde., Oxford 1841–1854, Bd. IV, VIII Sermons on the Gowry Conspiracy, X Sermons on the Gunpowder Treason, S. 57 f.

285 Tyacke, Anti-Calvinists (wie Anm. 257), S. 87–105, und Peter White, Predestination, Policy and Polemic: Conflict and Consensus in the English Church from The Reformation to the Civil War, Cambridge 1992, S. 175–202.

286 Thomas Cogswell, The Blessed Revolution: English Politics and the Coming of War, 1621–1624, Cambridge 1989, S. 31.

287 Cogswell, Blessed Revolution (wie Anm. 286), S. 37.

288 White, Predestination (wie Anm. 262), S. 223 f.

Anmerkungen zu Kapitel VIII

289 Zum Addled Parliament siehe jetzt Stephen Clucas and Rosalind Davies (Hrsg.), The Crisis of 1614 and the Addled Parliament: Literary and Historical Perspectives, Aldershot 2003.

290 Diese Version der Ereignisse wird allerdings von Northamptons Biographin verworfen. Siehe Linda Levy Peck, Northampton: Patronage and Policy at the Court of James I, London 1982, S. 209–210.

291 Zum Verlauf des Addled Parliament siehe auch Theodore K. Rabb, Jacobean Gentleman: Sir Edwin Sandys, 1561–1629, Princeton 1998, S. 86–204, und Maija Jansson, Proceedings in Parliament 1614, Philadelphia 1988, sowie T. L. Moir, The Addled Parliament of 1614, Oxford 1958.

292 Thomas Howard Earl of Suffolk scheint anfangs die Einberufung des Parlamentes befürwortet zu haben, vielleicht um damit eine dynastische Heiratsverbindung mit Frankreich zu verhindern. Siehe Andrew Thrush, The French Marriage and the Origins of the 1614 Parliament, in: Clucas/Davies, Addled Parliament (wie Anm. 289), S. 25–36.

293 Croft, James I, S. 94.

294 ChLtt, I, S. 538, 9. Juni 1614.

295 Conrad Russell, Parliaments and English Politics 1621–1629, Oxford 1979, S. 93.

296 John Cramsie, Kingship and Crown Finance under James VI and I, 1603–1625, Woodbridge 2002, S. 149; vgl. Croft, James, S. 74 (danach lag das jährliche Einkommen ohne Steuern um 1608 bei £ 366 000, die Schulden lagen schon damals bei über £ 700 000). Zu den Guthaben der Krone siehe Menna Prestwich, Cranfield: Politics and Profits under the Early Stuarts, Oxford 1966, S. 247.

297 Wichtig ist die Tatsache, dass auch Elisabeth, die oberflächlich gesehen recht erfolgreich mit dem Parliament zusammengearbeitet hatte, während ihrer Regierungszeit nur ca. 28 % ihrer Einkünfte aus Bewilligungen des Parliaments bezogen hatte, etwa genauso viel wie später Jakob in

seiner gesamten Regierungszeit, allerdings machten unter Elisabeth direkte, vom Parlament bewilligte Abgaben 16 % der Ausgaben aus, unter Jakob nur weniger als 10 % (die Zölle waren entsprechend höher), doch selbst dieser Unterschied war nicht allzu dramatisch, wenn man bedenkt, dass Elisabeth über lange Jahre hinweg Krieg führte. Diese Zahlen machen deutlich, wie groß der Raubbau an den Ressourcen der Krone war, den Elisabeth betrieben hatte (Michael J. Braddick, The Nerves of the State. Taxation and the Financing of the English State, 1558–1714, Manchester 1996, S. 12).

298 Michael J. Braddick, Art. Cranfield, Lionel, in: ODNB, Bd. 14, S. 1–6, hier S. 2.

299 Siehe etwa „Schulden versilbern: Eichel kann noch viel verkaufen, sogar Forderungen ans Ausland", Süddeutsche Zeitung, 10. Dezember 2004, S. 1.

300 Sidney Lee/Sean Kelsey, Art. Mompesson, Sir Giles, ODNB, Bd. 38, S. 569–572; vgl. Robert Zaller, The Parliament of 1621, Berkeley 1971, S. 56–59.

301 Cramsie, Kingship (wie Anm. 296), S. 117–179, bes. S. 167.

302 Prestwich, Cranfield (wie Anm. 296), S. 165–70, Robert Ashton, The City and the Court 1603–1643, London 1979, S. 105–106.

303 John Donne, Complete Poetry and Selected Prose, hrsg. von John Hayward, London 1929, 12. Aufl. 1978, Sermon Preached at the Funeral of Sir William Cokayne, Knight ... Dec. 12th 1626, S. 677, 679; vgl. Prestwich, Cranfield (wie Anm. 296), S. 165 und 167.

304 So Michael J. Braddick in seinem Art. Cranfield, in: ODNB, Bd. 14, S. 2.

305 Cramsie, Kingship (wie Anm. 296), S. 159–164.

306 Prestwich, Cranfield (wie Anm. 296), S. 199–252.

307 Ebd., S. 248–252.

308 Braddick, The Nerves of the State (wie Anm. 297), S. 34–37, und S. 26.

309 Cramsie, Kingship (wie Anm. 296), S. 215.

310 The Case of Monopolies, Darcy versus Allen, in: Steve Shepard (Hrsg.), The Selected Writings and Speeches of Sir Edward Coke, 3 Bde., Indianapolis 2003, I, S. 394–404, im konkreten Fall ging es um ein Monopol für die Herstellung und den Verkauf von Spielkarten.

311 Catherine Drinker Bowen, The Lion and the Throne. The Life and Times of Sir Edward Coke, Boston 1956, S. 303–306.

312 Auszug aus den Acts of the Privy Council, Sitzung vom 6. Juni 1616, mit einer Kopie eines kgl. Schreibens, zitiert nach Shepard, Writings of Sir Edward Coke (wie Anm. 310), III, S. 1314–1315.

313 So Chamberlain in seinem Kommentar: *„The world ...sticke not to say that he [Coke] was too too busy in the late business [Dem Prozess gegen Somerset], and dived farther into secrets than there was need and so perhaps might see* nudam sine veste Dianam [die unbekleidete Diana in ihrer Nacktheit]", 6. Juli 1616, ChLtt, II, S. 14.

314 Bezeichnend auch hier Chamberlains Kommentar: *„whereas he was nothing well-beloved beforem yf he should suffer in this cause, he would be accounted the martir of the commonwealth"*, 8. Juni 1616, ChLtt, II, S. 11.

315 Zum Charakter Cokes siehe jetzt Allen D. Boyer, Sir Edward Coke and the Elizabethan Age, Stanford, Cal. 2003, S. 189–214.

316 Zu diesem Kontext siehe John Hamilton Baker, Records, Reports and the Origins of Case-Law in England, in: ders. (Hrsg.), Judicial Records, Law Reports and the Growth of Case Law, Berlin 1989, S. 15–46.

317 So in Calvins Case, Shepard, Writings of Sir Edward Coke (wie Anm. 310), I, S. 231–232: „Jurisprudentia legis communis Angliae est scientia socialis et copiosa".

318 Julian Martin, Francis Bacon, the State and the Reform of Natural Philosophy, Cambridge 1992, 105–129.

319 Brief Bacons an den König, 21. Februar 1615 (=1616), in: James Spedding (Hrsg.), The Works of Sir Francis Bacon, 14 Bde., London 1857–75, XII, S. 252: *„... my opinion is plainly, that my Lord Coke at this time is not to be disgraced, bothe because he is so well habituate for that which remaineth of these capital causes [Prozess gegen Somerset], and also for that which I find is in his breast touching your finances and matters of repair of your estate"*.

320 Rede vom 20. Juni 1616, JPW 1994, S. 211.

321 Charles M. Gray, Bonham's Case Reviewed, in: Proceedings of the American Philosophical Society 116 (1972), S. 35–58; vgl. Allen D. Boyer, Understanding, Authority and Law: Sir Edward Coke and the Elizabethan Origins of Judicial Review, in: Boston College Law Review 39 (1997), S. 43–93.

322 JPW 1994, S. 212.

323 TCD, S. 187, dort irreführenderweise auf 1607 datiert. Zu „artifical reason" siehe: John Underwood Lewis, Sir Edward Coke (1552–1634): His Theory of „Artificial Reason" as a Context of Modern Basic Legal Theory, in: Allen D. Boyer (Hrsg.), Law, Liberty and Parliament. Selected Essays on the Writings of Sir Edward Coke, Indianapolis 2004, S. 107–120, und Charles M. Gray, Reason, Authority and Imagination: The Jurisprudence of Sir Edward Coke, in: Perez Zagorin (Hrsg.), Culture and Politics: From Puritanism to the Enlightenment, Berkeley, Cal. 1980, S. 25–66.

324 JPW 1994, S. 213.

325 Siehe hierzu und dem ganzen Konflikt von 1616 auch Sir John Hamilton Baker, The Common Lawyers and the Chancery: 1616, in: Boyer, Essays (wie Anm. 323), S. 254–281.

326 Bowen, Lion (wie Anm. 311), S. 399.

327 Allen D. Boyer, Art. Coke, Sir Edward, in: ODNB, Bd. 12, S. 451–463, hier S. 456 f.

328 Dazu Maurice Lee , James I and Henry IV. An Essay in English Foreign Policy, 1603–1610, Urbana Ill., 1970.

329 Alison Deborah Anderson, On the Verge of War. International Relations and the Jülich-Kleve Succession Crisis (1609–1614), Boston 1999, S. 86.

330 Moriz Ritter, Deutsche Geschichte im Zeitalter der Gegenreformation und des Dreißigjährigen Krieges, 3 Bde., Stuttgart 1895–1908, Nachdruck Darmstadt 1962, II, S. 361.

331 J. H. Elliott, The Count-Duke of Olivares: The Statesman in an Age of Decline, New Haven/London 1986, S. 210.

332 Zu den Verhandlungen W. Brown Patterson, King James VI and I and the Reunion of Christendom, Cambridge 1997, S. 314–336.

333 Houston, James I, S. 51.

334 Zum Fall Raleigh siehe Willson, James VI and I, S. 374–377.

335 Robert Bireley, The Jesuits and the Thirty Years War: Kings, Courts and Confessors, Cambridge 2003, S. 269 f.

336 Dies wird betont von Simon Adams,England und die protestantischen Reichsfürsten 1599–1621, in: Friedrich Beiderbeck u. a. (Hrsg.), Dimensionen der europäischen Außenpolitik zur Zeit der Wende vom 16. zum 17. Jahrhundert,Berlin 2003, S. 61–84, hier S. 78–80.

337 Brennan C. Pursell, The Winter King: Frederick V of the Palatinate and the Coming of the Thirty Years' War, Aldershot 2003, S. 72–86, bes. S. 77, 82, vgl. S. 53–56 zur Haltung Jakobs I.

338 Abbot an Naunton, ohne Datum, [1619], Cabala, S. 102 f.

339 Axel Gotthardt, Konfession und Staatsräson. Die Außenpolitik Württembergs unter Herzog Johann Friedrich (1608–1628), Stuttgart 1992, S. 298, nach dem Bericht Bouwinghausens vom 10. März 1620 HstA Stuttgart A 90 A tom. 27, f. 129–133 und dem Haller Unionsprotokoll vom 3. Mai 1620, HstA Stuttgart A 90 A, tom. 27, f. 105–115.

340 Siehe etwa Gardiner, History, III, S. 330–335.

Anmerkungen zu Kapitel IX

341 The Peace Maker or Great Brittaines Blessing, London 1618. Zu den unterschiedlichen Ausgaben siehe Early English Books Online. Die Schrift enthält jedenfalls ein Vorwort des Königs *„to our true-loving and peace embracing subiects"*.

342 Ebd., Sign. B 1 recto.

343 Ebd., B 1 verso.

344 Jonathan I. Israel, The Politics of International Trade Rivalry during the Thirty Years' War: Gabriel de Roy and Olivares' Mercantilist Projects 1621–45, in: ders, Empires and Entrepots, London 1990, S. 213–246, bes. S. 224–232.

345 W. F. Church, Richelieu and Reason of State, Princeton, N. J. 1972, and J. Wollenberg, Richelieu, Staatsräson und Kircheninteresse, Bielefeld 1977.

346 Schon Gardiner formulierte „The policy of James was in the main the policy which in after years, crowned Richelieu with glory. Yet to the one man it brought nothing but defeat and shame to the other it was to bring success and honour. Where James knew but how to dream, Richelieu knew how to act". History, V, S. 246.

347 Vgl. dazu auch Bischof Williams and Lord Anan, 17. Sept. 1622, Cabala, S. 269.

348 Ashton, Contemporaries, S. 270, Bericht des venez. Botschafters vom 17. Mai 1624.

349 Robert Zaller, The Parliament of 1621, Berkeley, Cal. 1971, S. 35.

350 Zaller, Parliament (wie Anm. 349), S. 50–87.

351 Conrad Russell, Parliaments and English Politics 1621–1629, Oxford 1979, S. 119.

352 Dieter Albrecht, Maximilian I. von Bayern 1573–1651, München 1998, S. 552f.

353 Brennan C. Pursell, The Winter King: Frederick V of the Palatinate and the Coming of the Thirty Years' War, Aldershot 2003, S. 140–54.

354 Ebd.

355 Albrecht, Maximilian (wie Anm. 352), S. 562 f.

356 Brennan C. Pursell, James I, Gondomar and the Dissolution of the Parliament of 1621, in: History 85 (2000), S. 428–445, hier bes. S. 436.

357 Ebd., S. 436, Anm. 50.

358 Zaller, Parliament (wie Anm. 350), S. 152.

359 Russell, Parliaments (wie Anm. 351), S. 136–144.

360 Ebd., S. 137 f, und Glyn Redworth, The Prince and the Infanta: The Cultural Politics of the Spanish Match, New Haven 2003, S. 51.

361 Redworth, Infanta (wie Anm. 360), S. 61–72.

362 Albrecht, Maximilian (wie Anm. 352), S. 562–565, vgl. Redworth, Infanta (wie Anm. 360), S. 156, Anm. 13.

363 Joseph Marshall, Reading and Misreading King James 1622–42: Responses to the Letter and Directions touching Preaching and Preachers, in: Fischlin, Writings, S. 476–511, bes. S. 480.

364 The Honest Informer or Tom Tell Troth's Observations upon Abuses of Government to his Maiesty by way of an Humble Advertisement..., London 1642, Sign. A 2 r. und v. und A 3 v. Der Kontext macht deutlich, dass diese Schrift in den 1620er Jahren entstanden war. Vgl. auch Cogswell, Blessed Revolution (wie Anm. 28), S. 24 f. Einer der Hauptpamphletisten im Streit um die spanische Heirat war der Geistliche Thomas Scott, Autor der weitverbreiteten Schrift Vox Populi von 1620. 1622 schrieb er in einer anderen Streitschrift über den König: „*Let us thinke also that [the King] cannot forget either 88 or the powder-plot (though now perhaps it be unseasonable to remember them) nor yet the many attempts and practices against his person, crowne, dignitie and the truth he professeseth. Thinke also that nature will revive and worke in him though it seemes to lye in a trance for the present time: and that he cannot but see, that it is impossible to love the Root and hate the Branches, or to love the Fruit and Branches and hate the Roote*“. An anderer Stelle schrieb er: „*therefore think howsoever for the present he carries himselfe, and seemes to be led by some of that side, yet in the end, the Lyon may awake, breake loose and teare his keeper or else leade, whilst he seemes to be led, and the world shall see, that neither the opinion of his sinceritie in the truth nor of his unmatchable wisdome and policie were vaine mistakings, but that our harmlesse David can use honest … Elushai to overthrow their craftie Achitophel.*“ (Thomas Scott, The Belgick Pismire stinging the Slothfull Sleeper …[London 1622], in: ders. Vox populi, vox dei, vox regis, digitus dei …,

London 1624, sign. A 3 v und A 4 v. Scotts Schrift zeigt den Konflikt zwischen konfessionellem Misstrauen und grundsätzlicher Loyalität gegenüber dem König.

365 The Poems of James VI of Scotland, hrsg. von J. Craigie, 2 Bde., Edinburgh 1955, II, S. 188.

366 Siehe zu diesem Gedicht Curtis Perry, „If proclamations will not serve". The late Manuscript Poetry of James I and the Culture of Libel, in: Fischlin, Writings, S. 205–234.

367 Redworth, Infanta (wie Anm. 360), S. 75.

368 Thomas Cogswell, The Blessed Revolution: English Politics and the Coming of War, 1621–1624, Cambridge 1989, S. 60–62.

369 Redworth, Infanta (wie Anm. 360), S. 74–77.

370 Ashton, Comtemporaries, S. 260–65, Bericht Clarendons. Clarendon der Royalist und Historiker des Bürgerkrieges sah in Buckingham den Hauptverantwortlichen, doch muss diese Interpretation mit Skepsis betrachtet werden, da Clarendon offenbar ein Interesse daran hatte, Karl I. zu entlasten.

371 Albrecht, Maximilian (wie Anm. 352), S. 370 f.

372 Williams an Buckingham, 3. Aug. 1623, Cabala, S. 272f.

373 Bericht von Williams über eine Audienz des spanischen Gesandten beim König am 7. April 1624, Cabala, S. 275–276. Der Gesandte suchte dem König klar zu machen, er sei eigentlich der Gefangene seines Sohnes und seiner Favoriten, der ganz mit den *„popular men of state"* zusammenarbeite, die er zum Teil aus dem Gefängnis geholt habe.

374 Ashton, Contemporaries, S. 269–271 Bericht des venezianischen Botschafters, dass der span. Gesandte Buckingham beschuldige, er wolle zusammen mit Karl Jakob absetzen!

375 Ashton, Contemporaries, S. 260, Bericht des venezianischen Gesandten nach Calendar of State Papers and Manuscripts Relating to English Affairs ... in: Venice, 1621–1625, hrsg. v. H. F. Brown und A. B. Hinds, London 1920, Teil II, S. 572.

376 Stewart, Cradle King, S. 336 nach Clarendon; vgl. generell zum Parlament auch Cogswell, Blessed Revolution (wie Anm. 368).

377 Gardiner, History (wie Anm. 6), V. S. 201.

378 Cogswell, Blessed Revolution (wie Anm. 368), S. 256. Cogswell betont, dass England sich faktisch verpflichtete, über zwei Jahre hinweg £ 200 000 für den Unterhalt englischer Truppen in niederländischen Diensten bereitzustellen, ohne dafür eine Gegenleistung zu erhalten.

379 Ashton, Contemporaries, S. 270, Bericht des venez. Botschafters.

380 JLtt, S. 431, der Herausgeber datiert den Brief auf Dez. 1623, doch folge ich hier der Datierung von Stewart, Cradle King, S. 341. Auch wenn der Brief in Wirklichkeit von 1623 stammen sollte, so gibt es doch auch aus dem Jahre 1624 eine Reihe von Briefen des Königs an den erkrankten Favoriten, die seine Anhänglichkeit und Ergebenheit zeigen.

381 Ashton, Contemporaries, S. 19–21

382 ChLtt, II, S. 616–17.

383 John Donne, Complete Poetry and Selected Prose, hrsg. von John Hayward, London [1929] 12. Aufl. 1978, Death's Duell, „...Febr. 25 1630 ... being his last Sermon and called by his Majesties household the Doctors Owne Funerall Sermon., S. 738 ff, hier s. S. 744.

384 Book of Common Prayer, Evening Prayer, A Prayer for the King's/Queen's Majesty.

385 Donne, Poetry (wie Anm. 383), S. 701–708, bes. S. 705.

Anmerkungen zu Kapitel X

386 Wilson, History, S. 290.

387 Zu diesem Problem siehe Dagmar Freist, Governed by Opinion: Politics, Religion and the Dynamics of Communication in Stuart London 1637–1645, London 1997; dies., Öffentlichkeit und Herrschaftslegitimation in der Frühen Neuzeit. Deutschland und England im Vergleich, in: Ronald G. Asch und Dagmar Freist (Hrsg.), Staatsbildung als kultureller Prozeß, Köln 2005, S. 321–351; sowie Adam Fox, Oral and Literate Culture in England 1500–1700, Oxford 2002; ders., Rumour, News and Popular Opinion in Elisabethan and Early Stuart England, in:Historical Journal 40 (1997), S. 597–620, und Joad Raymond, The Newspaper, Public Opinion and the Public Sphere in the Seventeenth Century, in: Prose Studies21 (1998), S. 109–40, wiederabgedruckt, in: Ders. (Hrsg.), News, Newspapers and Society in Early Modern Britain, London 1999.

388 Vgl. Curtis Perry, „If proclamations will not serve". The late Manuscript Poetry of James I and the Culture of Libel, in: Fischlin, Writings, S. 205–234.

389 Adam Nicolson, Power and Glory: Jacobean England and the Making of the King James Bible, London 2003, S. 61.

Bibliographie

I. Allgemeines

a) Quellen

Ashton, Robert (Hrsg.), James I by his Contemporaries, London 1969.
Bacon, Francis, The Works of Sir Francis Bacon, hrsg. v. James Spedding, 14 Bde., London 1857–75.
Birch, Thomas, The Court and Times of James I, hrsg. v. R. F. Williams, 2 Bde. London 1849.
Cabala sive scrinia sacra: Mysteries of State and Government in Letters of …Great Ministers of State, London 1691.
Chamberlain, John, The Letters of John Chamberlain, hrsg. v. N. E. McClure, 2 Bde. Philadelphia 1939.
Commons' Debates in 1621, hrsg. v. Wallace Notestein u.a., 7 Bde., New Haven 1935.
Croft, Pauline (Hrsg.), A Collection of Treatises and Speeches of the Late Lord Treasurer Cecil, in:Camden Miscellany 29 (1987), S. 273-318.
Goodman, Godfrey, The Court of King James the First, hrsg. von John S. Brewer, 2 Bde, London 1839.
Hacket, John, Scrinia reserata: A Memorial Offer'd to the Great Deservings of John Williams D. D., 2 Teile, London1693.
James I, The Workes, London 1616, Nachdruck Hildesheim 1971.
James I, Political Works of James I, hrsg. v. Charles H. McIlwain, Cambridge, Mass. 1918, Neudruck New York 1965.
The Poems of James VI of Scotland, hrsg. Von James Craigie, 2 Bde., Edinburgh 1955-58.
King James VI and I., Political Writings, hrsg. von Johann P. Sommerville, Cambridge 1994.
Letters of Kings James VI and I, hrsg. v. G. P. V. Akrigg, Berkeley, Cal. 1984.
King James VI and I, Selected Writings, hg. von Neil Rhodes und Jennifer Richards, Aldershot 2003.
Kenyon, John P. (Hrsg.), The Stuart Constitution. Documents and Commentary, 2. Aufl. Cambridge 1989.
Melville, James, The Autobiography and Diary of Mr. James Melvill, …with a Continuation of the Diary, hrsg. von Robert Pitcairn, 2 Teile. Edinburgh 1842.
Nichols, John (Hrsg.), The Progresses, Processions and Magnificent Festivities of King James the First, 4 Bde, London 1828.

Proceedings in Parliament 1610, hrsg. von E. R. Foster, 2 Bde., New Haven, Conn. 1966.
Proceedings in Parliament 1614, hrsg. v. Maija Jansson Cole, Philadelphia 1988.
Scott, Sir Walter (Hrsg.), The Secret History of the Court of James I, 2 Bde., Edinburgh 1811.
Shepard, Steve (Hrsg.), The Selected Writings and Speeches of Sir Edward Coke, 3 Bde. Indianapolis 2003
Stuart Royal Proclamations: Royal Proclamations of King James I, 1603–1625, hrsg. v. James F. Larkin und Paul L. Hughes, Oxford 1973.
Tanner, J. R. (Hrsg.), Constitutional Documents of the Reign of James I, Cambridge 1930.
Weldon, Sir Anthony, The Court and Character of King James, London 1650.
Wilson, Arthur, The History of Great Britain, Being the Life and Reign of King James the First, London 1653.

b) Literatur

Bingham, Caroline The Making of a King; The Early Years of James VI and I., London 1968.
Bingham, Caroline, James I of England, London 1981.
Burgess, Glenn u. a. (Hrsg.), The Accession of James I: Historical and Cultural Consequences, Aldershot 2005.
Croft, Pauline, King James, Basingstoke 2003 (solide, ein wenig konventionelle Einführung, neigt zur Ansicht, daß nach dem Tode Cecils 1612 alles bergab ging)
Eßer, Raingard, Die Tudors und die Stuarts, 1485–1714, Stuttgart 2004.
Gardiner, Samuel R., History of England from the Accession of James I to the Outbreak of the Civil War, 1603–1642, 10 Bde.,2. Aufl., London 1883/84 (bis heute unentbehrlich).
Hirst, Derek, England in Conflict, 1603–1660: Kingdom, Community, Commonwealth, London 1999.
Houston, S. J., James I, 2 Aufl. London 1995. (sehr gute knappe Einführung).
Kishlansky, Mark, A Monarchy Transformed: Britain 1603–1704, London 1996.
Lee, Maurice Jr., Great Britain's Solomon. James VI and I in His Three Kingdoms, Urbana Ill. 1990 (geschrieben von einem der besten Kenner der Herrschaft des Königs in Schottland, aber im Hinblick auf die englischen Aspekte der Herrschaft Jakobs I. oft weniger selbständig im Urteil).
Lockyer, Roger, James VI and I, Harlow 1998.
Mathew, David , James I, London 1967.
Smith, A. G. R., (Hrsg.), The Reign of James VI and I, London 1973.
Stewart, Alan, The Cradle King. A Life of James VI and I, London 2004 (1. Aufl. 2003) (Insgesamt eindrucksvolle Biographie auf guter Quellen-

basis, die strukturgeschichtlichen Bedingungen für das Handeln des Königs kommen aber zu kurz).
Willson, D. Harris, King James VI and I, London 1956 (zeichnet ein durchweg düsteres, unappetitliches und recht einseitiges Bild des Herrschers, aber wissenschaftlich solide).
Wormald, Jenny, James VI and I - Two Kings or One, in: History 68 (1983), S. 187-209 (wegweisend).

II. Schottland vor 1603 und das „britische Problem" nach 1603

Bradshaw, Brendan und John Morrill (Hrsg.), The British Problem 1534–1707, Basingstoke 1996
Bradshaw, Brendan und Peter Roberts (Hrsg.) British Consciousness and Identity: The Making of Britain, 1533–1707, 1998.
Brown, Keith M., Bloodfeud in Scotland, 1573–1625: Violence, Justice and Politics in Early Modern Scotland, Edinburgh 1986.
Brown, Keith M., Kingdom or Province? Scotland and the Regal Union, Basingstoke 1992.
Donaldson, Gordon, Scotland: the Making of the Kingdom, James V – James VII, Edinburgh 1987.
Ellis, Steven G. und Sarah Barber (Hrsg.), Conquest and Union: Fashioning a British State, 1485–1725, London 1995.
Galloway, Bruce The Union of England and Scotland, 1603–1608, Edinburgh 1986
Goodare, Julian und Michael Lynch(Hrsg.), The Reign of James VI, East Lindon 2000.
Goodare, Julian, State and Society in Early Modern Scotland, Oxford 1999.
Goodare, Julian, The Government of Scotland 1560–1625, Oxford 2004.
Guy, John, 'My Heart is my own': The Life of Mary Queen of Scots, London 2004.
Lee, Maurice Jr., Government by Pen: Scotland under James VI and I, Urbana Ill. 1980.
Levack, Brian P. The Formation of the British State: England, Scotland and the Union, 1603–1707, Oxford 1987
Lynch, Michael, Scotland: A New History, Edinburgh 1991.
MacDonald, Alan R., The Jacobean Kirk, 1567–1625: Sovereignty, Polity and Liturgy, Aldershot, 1998.
Mason, Roger A. (Hrsg.), Scots and Britons. Scottish Political Thought and the Union of 1603, Cambridge 1994.
Mullan, D. G., Episcopacy in Scotland: the History of an Idea, 1560–1638, Edinburgh 1986.

Nicholls, Andrew. D., The Jacobean Union. A Reconsideration of British Civil Policies Under the Early Stuarts, Westport. Conn. 1999.
Wormald, Jenny, Court, Kirk and Community: Scotland 1470–1625, London, 1981.

III. Parlament, Finanzpolitik und Verfassungsprobleme in England

Boyer, Allen D. (Hrsg.), Law, Liberty and Parliament. Seleted Essays on the Writings of Sir Edward Coke, Indianapolis 2004.
Braddick, Michael J., The Nerves of the State. Taxation and the Financing of the English State, 1558–1714, Manchester 1996.
Clucas, Stephen und Rosalind Davies (Hrsg.), The Crisis of 1614 and the Addled Parliament: Literary and Historical Perspectives, Aldershot 2003.
Cogswell, Thomas, The Blessed Revolution: English Politics and the Coming of War, Cambridge 1989.
Cramsie, John, Kingship and Crown Finance under James VI and I, 1603–1625, Woodbridge 2002.
Cust, Richard und Ann Hughes (Hrsg.), Conflict in Early Stuart England, London 1989.
Dietz, Frederick C., English Public Finance 1558–1641, New York 1932, 2. Aufl. 1964.
Lindquist, Eric, The Failure of the Great Contract, in: Journal of Modern History 57 (1985), S. 617–651.
Munden, R. C., James I and the „Growth of Mutual Distrust". King, Commons and Reform 1603–1604, in Kevin Sharpe (Hrsg.), Faction and Parliament. Essays on Early Stuart History, Oxford 1978, S. 43–72.
Nenner, Howard, The Right to be King. The Succession to the Crown of England, 1603–1714, Basingstoke 1995.
Peck, Linda Levy, Northampton: Patronage and Policy at the Court of James I, London 1982.
Prestwich, Menna, Cranfield: Politics and Profit under the Early Stuarts, Oxford 1966.
Rabb, Theodore K., Jacobean Gentleman: Sir Edwin Sandys, 1561–1629, Princeton 1998.
Russell, Conrad, Parliaments and English Politics 1621–1629, Oxford 1979.
Russell, Conrad, Unrevolutionary England, London 1990.
Tomlinson, Howard (Hrsg.), Before the English Civil War, London 1983.
Zaller, Robert, The Parliament of 1621, Berkeley, Cal. 1971.

IV. Hof und Favoriten

Barroll, Leeds, Anna of Denmark, Queen of England. A Cultural Biography, Philadelphia, 2001.

Bellany, Alastair The Politics of Court Scandal in Early Modern England: News Culture and the Overbury Affair, 1603–1660, Cambridge 2002.

Bergeron, David, King James and Letters of Homoerotic Desire, Iowa City 1999.

Bevington, David und Peter Holbrook (Hrsg.) The Politics of the Stuart Court Masque, Cambridge 1998.

Cogswell, Thomas, The People's Love: The Duke of Buckingham and Popularity, in: Ders. u. a. (Hrsg.), Politics Religion and Popularity in Early Stuart Britain [Festschrift Conrad Russell], Cambridge 2002, S. 211–234.

Cuddy, Neil, Anglo-Scottish Union and the Court of James I, 1603–1625, in: Transactions of the Royal Historical Society, 5th Ser., 39 (1989), S. 107–124.

Cuddy, Neil, The Revival of the Entourage: The Bedchamber of James I, 1603–25, in David Starkey (Hrsg.), The English Court from the Wars of the Roses to the Civil War, London 1987, S. 173–225,

Doleman, James, King James I and the Religious Culture of England, Cambridge 2000.

Goldberg, Jonathan, James I and the Politics of Literature. Jonson, Shakespeare, Donne and their Contemporaries, Baltimore 1983.

Lindley, David (Hrsg.), The Court Masque, Manchester 1984.

Lindley, David, The Trials of Frances Howard: Fact and Fiction at the Court of James I, London 1993.

Lockyer, Roger. Buckingham. The Life and Political Career of George Villiers, First Duke of Buckingham 1592–1628, London 1981.

Parry, Graham, The Golden Age Restored, Manchester 1981.

Peck, Linda Levy (Hrsg.), The Mental World of the Jacobean Court, Cambridge 1991.

Peck, Linda Levy, Court Patronage and Corruption in Early Stuart England, Boston 1990.

Perry, Curtis, The Making of Jacobean Culture: James I and the Negotiation of Elizabethan Literary Practice Cambridge 1997.

Platt, Colin, The Great Rebuildings of Tudor and Stuart England, London 1994.

Sharpe, Kevin und Peter Lake (Hrsg.), Culture and Politics in Early Stuart England Basingstoke, 1994.

Smuts, R. Macolm, Court Culture and the Origins of a Royalist Tradition in Early Stuart England, Philadelphia 1987.

Strong, Roy, Henry Prince of Wales and England's Lost Renaissance, London 1986.

Watkins, John, Representing Elizabeth in Stuart England: Literature, History, Sovereignty, Cambridge 2002.
Young, Michael B., King James VI and the Politics of Homosexuality, Iowa City 1999.

V. Der König als Autor und Staatstheoretiker

Burgess, Glenn, Absolute Monarchy and the Stuart Constitution, New Haven Conn. 1996.
Burgess, Glenn, The Politics of the Ancient Constitution. An Introduction to English Political Thought, 1603–1642, Basingstoke 1992.
Burns, J. H., The True Law of Kingship: Concepts of Monarchy in Early Modern Scotland, Oxford 1996.
Fischlin, Daniel und Mark Fortier (Hrsg.), Royal Subjects: Essays on the Writings of James VI and I, Detroit 2002.
Friedeburg, Robert von, Self-Defence and Religious Strife in Early Modern Europe. England and Germany, 1530–1680, Aldershot 2002.
Lake, Peter, Anglicans and Puritans: Presbyterianism and English Conformist Thought from Whitgift to Hooker, London 1988.
Mendle, Michael, Dangerous Positions: Mixed Government, the Estates of the Realm and the Answer to the XIX Propositions, Tuscaloosa Alab. 1985.
Sharpe, Kevin, Private Conscience and Public Duty in the Writings of James VI and I, in: Ders., Remapping Early Modern England: The Culture of Seventeenth-Century Politics, Cambridge 2000, S. 151–171.
Sommerville, Johann P., Politics and Ideology in England, 1603–1640, London 1986, Neuauflage unter dem Titel: Royalists and Patriots: Politics and Ideology in England 1603–1640, Harlow 1999.
Wormald, Jenny James VI and I, Basilikon Doron and the Trew Law of Free Monarchies: The Scottish Context and the English Translation, in: Peck, Mental World (siehe Abschnitt I. b, S. 36-54.

VI. Kirchenpolitik und konfessionelle Fragen in England

Collinson, Patrick, The Religion of Protestants. The Church in English Society 1559–1625, Oxford 1982.

Durston, Christopher und Jacqueline Eales (Hrsg.), The Culture of English Puritanism, 1560–1700, Basingstoke 1996.
Ferrell, Lori A., Government by Polemic. James I, the King's Preachers and the Rhetoric of Conformity, Stanford, Cal. 1998.
Fincham, Kenneth (Hrsg.), The Early Stuart Church, 1603–1642, Basingstoke 1993
Fincham, Kenneth, Prelate as Pastor, The Episcopate of James I, Oxford 1990.
Lake, Peter, Lancelot Andrewes, John Buckeridge and Avant-garde Conformity at the Court of James I, in Linda Levy Peck, Mental World (oben, Abschn. I. b), S. 113–133.
McCulloch, Peter E., Sermons at Court: Politics and Religion in Elizabethan and Jacobean Preaching, Cambridge 1998
Milton, Anthony, Catholic and Reformed. The Roman and Protestant Churches in English Protestant Thought, 1600–1640, Cambridge 1995.
Nicolson, Adam, Power and Glory: Jacobean England and the Making of the King James Bible, London 2003.
Patterson, W. Brown, King James VI and I and the Reunion of Christendom, Cambridge 1997.
Prior, Charles W. A., Defining the Jacobean Church. The Politics of Religious Controversy, 1603-1625, Cambridge 2005.
Tyacke, Nicholas, Anti-Calvinists. The Rise of English Arminianism, c. 1590–1640, Oxford 1987.
White, Peter, Predestination, Policy and Polemic: Conflict and Consensus in the English Church from The Reformation to the Civil War, Cambridge 1992.

VII. Außenpolitik

Adams, Simon, England und die protestantischen Reichsfürsten 1599–1621, in: Friedrich Beiderbeck u. a. (Hrsg.), Dimensionen der europäischen Außenpolitik zur Zeit der Wende vom 16. zum 17. Jahrhundert, Berlin 2003, S. 61–84.
Albrecht, Dieter, Maximilian I. von Bayern 1573–1651, München 1998.
Anderson, Alison Deborah, On the Verge of War. International Relations and the Jülich-Kleve Succession Crisis (1609–1614), Boston 1999.
Lee, Maurice Jr., James I and Henry IV. An Essay in English Foreign Policy, 1603–1610, Urbana Ill., 1970.
Pursell, Brennan C., James I, Gondomar and the Dissolution of the Parliament of 1621, in History 85 (2000), S. 428–445.
Pursell, Brennan C., The Winter King: Frederick V of the Palatinate and the Coming of the Thirty Years' War, Aldershot 2003.

Redworth, Glyn, The Prince and the Infanta: The Cultural Politics of the Spanish Match, New Haven, Conn. 2003.
Ritter, Moriz, Deutsche Geschichte im Zeitalter der Gegenreformation und des Dreißigjährigen Krieges, 3 Bde., Stuttgart 1895–1908, Nachdruck Darmstadt 1962.
Wolf, Peter u. a. (Hrsg.), Der Winterkönig. Friedrich V. der letzte Kurfürst aus der Oberen Pfalz (Katalog zur Bayerischen Landesausstellung 2003, Stadtmuseum Amberg), Augsburg 2003.

VIII. Irland (vergl. auch die Literatur zum „britischen Problem" unter Abschnitt II)

Canny, Nicholas, Making Ireland British, 1580–1650, Oxford 2001.
Canny, Nicholas, The Upstart Earl. A Study of the Social and Mental World of Richard Boyle, First Earl of Cork, 1566–1643, Cambridge 1982.
Clarke, Aidan unter Mitarbeit von R. Dudley Edwards, Pacification, Plantation and the Catholic Question, 1603–1623, in: Theodore W. Moody u.a. (Hrsg.)The New History of Ireland, Bd. III, Early Modern Ireland, Oxford 1976, S. 187–232.
Corish, Patrick J., The Catholic Community in the Seventeenth and Eighteenth Centuries, Dublin 1981.
Lotz-Heumann, Ute, Die Doppelte Konfessionalisierung in Irland. Konflikt und Koexistenz im 16. und in der ersten Hälfte des 17. Jahrhunderts, Tübingen 2000.
McCavitt, John, The Political Background to the Ulster Plantation, 1607–1620, in Brian MacCuarta SJ (Hrsg.), Ulster 1641. Aspects of the Rising, Belfast, 1993, S. 7–24.
McCavitt, John, Sir Arthur Chichester, Lord Deputy of Ireland 1605–16, Belfast 1998.
Pawlisch, Hans S., Sir John Davies and the Conquest of Ireland: A Study in Legal Imperialism, Cambridge 1985.
Robinson, Philip, The Plantation of Ulster, 2. Aufl. Belfast 1998.
Treadwell, Victor, Buckingham and Ireland, 1661–1628, Dublin 1998.

Die Königshäuser von England (1485–1603), Schottland (1473–1603) und Großbritannien (1603–1727)

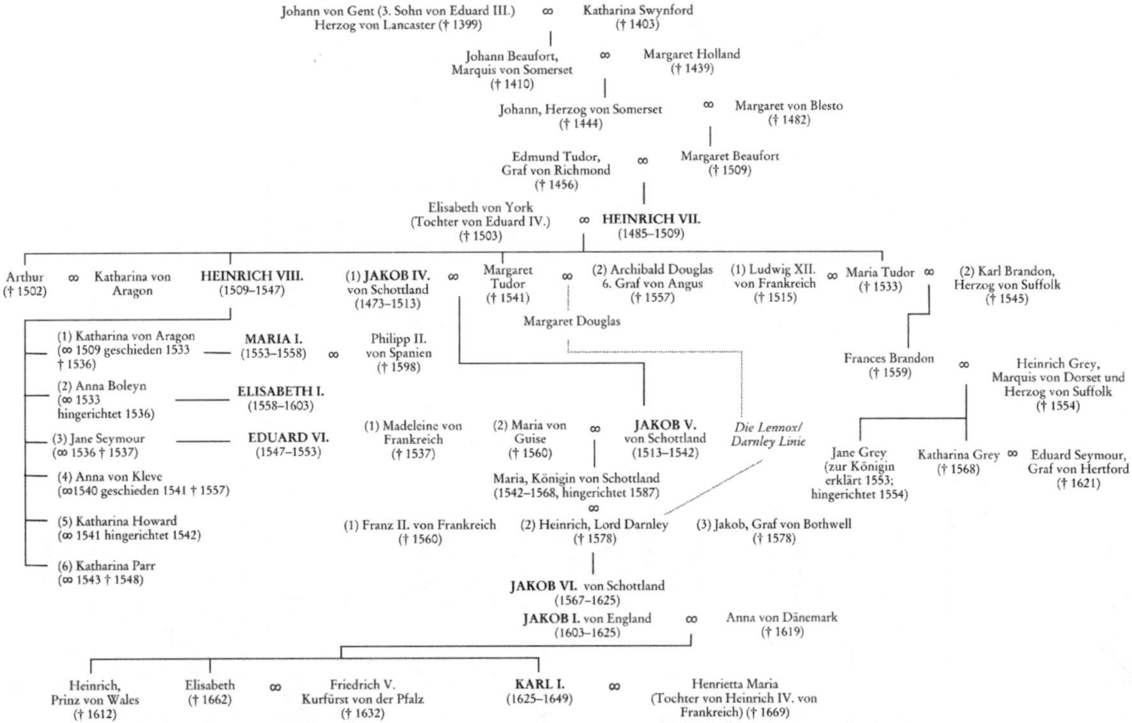

Namens- und Ortsregister